EL CENTRO DIVIDIDO
LA NUEVA AUTONOMÍA DE LOS GOBERNADORES

CENTRO DE ESTUDIOS INTERNACIONALES

EL CENTRO DIVIDIDO
LA NUEVA AUTONOMÍA DE LOS GOBERNADORES

Rogelio Hernández Rodríguez

EL COLEGIO DE MÉXICO

320.972
H558c
    Hernández Rodríguez, Rogelio
    El centro dividido : la nueva autonomía de los
    gobernadores / Rogelio Hernández Rodríguez.
    -- 1a ed. -- México, D.F. : El Colegio de México,
    Centro de Estudios Internacionales, 2008.
    334 p. ; 21 cm.

    ISBN 978-607-462-003-0

    1. Gobernadores -- México -- Siglo xx. 2. México
-- Política y gobierno -- Siglo xx. 3. Poder ejecutivo
-- México -- Siglo xx. I. t.

Primera edición, 2008

D.R. © El Colegio de México, A. C.
    Camino al Ajusco 20
    Pedregal de Santa Teresa
    10740 México, D.F.
    www.colmex.mx

ISBN 978-607-462-003-0

Impreso en México

ÍNDICE

Agradecimientos	9
Introducción	11

I. Gobernadores y poderes regionales 21
   Los poderes locales y los hombres fuertes 21
   Las funciones institucionales 33
   Los recursos políticos 39
   El gobernador como intermediario 50

II. La supremacía presidencial 55
   Las designaciones federales 63
   La selección del gobernador 66
   Remociones, recurso extremo 81

III. El fortalecimiento administrativo y financiero 105
   Racionalidad tecnocrática 107
   La descentralización y el municipio libre 111
   El regreso al centralismo 128
   Presupuesto, base de la autonomía estatal 133
   Más poder y más autonomía 143

IV. Los cambios políticos 147
   La ampliación del pluralismo 149
   El desmantelamiento de la Secretaría de Gobernación 160
   La modernización salinista 173
   La disputa por el control del PRI 185

V. Las manifestaciones del cambio.
    Los primeros gobiernos de oposición   193
    La gestión privada del gobierno   197
    El regreso del Estado benefactor   212

VI. Los desafíos políticos   227
    Las opciones políticas   234
        Tabasco, una prueba de fuerza   234
        Puebla, presupuesto y elecciones   244
    En busca de la impunidad   251
        Guerrero   251
        Morelos   256
    La disputa por el PRI y la candidatura   260

VII. La descentralización del poder   267
    La disputa por el presupuesto   269
    La debilidad de los gobernadores   294
    La fragmentación del poder   296
    Las tentaciones caciquiles   302
    Yucatán, 2000-2001. La interpretación de la ley   303
    Oaxaca, 2006. La inestabilidad tolerada   309
    Puebla, 2007. Delincuencia impune   314
    Del centralismo a la dispersión   318

Nota metodológica   323

Fuentes consultadas   325
    1. Hemerografía   325
    2. Bibliografía   326

AGRADECIMIENTOS

Este estudio tiene un largo periodo de maduración. Varias fueron las causas de su retraso pero la fundamental fue la falta de un sitio adecuado para reflexionar. Por eso agradezco profundamente al Centro de Estudios Internacionales haberme proporcionado un lugar donde ha predominado el intercambio de ideas y el respeto profesional.

Un reconocimiento particular debo a los ex gobernadores que aceptaron platicar sobre sus experiencias y la política mexicana, porque sin su ayuda e información este trabajo difícilmente hubiera tenido futuro. Otras deudas tengo con algunos colegas. Un primer y lejano borrador fue leído por Alberto Arnaut quien hizo pocas pero puntuales observaciones sobre algunos aspectos de los cambios administrativos y financieros.

Con Ariel Rodríguez Kuri he tenido la oportunidad de conversar frecuentemente acerca de las relaciones federales y, sobre todo, de los interesantes años cincuenta y sesenta de la historia política nacional y de los estados. Desde luego que la última entrega se benefició de su lectura y sus sugerencias. José Luis Reyna, que desde hace años ha tenido la paciencia de leer mis trabajos, conoció los primeros resultados del estudio y revisó en detalle el texto final.

El libro tiene una deuda impagable con don Gastón García Cantú. Por años tuve la afortunada costumbre de conversar con él y en cada oportunidad le comentaba mis proyectos. Desde que este estudio era apenas una idea, don Gastón conoció sus detalles y siempre me hizo observaciones y sugerencias que me ayudaron a plantear mejor su desarrollo. Nunca dejaré de lamentar que ya no esté presente para conocer la versión final y para seguir platicando con él.

Rogelio Hernández Rodríguez

INTRODUCCIÓN

Se dice que la historia la escriben los vencedores y que por ello prevalece como explicación generalizada. La idea no es equivocada pero en algunos casos no siempre es verdadera. La que se ha mantenido en México en cuanto a la relación entre los gobiernos locales y el federal, que afirma el sometimiento de los primeros y la extrema centralización de las funciones principales del segundo, no ha sido impuesta por el centro político, o siguiendo la premisa, ése no ha sido el vencedor. No hay duda de que el centralismo fue una característica esencial del sistema mexicano y que una de sus manifestaciones más claras fue el control político y económico que ejerció sobre los estados. Pero a partir de ahí se ha establecido que las instituciones federales dominaron absoluta y totalmente y que lo hicieron de manera deliberada para someter e imponer su voluntad sin dejar ningún margen de libertad a los gobiernos y sus ejecutivos.

La realidad, como suele ocurrir, es más compleja y en ella predomina un principio de organización general que busca desarrollos estatales equilibrados que fueran capaces de integrar una nación y no sólo resolver los problemas locales. El Estado, el gobierno federal o, más genérica y despectivamente, el *centro*, asumió esa tarea para diferenciarse de la suma de intereses que, en más de una ocasión, dejaron de ser locales para convertirse en personales o de grupo. En realidad, la relación entre los estados y el gobierno federal ha sido tensa históricamente porque para que el centro político consiguiera asumir esas responsabilidades tuvo que enfrentar en diferentes oportunidades el enorme poder de los estados. Ellos y sus gobiernos han tenido una participación destacada en los momentos más delicados de la historia nacional y con frecuencia su poder y autonomía pusieron en riesgo al poder central y, lo más importante, a veces incluso a la misma unidad nacional. El centralismo que trastocaría la esencia de los principios federalistas no fue el resultado de una perversidad política sino de la necesidad de resolver una tensión histórica.

Desde que México se constituyó en una nación independiente se han presentado dos tendencias fundamentales: una ha sido el fortalecimiento de los gobiernos locales que subrayan las prioridades de estados y regiones, y que o bien son incapaces de construir una idea de nación, o bien suponen que ella resulta de la simple suma de intereses locales; la otra ha sido la persistente voluntad de formar un poder central capaz de regular el desarrollo, racionalizar los proyectos locales y, sobre todo, contener los abusos y las arbitrariedades de gobernantes que afectan la estabilidad de los estados y en ocasiones amenazan la del país. Han sido los periodos en que han funcionado verdaderos poderes centrales los que han alimentado la historia de la subordinación, pero una mirada desapasionada de los otros momentos muestra situaciones críticas, conflictos políticos graves o, por lo menos, intentos de un grupo o un mandatario por imponer su voluntad, su idea de gobierno, sin importar leyes o normas generales.

Con excepción del Virreinato, el Porfiriato y el dominio priísta, el resto del tiempo, en mayor o menor medida dependiendo del avance político del momento, la vida nacional ha experimentado una notable dispersión del poder que ha puesto en riesgo o bien la estabilidad política o bien el desarrollo económico. Y ese riesgo ha cobrado cuerpo en fuertes grupos y líderes que han abrazado la autonomía local como bandera frente al centro nacional. Esas manifestaciones de autonomía han auspiciado poderes locales cerrados, muchas veces caciquiles, que al responder a intereses grupales o particulares han planteado una colaboración marginal y calculada con la federación. Las autonomías locales no siempre han defendido la soberanía de los estados cuando han existido intromisiones arbitrarias del gobierno central, sino que han encubierto a caciques o caudillos que han construido cotos de poder y que exigen la salida del centro para ejercer plenamente su control. Y ésta no es una historia que sólo se aplique al siglo XIX o a los primeros años del XX, sino que puede extenderse apropiadamente a los años más recientes, como los setenta o noventa del propio siglo pasado, e incluso a los primeros del XXI. El centralismo político que caracterizó al sistema mexicano fue construido, antes que otra cosa, como un medio para normar, organizar e integrar a la nación, y por ello fueron creándose instituciones, órganos, leyes, procedimientos y políticas gubernamentales que si bien trasladaron funciones de los estados a la federación, también reservaron a las instituciones y poderes locales la suficiente autonomía para garantizar la estabilidad política local y al mismo tiempo ser los intermediarios frente a la federación. La historia, en rigor, puede ser reconstruida como una larga batalla no por el centralismo sino para vencer los excesos locales. El resultado, con todo, no fue el sometimiento sino una singular distribución de facultades en la que cada ámbito de gobierno tuvo responsabilidades específicas.

El largo periodo de dominio priísta, en el que la homogeneidad partidaria anuló por completo las atribuciones constitucionales de poderes e instituciones, estableció una singular relación entre ejecutivos y gobiernos que si bien estuvo basada en una frágil condición política, funcionó con notable eficacia. El régimen que se creó después de la Revolución se instauró eliminando sistemáticamente a los caudillos y hombres fuertes que el movimiento armado dejó en los estados. Mantuvo la condición federalista pero el gobierno central asumió plenamente la conducción del país, no sólo en los asuntos políticos sino también en los económicos y administrativos. Pero si bien los gobiernos locales perdieron tareas, asumieron responsabilidades fundamentales para la sobrevivencia del sistema político. Contra las opiniones generalizadas que vieron en los gobernadores a representantes presidenciales, ellos tuvieron a su cargo tareas destacadas. La más importante de todas fue la de garantizar la estabilidad y paz pública de sus estados, lo que implicaba desempeñarse como gobernantes, pero sobre todo como líderes políticos, con suficiente experiencia y habilidad para negociar y conciliar intereses diversos. Si como políticos podían distribuir el poder, como gobernantes se convertían en el principal medio para que los problemas y las necesidades del Estado fueran atendidos por el gobierno federal.

Gracias a esas dos responsabilidades los mandatarios cumplían, o debían cumplir, con la función esencial de intermediarios políticos que resolvían problemas y colaboraban con los equilibrios del sistema. Y aunque a simple vista estas actividades eran menores, para poder cumplirlas necesitaban un alto grado de autonomía para manejar, prácticamente a su completo arbitrio, las instituciones y la política local. Los gobernadores no carecían de poder, por el contrario, a menudo ejercían un control tan firme y vertical que no tenía ni siquiera el presidente de la República sobre los órganos nacionales. Mientras el presidente debía conciliar intereses variados para aprobar nombramientos y delegar funciones en algunas instituciones nacionales (el PRI, por ejemplo) para atender realidades distintas, los gobernadores tenían a su disposición el completo control del partido, el Congreso y las presidencias municipales, y podían negociar con ventaja con sindicatos y asociaciones privadas.

No es tan difícil entender esta libertad si se piensa que a cambio el gobernador debía ser capaz de mantener su entidad en paz, sin conflictos que demandaran la intervención federal y que pusieran en riesgo los triunfos del PRI. El poder era considerable, y si durante décadas no provocó desafíos al control central fue debido a dos factores esenciales. Uno fue su pertenencia a un partido y una ideología en la que se establecían responsabilidades distintas y se reconocía, de principio, el predominio presidencial. El otro consistió en un conjunto de controles que ejercía el ejecutivo federal a través de las secretarías de Estado, predominantemente las de Gobernación y Hacienda, el PRI e incluso la natural subordinación del Congreso y, para la relación federal, del Senado de la República. Ése era el medio para que el ejecutivo decidiera diputados federales, senadores e incluso a los mismos gobernadores, pero también para que los retirara del cargo cuando perdían el control político o cometían abusos que se transformaban en conflictos sociales.

Los mecanismos fueron esencialmente políticos, derivados de la autoridad que tenía el presidente como líder del partido único, y no siempre jurídicos. La relación, aunque frágil, funcionó eficazmente porque el dominio priísta no fue amenazado durante décadas y el gobierno federal pudo atender sin problemas las necesidades económicas y sociales de los estados y regiones. Pero a partir de los años ochenta se produjeron frecuentes cambios en el sistema que poco a poco acrecentaron el poder y la autonomía locales. Los apremios económicos llevaron a un obligado proceso de descentralización administrativa que trasladó a los gobiernos locales tareas que antes atendía la federación y al poco tiempo cuantiosos recursos financieros. De manera paralela, se profundizaron las presiones democráticas que estimularon la competencia partidaria e hicieron posible que la antigua oposición ganara posiciones relevantes. Si los recursos administrativos y económicos ampliaron los campos de acción de los gobernadores, las presiones electorales les otorgaron el control de los procesos políticos y, ante todo, de los nombramientos partidarios. Hacia fines del siglo pasado, los gobernadores habían añadido a su poder libertades y recursos que en el pasado no existían.

El fortalecimiento de los gobiernos y gobernadores, que resultó de un proceso propio y que había comenzado años antes, coincidió con otro, distinto y profundo, que va a darle una proyección mayor y un potencial de riesgo inesperado. Con la derrota presidencial del PRI en el 2000, se alcanzó la alternancia y con ella se implantó la democracia, pero no se produjo, ni entonces ni ahora, el cambio en las atribuciones de los poderes e instituciones del sistema político. Los cambios significativos tuvieron lugar en el sistema electoral de partidos, lo que, dicho sea de paso, creó las condiciones para que la transición no fuera dramática, pero dejó intactos los elementos centrales del régimen.

Los poderes de la Unión conservan, en estricto sentido, las mismas atribuciones desde su creación en 1917. Aquel proceso de transición política se centró en los términos y la calidad de la competencia, pero no en el funcionamiento institucional. Al romperse la homogeneidad partidaria, primero con el avance del pluralismo y después con la derrota presidencial, los poderes se liberaron de los controles informales que los habían mantenido limitados. Sin razón ideológica alguna y con nuevas posibilidades electorales, los partidos han aplicado sin cortapisas las facultades que jurídicamente les corresponden a las instituciones. El resultado ha sido que se ha roto el viejo equilibrio que antes existía y que le daba viabilidad al sistema.

Si, por un lado, el Congreso de la Unión ha demostrado que cuenta con recursos para controlar y vigilar al ejecutivo, los gobernadores han probado que pueden, como en otras etapas históricas, imponer sus intereses. Ante ellos, el ejecutivo se ha mostrado sorprendentemente débil y carente de facultades para vencer su oposición o, en el caso de los gobernadores, controlar sus excesos. En contraste, los mandatarios han alcanzado un poder que paradójicamente sólo se controla a sí mismo debido a la diversidad de intereses locales. Desde el 2000, los gobernadores han actuado libremente, sin límites en los poderes establecidos y mucho menos en sus propios partidos, y han producido dos tendencias: una, la acción concertada, independiente de sus orígenes partidarios, que se ha centrado en la búsqueda de mayores recursos presupuestales y que durante el gobierno de Vicente Fox encontró oportunidades inigualables para obtener ventajas financieras; la otra, más peligrosa, es que han revivido los grupos locales y los liderazgos caciquiles, que al no encontrar límites efectivos, ceden a la tentación de cometer arbitrariedades, incluidos los conflictos sociales que ponen en riesgo la estabilidad local y la comisión de delitos comunes, con la seguridad de que no existe ningún recurso para corregirlos o castigarlos.

Aunque podría pensarse que estos fenómenos son propios de la etapa de ajustes en los inicios de la alternancia, en el fondo muestran que el sistema requiere modificaciones que al mismo tiempo que alienten la consolidación democrática y fortalezcan una nueva relación federal, no anulen al centro regulador que fue por décadas el gobierno federal. La debilidad del presidencialismo no puede convertirse en condición del federalismo a riesgo de que el país pierda su capacidad para regular los desequilibrios con una auténtica visión nacional. Por el contrario, una autonomía irrestricta de los poderes locales no sólo estimulará los viejos intentos por controlar la política nacional, sino que propiciará la fragmentación del país llevándolo como ya ha ocurrido en algunos casos, a etapas de atraso político que parecían ya superadas.

Reconstruir este proceso, y en particular dar cuenta de las funciones, atribuciones y límites de los gobernadores durante los años de dominio del PRI, que también constituyen los del funcionamiento tradicional del sistema político, es la principal tarea de este estudio. La premisa fundamental es que las gubernaturas constituyeron una institución central en el desarrollo del sistema y que los mandatarios dispusieron de enormes recursos políticos y una singular autonomía para ejercerlos, muy lejos de la idea generalizada del sometimiento. Hubo, por supuesto, límites a este comportamiento cuyo principal componente no fue jurídico sino político y dependía del dominio que por décadas tuvo el PRI en la política nacional. El estudio se apoya en los escasos trabajos previos que existen, algunos extraordinarios, y se fundamenta en entrevistas con ex gobernadores, algunos de ellos, como podrá verse en la nota metodológica que aparece al final, también fueron secretarios de Gobernación o dirigentes del PRI en diferentes momentos históricos. La idea era que fuesen los mismos que desempeñaron el cargo los que explicaran sus funciones y limitaciones y que, al contar también con la perspectiva del gobierno federal desde las mismas dependencias que ejercieron los controles presidenciales, pudieran valorar las delicadas relaciones que mantuvo el sistema. Todos son priístas destacados, testigos privilegiados de sus épocas, y en su mayoría políticos todavía activos. Como toda entrevista, las que aparecen en este estudio cuentan con sus dosis de subjetividad, pero como podrá advertirlo el lector, ése no fue un defecto de la investigación sino una de sus ventajas, porque lejos de confirmar la imagen del sometimiento, con su información fue posible reconstruir un complejo rompecabezas cuyos bordes sólo eran visibles para quienes estuvieron involucrados en su construcción.

El trabajo está organizado en siete capítulos. El primero perfila las atribuciones de los gobernadores y explica los límites de su autonomía. En el segundo se abordan las prerrogativas del ejecutivo federal, los mecanismos de intervención y, sobre todo, los que empleaba para corregir abusos o simplemente contener las tentaciones de construir poderes perpetuos en los estados. En el tercer y cuarto apartados se analizan los dos tipos de cambios que tuvieron lugar a partir de los años ochenta, que configuraron el conjunto de funciones que el gobierno federal les trasladó y que ampliaron el poder de los gobernadores. La historia reciente ha puesto énfasis en la transición y por lo tanto en la competencia que fue fortaleciendo a la antigua oposición al PRI, sin embargo, ésta es sólo una de las vertientes del cambio. La otra, esencial para comprender el poder económico de los gobernadores, es el accidentado proceso de modernización administrativa que se promovió desde el ejecutivo federal con la descentralización de áreas sociales que trasladó íntegramente a los estados. La historia es importante porque da cuenta de cómo los mandatarios aumentaron sus responsabilidades ante sus sociedades, pero también de las resistencias que presentaron precisamente porque suponían un aumento notable del potencial de conflicto que antes enfrentaba la federación.

El quinto capítulo revisa el funcionamiento de los primeros gobiernos del PAN y el PRD con el propósito de identificar formas distintas de ejercer el poder. Sin detenerse en ninguna administración en particular, se destacan las características comunes que en apariencia los hacían diferentes al PRI. Como podrá observarse, las diferencias son menores y, por el contrario, se han centrado en la racionalidad y eficiencia administrativa por parte de los panistas, y en la liberalidad con la que los del PRD emplean el gasto público, en aras de un principio social fuertemente arraigado en ellos. En cualquiera de los casos, ninguno propició cambios políticos sustantivos. En contraste, como se analiza en el capítulos seis, fueron los gobernadores priístas los que escenificaron los conflictos más delicados que demostraron, por primera vez, que el ejecutivo federal había perdido todo control político sobre los gobiernos locales, incluidos los de su mismo partido. En ese capítulo se verá que los conflictos no pasaron necesariamente por un proyecto alternativo en términos de mayor democracia o apertura, sino que se inscribieron en la aguda disputa interna que consumió a la élite priísta desde los años ochenta, cuando la llamada generación tecnocrática alcanzó el poder.

Finalmente, en el capítulo siete se abordan las tendencias presentadas en la actividad política de los mandatarios una vez que su poder ha coincidido con la alternancia en la presidencia de la República. El análisis revela que las manifestaciones colectivas, aunque posibles e incluso exitosas, como fue la fundación de la Conferencia Nacional de Gobernadores (Conago), son restringidas por la extrema particularidad de los intereses locales. La evolución de la Conago constituye el mejor ejemplo de cómo el poder que han conseguido encuentra sus limitaciones en su propia incapacidad para construir una idea de nación. Su extremo celo en creer que lo estatal, y con más precisión, su entidad, es prioritaria, hace imposibles los acuerdos más allá de obtener más recursos presupuestales, lo único que les es común. Pero como confirmación de ello, las particularidades, acompañadas de una autonomía sin control, han estimulado las arbitrariedades de algunos mandatarios que han derivado en conflictos que demuestran que el sistema político no cuenta con recursos jurídicos y legítimos para corregir los excesos y restablecer lo que en el pasado era esencial: la estabilidad y paz pública en los estados.

El estudio no es un recuento de conflictos o acontecimientos, sino la reconstrucción de cómo se construyeron equilibrios frágiles para mantener una relación compleja entre ejecutivos, y cómo se dio paso a una libertad de acción que no se ha acompañado de instrumentos de control. Al final es posible observar que en los primeros tiempos de libertades políticas se han fortalecido los poderes locales, pero a costa del debilitamiento del ejecutivo federal y sin que se haya construido a cambio un nuevo federalismo ni se hayan eliminado las arbitrariedades de mandatarios tradicionales.

I. GOBERNADORES Y PODERES REGIONALES

Los poderes locales y los hombres fuertes

La figura de los gobernadores, y en general de los gobiernos estatales, nunca ocupó un espacio propio en los estudios políticos de México. Cuando se les mencionaba era de forma lateral y como una prueba del centralismo y sometimiento al poder presidencial. Los pocos estudios sobre el tema los describían como virreyes o enviados presidenciales, sin voluntad o autoridad propias, que sólo cumplían los mandatos del ejecutivo federal y que cuando, por cualquier motivo, se alejaban de los intereses de éste, simplemente se les destituía.[1] Como lo advirtiera Marvin Alisky, uno de los pocos autores que prestó atención especial a los gobernadores,[2] esa idea estaba basada en la percepción de que el gobierno federal y el centro político en México era más poderoso que en Estados Unidos y que, por ende, sus mandatarios estatales eran más débiles. Se trataba más de un lugar común que el resultado de analizar evidencias comprobadas.

Pero aunque la opinión era generalizada, se mezclaba con otra, menos frecuente, que la contradecía o, al menos, la ponía en duda. De acuerdo con ella, los gobernadores no eran más que caciques u hombres fuertes con enorme poder local, que podían cometer abusos y arbitrariedades que no eran corregidas por el gobierno federal, ya fuera por complacencia o, más grave todavía, por incapacidad institucional. En general, esta opinión derivaba de los estudios sobre los

---

[1] Robert E. Scott, *Mexican Government in Transition*, University of Illinois, Urbana, Illinois, 1964.

[2] Marvin Alisky, *The Governors of Mexico*, South Western Studies, monografía núm. 12, The Texas Western College Press, Texas, 1965, pp. 4-5.

primeros años del siglo pasado, cuando predominaban los hombres fuertes. Esta doble apreciación sobre el desempeño de los mandatarios locales contaba, desde luego, con suficientes ejemplos. Una mirada por la historia del siglo xx mexicano, incluso hasta épocas recientes, muestra lo mismo a mandatarios arbitrarios, capaces de imponer su voluntad por encima de la ley, que gobernadores que al margen de su comportamiento fueron destituidos sin problemas por el poder presidencial.

En realidad, la relación entre ejecutivos estatales y el federal nunca fue lineal sino muy compleja. Siempre estuvo caracterizada por una combinación de autonomía política para manejar los asuntos locales y fuertes controles federales, que lo mismo limitaban los posibles abusos de los gobernadores que permitían la intervención directa del presidente. Ya desde los años cuarenta del siglo pasado los autores, en su mayoría estadounidenses, destacaban que si bien los gobernadores padecían restricciones importantes, tanto política como económicamente, ni el presidente ni las instituciones federales intervenían en los asuntos políticos locales.[3] En rigor, todos los observadores reconocieron, no sin cierta extrañeza, que pese a todo el centralismo el sistema político concedía una enorme autonomía a los gobernadores, lo que, sin muchas complicaciones, auspiciaba que algunos mandatarios cometieran abusos y se comportaran como caciques, y que otros, incapaces de dar soluciones a las demandas sociales y políticas, fueran retirados del cargo.

La complejidad de la relación tiene dos componentes básicos. Uno es histórico y se origina en el comportamiento de las regiones prácticamente desde la Independencia, regiones que gozaron de tal autonomía que determinaron el rumbo de la política nacional, unas veces porque amenazaron la unidad del país y otras porque fueron centrales para preservarla. El segundo radica en la función principal que, al menos desde que se fundó el actual sistema político después de la Revolución, desempeñaron los gobiernos estatales y que fue la

[3] Frank Brandenburg, *The Making of Modern Mexico*, Prentice-Hall, Englewood Cliffs, 1964; Vincent Padgett, *The Mexican Political System*, Houghton Mifflin, Boston, 1976; Martin Needler, *Mexican Politics: The Containment of Conflict*, Praeger, Nueva York, 1999; y John Bailey, *Governing Mexico: The Statecraft of Crisis Management*, St. Martin's Press, Nueva York, 1988.

de garantizar la estabilidad política y la paz social en cada entidad, así como la de servir como intermediarios ante el gobierno federal. Si bien estos elementos estuvieron relacionados desde el principio, la estabilidad no fue la tarea fundamental sino hasta que el país construyó sus instituciones modernas y estableció responsabilidades a los gobiernos federal y estatales.

Hasta fines de los años treinta del siglo pasado, los poderes locales sólo en determinados periodos estuvieron sometidos a un proyecto que al margen de su viabilidad tuviera carácter nacional. El siglo XIX mexicano, como bien lo han documentado y explicado diversos historiadores, se caracteriza por una constante lucha de proyectos nacionales que si bien fueron encabezados por personajes y grupos plenamente identificados, fueron sustentados realmente por poderes locales, muchos de ellos regionales. Sin entrar en detalles que no sólo rebasan el propósito de este trabajo sino que ya están explicados por múltiples estudios, es necesario recordar que durante el largo periodo de la vida independiente de México, que durante décadas no tuvo un gobierno central fuerte, fueron los gobernadores de los estados los que definieron la política, apoyando proyectos específicos y enfrentándose a otros.

No se necesita reconstruir cada periodo para descubrir que las etapas centrales de aquel turbulento siglo fueron dominadas por figuras y gobiernos estatales. Fueron las luchas entre los estados, y entre ellos y el gobierno federal, lo que caracterizó a los primeros años de vida independiente y a la interminable definición entre federalismo y centralismo. Fueron gobernadores y poderes locales los que protegieron a Juárez en su defensa de la República y fueron también poderes locales y sus líderes los que al final de la intervención volvieron a disputarse la definición del país hasta el establecimiento del Porfiriato. Un periodo en el que si bien el centralismo político se impuso sin lugar a dudas, también se permitió el fortalecimiento de hombres fuertes en cada estado, los cuales se encargaban de imponer la paz y el orden locales.[4] La autonomía y el poder de los estados reaparecieron

---

[4] Moisés González Navarro, *Anatomía del poder en México, 1848-1853*, El Colegio de México, México, 1977; Jesús Reyes Heroles, *El liberalismo mexicano*, t. II,

tanto en los inicios de la Revolución como, sobre todo, en la etapa inmediata posterior, cuando el nuevo régimen empezaba a formarse y el gobierno central era prácticamente inexistente.

La revisión de los momentos definitorios de la historia nacional revela dos constantes esenciales. La primera es la importancia de las regiones en la construcción de la identidad del país, basada en un poder y una autonomía superior al poder central, y la segunda, que esta autonomía se ha contenido sólo cuando el poder central ha conseguido fortalecerse. La autonomía local resurge cuando el poder central se debilita o desaparece. Sin gobierno central, el siglo XIX vivió frecuentes batallas entre grupos locales que casi llevaron a la desintegración del país y que concluyeron cuando se estableció el indiscutible y centralizado poder del Porfiriato. La Revolución, que destruyó el antiguo régimen, revivió los poderes regionales que durante al menos dos décadas se disputaron de nuevo el gobierno central. Solamente cuando se construyó el moderno sistema político, asentado en el partido único y el presidencialismo, los poderes regionales fueron sometidos. No sería extraño entonces que al desaparecer el autoritarismo y debilitarse el centralismo político, como ha sucedido desde fines del siglo pasado, las autonomías locales encontraran nuevos espacios y resurgieran los siempre latentes poderes de grupos y los líderes estatales.

El sistema político posrevolucionario, que definió las funciones de los gobernadores, se construyó en un largo periodo caracterizado por una permanente tensión entre el gobierno federal y los poderes locales. El origen de esta tensión se encuentra en el propio movimiento de 1910, que, contrario a las primeras interpretaciones, no fue un movimiento unitario y con un solo proyecto, sino que estuvo motivado por múltiples intereses locales y fue auspiciado por grupos y líderes regionales. No hubo caudillo revolucionario que no contara con apoyos estatales y que no tratara de imponer sus intereses al incipiente

---

FCE, México, 1974; Ralph Roeder, *Juárez y su México*, FCE, México, 1972; y Daniel Cosío Villegas, *Historia moderna de México. La República restaurada. Vida Política*, Hermes, México, 1972.

gobierno federal.⁵ También contrario a las primeras interpretaciones, el poder central posrevolucionario no se construyó de inmediato sino en un largo proceso en contra de poderes y caudillos regionales.⁶

La dispersión del poder producida al desintegrarse el Porfiriato y que se fortaleció con los jefes militares durante la fase armada, no desapareció en los años siguientes. Por el contrario, como ocurriera en otros periodos, después de 1912, cuando se comenzaban a definir el nuevo sistema y sus instituciones, el gobierno federal fue disputado constantemente por los caudillos locales. No sólo dominaron sus estados sino que fueron apoyos determinantes para que otros caudillos alcanzaran el poder central. Conservaron ejércitos, recursos y comenzaron a construir instituciones locales que al tiempo que estabilizaron las regiones, fortalecieron su influencia personal. Más aún, fueron los jefes políticos los que desarrollaron las primeras conquistas revolucionarias: reparto agrario, legislaciones obreras, organizaciones de masas, etcétera.⁷

En realidad, el gobierno central primero se apoyó en los poderes locales y paulatinamente construyó las instituciones nacionales. El debilitamiento y sometimiento de los caudillos dependió de cuánto control asumía el gobierno federal y cuántos recursos lograba retirar-

---

[5] François Xavier Guerra, *México. Del antiguo régimen a la Revolución*, FCE, México, 1988; Marc A. Wasserman, *Capitalists, Caciques, and Revolution. The Native Elite and Foreign Enterprise in Chihuahua, Mexico, 1854-1911*, The University of North Carolina, Chapel Hill, 1984; Alan Knight, *The Mexican Revolution*, Cambridge University Press, Cambridge, 1986; Friedrich Katz, *La guerra secreta en México*, Era, México, 1999.

[6] Lorenzo Meyer, *Los inicios de la institucionalización: la política del maximato*, y *El conflicto social y los gobiernos del maximato. Historia de la Revolución Mexicana*, vols. 12 y 13, El Colegio de México, México, 1978.

[7] Romana Falcón, *Revolución y caciquismo. San Luis Potosí, 1910-1938*, El Colegio de México, México, 1984, y *El agrarismo en Veracruz. La etapa radical, 1928-1935*, El Colegio de México, México, 1977; Heather Fowler Salamini, *Agrarian Radicalism in Veracruz, 1920-1938*, University of Nebraska, Lincoln, 1971; Arturo Alvarado, *El portesgilismo en Tamaulipas*, El Colegio de México, México, 1992: Alan M. Kirshner, *Tomás Garrido Canabal y el movimiento de los Camisas Rojas*, núm. 267, Sepsetentas, México, 1976; y Carlos Martínez Assad, *El laboratorio de la Revolución. El Tabasco garridista*, Siglo XXI, México, 1979.

les o, al menos, limitarles. Durante los años veinte y treinta el Estado construyó el centralismo asumiendo funciones que naturalmente estaban en manos de los caudillos. Con medidas como la expedición de la Ley Federal del Trabajo, el control y legislación del reparto agrario, la centralización de la educación pública, el establecimiento de la política fiscal, la fundación del Partido Nacional Revolucionario (PNR), la centralización de sindicatos y ligas de comunidades agrarias, el Estado comenzó a someter a los caudillos y a establecer las tareas nacionales. Esas medidas fueron complementadas con la eliminación real de los caudillos revolucionarios, tarea que se prolongaría hasta finales de los años treinta.

La penetración de las instituciones y normas minaría poco a poco a los caudillos, pero no terminaría con los poderes regionales que fueron adquiriendo, bajo diversas formas, otras responsabilidades, cada vez más funcionales con el nuevo esquema político. La centralización, sin embargo, siempre estuvo basada en el reconocimiento de que el gobierno federal no podía encargarse enteramente de la integración del país. Debido a la diversidad cultural, social y económica, el gobierno federal tuvo que confiar en los gobernadores como responsables formales, y en los caudillos como poderes reales, para ejercer el control de la política local, la resolución de los conflictos y la satisfacción de las demandas sociales. Los gobernadores debieron emplear su poder para integrar sus estados en un nuevo y deliberado proyecto nacional, encabezado por la presidencia de la República.[8]

El nuevo régimen surgido de la Revolución creó una dirección nacional, con instituciones que articularon los poderes locales para cumplir con al menos cuatro objetivos: respetar la diversidad nacional, integrar los estados en un proyecto nacional, promover el desarrollo económico al controlar las diferencias y mantener la estabilidad política. Ninguno de ellos, por definición, podía cumplirse sin un alto grado de independencia política local cuyos límites fueron esta-

---

[8] Wil Pansters, *Política y poder en Puebla. Formación del cacicazgo avilacamachista, 1937-1987*, FCE, México, 1998; y Roger Ch. Anderson, *The Functional Role of the Governors and their States in the Political Development of Mexico, 1940-1964*, Ph. D. Thesis, University of Wisconsin, 1971.

blecidos por las instituciones que también determinaron las tareas y las responsabilidades. Si la autonomía estaba en el fondo del sistema y el gobierno federal no tenía la capacidad para controlar las regiones, los poderes locales serían manejados por hombres fuertes que cambiarían en su comportamiento pero no en sus objetivos. Como lo ha señalado Pansters, puede trazarse una línea evolutiva de caudillos y hombres fuertes que llega incluso hasta los años sesenta del siglo pasado. Los jefes políticos que sobrevivieron a la Revolución y que fueron constantes obstáculos para la integración política, no lograron mantenerse más allá de los años treinta, como lo prueban el exilio de Tomás Garrido Canabal y el fallido levantamiento, que terminaría con su muerte, de Saturnino Cedillo, los últimos representantes de los caudillos revolucionarios.

Pero a ellos los sucederían personajes como Gonzalo N. Santos, Maximino Ávila Camacho y Emilio Portes Gil, que ejercieron el poder a veces con tanta arbitrariedad como los otros, pero que se apoyaron cada vez más en organizaciones e instituciones modernas. La diferencia no es menor porque al final los abusos podían ser contenidos con recursos locales y el poder central tenía ya mayor capacidad de control y vigilancia. Lo significativo es que por más poder que tuviera el gobierno federal y por más que el presidencialismo fuera reconocido como una fuerza imposible de desafiar, los hombres fuertes siguieron existiendo y controlando sus estados hasta mediados del siglo pasado, incluso por encima de los gobernadores electos, muchas veces seleccionados o propuestos por los mismos caudillos.[9]

La coexistencia de caciques y hombres fuertes con un poder presidencial cada vez más fortalecido, no era casual ni necesariamente una muestra de debilidad central. En realidad era un reconocimiento de que el gobierno federal no podía multiplicarse para garantizar por sí mismo la estabilidad de los estados. La coexistencia era resultado de un reparto tácito de responsabilidades en las que se aceptaba que los

---

[9] Se ha llegado a identificar hasta doce caudillos locales que ejercían su poder todavía entre 1950 y 1960. Ariel Rodríguez Kuri, "Los años maravillosos. Adolfo Ruiz Cortines", en Wil Fowler (coord.), *Gobernantes mexicanos*, t. II, FCE, México, 2008; R. Ch. Anderson, *The Functional Role...*, *op. cit.*, cap. II, pp. 304-305.

poderes locales no podían pasarse por alto y que, además, podían ser funcionales al sistema político.

Esta relación puede ejemplificarse con claridad con Gonzalo N. Santos, cacique que dominó la política de San Luis Potosí a la muerte de Cedillo, que se mantuvo hasta los años sesenta. Santos no sólo controló la vida política local, sino que llegó a tener una influencia notable en la política nacional, al menos hasta los años cuarenta. Santos, gracias a su poder real, fue gobernador de su estado y después fue quien decidió a sus sucesores por décadas, con la complacencia del presidente en turno y al margen de la opinión del PRI. Este control, tolerado hasta el exceso por el gobierno federal, lo calificaba el mismo Santos como un *prebostazgo* en el que él ejercía el poder a su antojo y sin que los presidentes intervinieran, a condición de que no hubiera problemas en el estado ni menos que afectaran la estabilidad nacional.[10] Las arbitrariedades que cometió este cacique, bien documentadas por los historiadores e incluso por él mismo, se minimizan al compararlas con los servicios que prestó al sistema desde la Cámara de Diputados, a la que llegó en múltiples ocasiones y no como un diputado más, sino como su líder. En esa calidad, Santos se convirtió en la figura que controlaba los conocidos bloques de legisladores, formados por las bancadas estatales, cada una dominada por los gobernadores. Pero como jefe político de San Luis Potosí, capaz de controlar a diputados y senadores, integraba también los bloques de gobernadores que lo mismo manipulaban elecciones que apoyaban a candidatos a la presidencia o acciones del mandatario en turno.

Un claro ejemplo de la coexistencia en el tiempo de formas tradicionales de ejercer el poder con instituciones modernas, se encuentra en los bloques de diputados que funcionaron sin interrupciones hasta mediados de los años treinta. Sin control del presidente ni del PNR, los gobernadores y hombres fuertes designaban a los diputados federales de cada entidad, de tal manera que respondían únicamente

---

[10] Tan claro era el poder de Santos, que el mismo Adolfo Ruiz Cortines lo aceptaba como un hecho consumado. El presidente lo llamaba un *califato,* título que al margen de cómo lo definiera, revela una forma de ejercer el poder no sólo tradicional sino apartada del gobierno federal. Gonzalo N. Santos, *Memorias,* Grijalbo, México, 1984, pp. 867 y *ss.*

a sus órdenes. Ya en las Cámaras actuaban como grupos homogéneos que servían para integrar alianzas con otros grupos regionales. Como el mismo Santos lo reconoce, los bloques se formaban en apoyo o rechazo a las acciones presidenciales y podían obstaculizar sistemáticamente su trabajo. Por eso era tan importante que el presidente tuviera como líder de la Cámara baja a un político con suficiente poder regional para negociar con los otros caudillos y hombres fuertes.[11]

La Cámara funcionaba como contrapeso del ejecutivo pero no por razones institucionales, esto es, como auténtico poder legislativo, sino porque se había convertido en una extensión del poder de los caudillos regionales y un eficaz medio para intervenir en la política nacional. Y eso quedó plenamente demostrado cuando los bloques de diputados, encabezados por Santos, se opusieron a la medida promovida por el presidente Calles y la dirección del PNR, de evitar la reelección de los legisladores. Durante el llamado Congreso Nacional de Legislaturas en 1932, cuando todo se había preparado para aprobar la no reelección, fue Santos, con la ayuda de la mayoría de los gobernadores y de sus bancadas, quien logró rechazarla. La disposición de Santos y, desde luego, su liderazgo, se comprobarían once meses después cuando Calles lo convencería, bajo la amenaza de expulsarlo del partido y terminar su carrera política, de conseguir el apoyo para la medida.[12] En rigor, la reforma que daría por terminada la reelección de diputados en los años treinta no buscaba necesariamente someter al Congreso sino acabar con una efectiva fuente de poder nacional de los gobernadores. Por supuesto que fue un recurso para centralizar el poder en el ejecutivo, pero lo relevante es que el principal objetivo era quitarles a los mandatarios el control de las Cámaras. Sin los gobernadores detrás, el Congreso federal se subordinó a la presidencia.

Los avances en la centralización, aunque efectivos, fueron lentos, lo que permitió a los hombres fuertes abrir espacios locales, de

---

[11] Lorenzo Meyer, *Los inicios de la institucionalización...*, *op. cit.*, y Jean Meyer, *Estado y sociedad con Calles. Historia de la Revolución Mexicana*, vol. 11, El Colegio de México, México, 1977.

[12] G. N. Santos, *Memorias, op. cit.*, pp. 475-492 y 502-505.

tal manera que no obstante haber sido retirados de la política nacional, pudieron seguir manteniendo su influencia hasta mediados del siglo, cuando las principales instituciones del sistema ya se habían construido. Contra la idea de que la política mexicana había abandonado el tradicionalismo, en los años sesenta ésta todavía se debatía entre las herencias del pasado y las instituciones modernas. Un poder como el que ejercieron hombres como Santos, que por conveniencia habían sido tolerados por el gobierno federal, podía amenazar en cualquier momento al presidente y las instituciones centrales. Como lo ha documentado Rodríguez Kuri, ese momento parece haberse presentado durante el gobierno de Ruiz Cortines, cuando el presidente, en parte por su propio origen y en parte por un riesgoso cálculo político, llevó la relación con los caciques estatales a tal punto que se sintieron alentados para intervenir en la sucesión presidencial de 1958. No sólo algunos caciques como Santos apoyaron por su cuenta a los precandidatos, sino que uno de los más destacados de ellos, como Gilberto F. Muñoz, fue un fuerte aspirante a la presidencia.[13]

La experiencia fue un llamado de atención a tal grado que como lo ha narrado Santos, Ruiz Cortines intentó alejarlo del poder. No lo conseguiría, pero Adolfo López Mateos, el nuevo mandatario, no desaprovecharía la oportunidad de terminar con esos poderes que poco a poco habían dejado de ser funcionales y, por el contrario, amenazaban nuevamente a la autoridad federal. Las acciones que emprendería el nuevo mandatario no fueron casuales, como lo sugiere el que una de las frases de su campaña electoral fuera nada menos que los "caciques duran hasta que el pueblo quiere". Si bien para muchos fue una simple consigna de campaña, pronto se convirtió en una advertencia a los hombres fuertes de la época, de que el gobierno federal no toleraría más arbitrariedades. Por eso entre 1959 y 1964 el poder central acabaría con el santismo en San Luis Potosí, los restos del avilacamachismo en Puebla y el prolongado cacicazgo de Leobardo Reynoso en Zacatecas, después de que provocaran conflictos sociales en sus estados que exhibieron claramente los excesos de un

---

[13] A. Rodríguez Kuri, "Los años maravillosos...", *op. cit.*

poder tradicional sin control.[14] Los años sesenta constituyen la etapa final de los últimos hombres fuertes, capaces de controlar estados y de influir seriamente en la política nacional. Como se verá más adelante, esto no significa que desaparecieran los caciques locales ni que dejaran de ser útiles para el gobierno federal, sino que sólo dejaron de ser un riesgo para el dominio presidencial.

Los hombres fuertes no fueron la única amenaza que tuvo que enfrentar el gobierno federal en su proceso de centralización. En algunos estados el desafío fue mayor porque se trató de la formación de una élite local fuerte, capaz de reproducirse con políticos modernos. El caso más destacado ha sido el del Estado de México, donde el gobierno federal tuvo que intervenir constantemente para impedir que una élite bien formada alcanzara dimensiones nacionales y que, eventualmente, amenazara el poder central. En rigor, la sucesión de grupos y líderes en ese estado fue el resultado de la vigilancia e intervención federal para evitar que alguno, más fuerte que el resto, construyera un dominio prolongado. El resultado de este equilibrio fue la formación de una sólida y bien preparada élite local, organizada en grupos con fuertes liderazgos, que ha sido capaz de disputar el poder sin que ello suponga el exterminio de los competidores y por ende de la propia clase política local. Por el contrario, su homogeneidad y disciplina han sido tan profundas que han conseguido no sólo mantener el control de la política del estado sino crear líderes con gran poder en la política nacional. Tan singular ha sido la actuación de esta élite,

[14] Alma Yolanda Guerrero Miller, *Cuesta abajo. Declinación de tres caciques huastecos revolucionarios: Cedillo, Santos y Peláez*, Miguel Ángel Porrúa, México, 1991; y W. Pansters, *Política...*, *op. cit.*, pp. 196 y ss. El caso de Zacatecas no cuenta con estudios detallados, pero lo poco que se conoce de aquella crisis política demuestra que la frase de López Mateos fue tomada en serio por diversos actores. En las elecciones municipales de 1958 compitió contra el PRI un partido local y ganó en un considerable número de alcaldías. Las protestas fueron intensas y la represión terminó con varias muertes. El conflicto fue controlado después de algunos meses y aunque no terminó con la destitución del gobernador en turno, sí terminó con el cacicazgo de Leobardo Reynoso, que tuvo que salir del país como embajador. Una breve nota sobre los sucesos se encuentra en A. Rodríguez Kuri *et al.*, "Un retrato actual: 1940-1991", en Jesús Flores Olague, *et al.*, *Historia mínima de Zacatecas. La fragua de una leyenda*, Noriega Editores, México, 1995, pp. 211-212.

que ha dado origen a uno de los mitos mejor logrados de la política mexicana, como es la existencia del grupo Atlacomulco.[15]

Pero frente a caudillos y élites fuertes, hubo entidades en las que el control se facilitó debido a la extrema fragmentación de sus grupos políticos. En estados como Chihuahua y Jalisco la dispersión del poder dio origen a múltiples y cambiantes grupos y líderes que se enfrascaron en continuas luchas por ganar el poder y que terminaron por entorpecer o debilitar la formación de la élite local.[16] En casos como éstos el gobierno federal tuvo enormes facilidades para intervenir en la política local e impedir la formación de grupos duraderos porque cada vez que un líder alcanzaba el poder, se empeñaba en destruir a sus adversarios en lugar de alentar la formación de nuevos y modernos políticos.

En cualquiera de los casos, el centralismo tan destacado del sistema político fue obra del permanente y accidentado sometimiento de los poderes fuertes. Ya fuera eliminando caciques, o controlando élites fragmentadas o grupos con líderes modernos, el gobierno federal fue asentando la figura de los gobernadores como representantes de instituciones políticas, que expresaban una relación enmarcada por atribuciones, normas y controles diseñados o establecidos por el centro nacional. Aunque en las décadas siguientes a los años sesenta todavía se presentaron casos de arbitrariedades en los estados, la relación entre ejecutivos estaba ya marcada por algunos elementos constantes. Los gobernadores serán piezas fundamentales del sistema político, encabezado sin lugar a dudas por el presidente, y tendrán como principal responsabilidad garantizar la estabilidad política de los estados, para lo cual ejercerán un control casi absoluto de los asuntos e instituciones locales. En contrapartida, los abusos de los mandatarios y los

---

[15] Rogelio Hernández Rodríguez, *Amistades, compromisos y lealtades. Líderes y grupos políticos en el Estado de México, 1942-1993*, El Colegio de México, México, 1998.

[16] Marc A. Wasserman, *Persistent Oligarchs. Elites and Politics in Chihuahua, Mexico, 1910-1940*, Duke University, Londres, 1993; Guillermo de la Peña, "Populism, Regional Power, and Political Mediation Southern Jalisco, 1900-1980", en Eric van Young (ed.), *Mexico's Regions. Comparative History and Development*, Center for US-Mexican Studies, University of California, San Diego, 1992; Javier Hurtado, *Familias, política y parentesco. Jalisco, 1919-1991*, FCE, México, 1993.

conflictos políticos que amenacen la paz social interna serán causas determinantes de la remoción de los gobernadores, y esa facultad será, en clara correspondencia con la jerarquía central, ejercida plenamente por el presidente de la República.

Esa relación, si bien implicaba una evidente injerencia federal, fue en extremo respetuosa de la figura del gobernador y del gobierno estatal. Lo destacable es que si bien los aspectos jurídicos fueron escasos y muy poco justificaban la intervención, no se propició la arbitrariedad presidencial. Por el contrario, desde que se reconoció el principio, por más diferencias que pudieran presentarse entre los mandatarios y el presidente, no hubo interferencias políticas que dañaran la actividad institucional de los gobernadores. Las intervenciones, como se verá más adelante, fueron siempre un recurso extremo, empleado esencialmente para corregir fallas y sobre todo para restablecer la estabilidad y el orden social en las entidades.

Las funciones institucionales

La primera definición que se proporciona sobre las funciones de los gobernadores es que hacían lo mismo que el presidente pero dentro de sus estados.[17] Legal y formalmente esto es correcto, pero si se analizan con cuidado las actividades reales, lo más importante se encuentra en las limitaciones y no en las atribuciones, toda vez que ellas están determinadas por la Constitución, y en ese sentido son formalmente iguales a las del ejecutivo federal, pero en la práctica no se desarrollaban.[18] Por más que estuvieran a cargo del desarrollo estatal, la solución de problemas sociales, etc., los gobernadores desempeñaban básicamente las tareas de ser auténticos representantes de los estados, de sus necesidades y particularidades, y por ello, se constituían en intermediarios con el centro nacional. La segunda definición, y con mucho la más importante, es la que los ve como los responsables de

---

[17] Entrevistas a Enrique González Pedrero y Manuel Bartlett. Para los detalles de cada entrevista, véase la nota metodológica al final de la obra.
[18] Entrevista a Diódoro Carrasco.

la estabilidad política interna y, por ende, encargados de resolver los conflictos y las tensiones sociales.

La diferencia entre las facultades atribuidas y verdaderas no fue obra de un diseño deliberado sino el resultado de un proceso con otros propósitos. La centralización en manos del ejecutivo federal buscaba, por un lado, restarle poder a los caudillos locales, fuertes a principios del siglo pasado y por ello una latente amenaza al poder central; y por otro, la clara definición de que el gobierno federal sería el responsable de integrar al país y por lo tanto de compensar los desequilibrios regionales. Lo primero, como ya se ha señalado, fue una constante tarea del centro político mediante la cual se fueron concentrando en las instituciones federales las responsabilidades sociales y económicas. Lo mismo la legislación y el arbitraje laboral, que la educación, los servicios de salud y el desarrollo de la infraestructura, quedaron en manos del gobierno federal, que desde entonces impuso criterios generales y se encargó de su aplicación a través de las secretarías de Estado. Pero al asumir las tareas, el ejecutivo también absorbió los recursos para evitar que los mandatarios y líderes locales emprendieran proyectos particulares de dudosa utilidad, y que se profundizaran las diferencias entre las regiones. Sin un centro regulador, los desequilibrios económicos originados en las diferentes capacidades productivas y recursos naturales de cada entidad se perpetuarían y harían imposible la integración nacional, además de que producirían constantes presiones políticas y sociales que llegarían al gobierno federal.

Si las obras fundamentales quedaron a cargo del gobierno federal, los recursos económicos a disposición de los estados fueron limitados y se asignaron de acuerdo con criterios específicos que, desde luego, estableció la federación. En cualquier caso, los estados perdieron responsabilidades y fueron por completo dependientes del gobierno federal. A reserva de tratar con mayor amplitud el tema en otro capítulo, vale la pena destacar que la capacidad recaudatoria de los estados ha sido particularmente nula pues 95% de los ingresos tributarios del país son de carácter federal,[19] y los estados solamente reciben una

---

[19] Alfredo Tijerina Guajardo, *Relaciones fiscales intergubernamentales en México*, Centro de Análisis y Difusión Económica, UANL, México, 2000.

porción de ellos. La posibilidad de desarrollar programas propios es mínima e incluso su funcionamiento cotidiano depende de los recursos que le entrega la federación y que han sido siempre determinantes, pues mientras en 1965 significaban apenas 22% de los ingresos totales de los estados, en 1975 pasaron al 51% y al 60% en 1980.[20] La situación no ha cambiado a pesar de los frecuentes cambios fiscales a partir de esa década, pues entre 1980 y el año 2000, los recursos federales pasaron del 60 al 79%.[21] Algunos estados con explotaciones federales o con fuerte producción estatal siempre han tenido mayores recursos para compensar la tributación, pero aun así ninguno ha sido capaz por sí mismo de proponerse obras fundamentales.[22]

Los recursos eran limitados y administrados por la federación. Cada secretaría de Estado, en el ámbito de su atribuciones, diseñaba los proyectos, determinaba el tipo de obras, las prioridades nacionales y las zonas donde se desarrollarían.[23] En esas condiciones, los gobernadores debían cumplir con la tarea esencial de ser los intermediarios con la federación pues debían convencer a los secretarios de la necesidad de una obra o, al menos, incorporar a sus estados en los programas en marcha. En ese sentido, expresaban las necesidades y particularidades de cada entidad y lograban que el gobierno federal las atendiera. En cualquier caso, las acciones del mandatario consistían en adecuar los programas federales a la realidad estatal y así cumplir con el propósito de integrar las entidades a la federación.[24]

Si esta actividad implicaba un constante contacto con el gobierno federal, las limitaciones presupuestales obligaban a gestionar recursos adicionales, y dependiendo de las condiciones de cada estado, esta encomienda podía convertirse en la principal tarea del gobernador.[25] Recursos, pero sobre todo obras, era lo que podía conseguir el man-

---

[20] Carlos Almada, *La administración estatal de México*, INAP, México, 1982, p. 83.
[21] Jorge Ibarra Salazar *et al.*, "México: ingresos estatales y dependencia de las participaciones federales", *Comercio exterior*, núm. 5, mayo de 1999.
[22] Entrevistas a Genaro Borrego y Enrique González Pedrero.
[23] Entrevistas a Manuel Bartlett y César Camacho.
[24] Entrevistas a Enrique González Pedrero y Genaro Borrego.
[25] Entrevista a Dulce María Sauri. Carlos Loret de Mola, *Confesiones de un gobernador*, Grijalbo, México, 1978, pp. 46-50.

datario, y eso suponía, por principio, una alta capacidad negociadora, buenas relaciones con los funcionarios públicos y, muy especialmente, con el jefe del ejecutivo.[26] En los tiempos del dominio priísta, cualquier resistencia de los secretarios podía superarse con la decisión personal del presidente, de ahí la necesidad de tener buenas relaciones o, al menos, estar bien con el ejecutivo. Más aún, los secretarios eran más proclives a conceder ayudas cuando conocían la relación personal que mantenían algunos mandatarios con los presidentes. González Pedrero recuerda que los secretarios no discutían sus proyectos porque sabían de la estrecha amistad que mantenía con Miguel de la Madrid, y Martínez Corbalá, en el corto tiempo que fue gobernador interino, obtuvo recursos y apoyos cada vez que los solicitaba. Incluso recuerda que el propio presidente Salinas enviaba a sus secretarios a San Luis Potosí para que el mandatario no viajara a la capital.[27]

Esa actividad podía volverse apremiante en estados con serias limitaciones productivas y, por ende, más dependientes de la federación. En esos casos los contactos personales podían hacer la diferencia, como sucedió durante el gobierno sustituto de Víctor Cervera Pacheco en los años ochenta, en Yucatán. El gobernador se propuso la construcción del puerto de altura de Progreso y se dio a la tarea de conseguir su aprobación. La persistencia de Cervera, pero sobre todo sus buenas relaciones con el presidente De la Madrid y su por entonces indiscutible liderazgo en el estado, consiguieron que el presidente autorizara los recursos y la construcción de la obra a partir de 1985, en medio de la peor crisis económica del país y cuando el gobierno federal se había propuesto el estricto control del gasto público.[28]

Desde luego que la centralización de los recursos presupuestales, más allá de sus originales propósitos de equilibrio económico, fue un medio extraordinariamente útil para controlar a los estados y a los mandatarios. Un medio que dependía del arbitrio presidencial y que podía modificarse discrecionalmente para apoyar a un gobernador o para hacer evidente su distanciamiento. La relación personal fue,

---

[26] Entrevistas a César Camacho, Genaro Borrego y Dulce María Sauri.
[27] Entrevistas a Enrique González Pedrero y Gonzalo Martínez Corbalá.
[28] Entrevista a Dulce María Sauri.

sin duda alguna, esencial en la asignación de recursos y el desarrollo de los estados. Hasta las modificaciones de los años ochenta, cuando el gobierno federal introdujo principios de planeación y comenzó la modernización y descentralización administrativa, no había criterios normativos de inversión ni control de los recursos. No era infrecuente que los gobernadores hicieran inversiones durante las giras, chequera en mano, siempre y cuando hubieran conseguido el respaldo federal.[29] Era una forma de mostrar el apoyo presidencial, la fuerza del gobernador y el liderazgo local.

En circunstancias donde el presidente podía decidir por sí solo, era indispensable que el gobernador lo convenciera y, con frecuencia, atestiguara las necesidades y, desde luego, la entrega de obras. De ahí que los mandatarios se esforzaran por llevar a los presidentes a los estados, primero para que obtuvieran los apoyos, pero también para que la sociedad viera a su mandatario con el ejecutivo y confirmara sus buenas relaciones. La política influía en el bienestar social y económico de las entidades y subrayaba la habilidad y capacidad de los mandatarios.[30]

Éstas, con todo, no fueron las únicas consecuencias. La centralización de tareas en el gobierno federal, que en los hechos significó una expropiación de funciones en los estados, se tradujo en la simplificación o, en palabras de Bartlett, el "raquitismo" administrativo de los gobiernos locales. Sin tareas sociales y económicas sustantivas, ni recursos propios para emprenderlas, los gobernadores fueron "simples unidades administrativas", coordinadas por la federación.[31] Era natural que si esta última se encargaba de desarrollar los programas importantes, los estados no tuvieran necesidad de unidades administrativas propias. La administración pública local estuvo constituida durante décadas por un número mínimo de instituciones, todas destinadas a la operación cotidiana del estado y, en contraste, rodeada

---

[29] Entrevista a César Camacho.
[30] Entrevistas a Enrique González Pedrero y Genaro Borrego.
[31] Alicia Hernández, "Federalismo y gobernabilidad en México", en Marcello Carmagnani (comp.), *Federalismos latinoamericanos: México, Brasil, Argentina*, El Colegio de México/FCE, México, 1993, p. 289; y C. Almada, *La administración estatal...*, op. cit., p. 160.

de delegaciones de las principales secretarías de Estado que, en la práctica, estaban a cargo de supervisar y administrar los programas federales.

En realidad, la estructura administrativa local fue tan simple que podía ser manejada casi personalmente por el ejecutivo estatal. Hasta principios de los años ochenta, todos los gobiernos locales operaban con seis o siete direcciones y pocas direcciones generales que, a su vez, dependían directamente de una Secretaría General de Gobierno. Dicho en otras palabras, esta secretaría lo mismo se encargaba de los asuntos políticos internos (en clara similitud con la Secretaría de Gobernación en el ámbito federal) que de la propia administración local. Si esto ya revela una sorprendente simplificación gubernamental, se puede entender más si se observa que durante todos esos años solamente existía una Oficialía Mayor, también directamente dependiente del ejecutivo, aunque no con el mismo rango de autoridad de la General de Gobierno, para encargarse de la operación cotidiana y más administrativa de toda la estructura local.

El detalle es importante porque la Oficialía Mayor es una instancia fundamental debido a que en ella descansa el funcionamiento de cada dependencia. No hay secretaría de Estado que no cuente con una porque en ella se encuentra el control tanto de los recursos humanos y materiales, como las facultades para la compra de insumos corrientes e incluso de la asignación interna de recursos económicos. En la práctica, el titular de esa instancia llega a tener una influencia notable, incluso política, que sin embargo no alcanza la notoriedad de las subsecretarías e incluso algunas direcciones generales. La administración local fue tan sencilla en los estados que no hubo necesidad de crear oficialías en cada organismo, sino una sola que se encargaba, en la práctica, de la administración operativa local.

Las reformas hechas durante los años ochenta, en la mayoría de los casos no implicaron modificaciones sustantivas de las dependencias sino su separación de la Secretaría General de Gobierno. En el fondo se trató de un cambio de nombre (se llamaron desde entonces secretarías y ya no direcciones) para igualarlas a la administración federal, y no de una verdadera puesta al día en términos administrativos. La simplificación de la estructura de gobierno y el hecho de que el ejecutivo federal se encargaba de las obras fundamentales, convertía a los gobernadores en gestores y administradores de los programas federales.[32]

La expropiación de funciones tenía varias ventajas para el mandatario porque hacía menos complicada, más sencilla, la tarea de gobernar. Primero, trasladaba la responsabilidad social y económica al gobierno federal y el mandatario se beneficiaba íntegramente de su aplicación. Segundo, al conseguir el desarrollo de obras ganaba imagen, mostraba apoyo presidencial y fortalecía su presencia y liderazgo locales.[33] Y tercero, al no tener complicaciones administrativas, podía concentrarse plenamente en su responsabilidad política.

Los recursos políticos

La integración de los estados en un proyecto nacional no sólo se lograba mediante los programas de desarrollo, diseñados por el ejecutivo federal pero atendiendo las necesidades de cada entidad, sino manteniendo la paz social y la estabilidad internas. La diversidad estatal afectaba, sin duda, las necesidades económicas y sociales, pero también implicaba condiciones específicas que podían producir demandas y conflictos distintivos de la región. Nadie mejor que el gobernador, oriundo del lugar y con experiencia administrativa y política suficiente, para encargarse de evitar confrontaciones, atender demandas sociales y arbitrar intereses grupales o sectoriales.[34] Tarea complicada y siempre riesgosa, pero a la que podía dedicarse plenamente al contar con todos los recursos políticos del estado y con mínimas responsabilidades económicas y administrativas.

La experiencia política era fundamental pero estaba basada en el control de las instituciones que le permitieran la regulación del conflicto social. En realidad, lo importante para lograr la estabilidad no era resolver problemas sino evitarlos, es decir, prevenirlos y

---

32 Entrevista a Genaro Borrego.
33 Entrevistas a Dulce María Sauri, Genaro Borrego y Enrique González Pedrero.
34 Entrevista a Diódoro Carrasco.

anticiparlos.[35] Una eficaz regulación garantizaba que los problemas fueran pocos y resolubles. De ahí la necesidad de controlar todos los recursos políticos. En el sistema mexicano, esas instituciones fueron las Cámaras legislativas, las corporaciones y, por encima de todo, el PRI. Fue en este aspecto donde la autonomía de los poderes locales cobraba su mayor sentido, porque no era una concesión sino una necesidad que partía del reconocimiento de que los conflictos podían ser múltiples y con particularidades en cada estado que requerían total control del mandatario. Y esto significó una distribución de tareas políticas donde el gobernador sí actuaba en su ámbito regional como el presidente en el país. Del mismo modo que el primer mandatario tenía el mando de las instituciones nacionales, cada gobernador lo tenía sobre las locales. Por más centralizado que fuera el poder político, el presidente no podía encargarse de los asuntos particulares de cada entidad. No obstante, el esquema de control se reprodujo e incluso se acentuó en el terreno local. La concentración de poder fue replicada por completo en los estados y en más de un sentido fue más rígida y arbitraria que la que ejercía el presidente.

El partido fue el principal instrumento para lograr ese control porque le servía para designar candidatos y negociar intereses diversos. No hay gobernador que no reconozca que el PRI estatal funcionaba bajo su guía y que la designación de sus dirigentes era una atribución indiscutible en la que predominaba la confiabilidad y la lealtad personal e institucional. El partido llegó a ser tan útil en el manejo de la política local que la estabilidad estuvo estrechamente asociada a su eficacia. "Instrumento político del gobernador", "medio de control político" o "institución para que cumpliera sus fines el gobernador",[36] son variantes para explicar el papel que cumplía el PRI pero que expresan una clara definición como recurso político disponible para los gobernadores. En rigor, el PRI local no dependía más que del ejecutivo y no necesitaba negociar las designaciones locales ni su operación cotidiana con ninguna instancia nacional, ya fuera el CEN del PRI o la Secretaría de Gobernación, ni menos aún distraer la

---

35 *Idem.*
36 Entrevistas a Diódoro Carrasco, César Camacho y Manuel Bartlett.

atención del presidente. En este sentido, el control del gobernador sobre el partido era mucho más vertical y profundo que el que ejercía el mismo presidente sobre el PRI nacional.

Mientras que el presidente buscaba algún político que negociara con sectores y gobernadores, los mandatarios locales elegían personas confiables que aplicaran sus decisiones sin discutirlas. Óscar Flores Tapia, que llegaría a ser gobernador de Coahuila en los años setenta y que sería retirado del cargo por su extrema arbitrariedad, confiesa que fue nombrado presidente del PRI estatal por decisión del entonces gobernador Raúl López Sánchez, que manejaba el partido a su entera voluntad. Un dato interesante es que Flores Tapia fue designado en el cargo gracias a que por años había sido secretario particular de López Sánchez, incluso antes de que fuera gobernador, y había probado en consecuencia su lealtad y eficacia.[37] La cercanía era indispensable porque el partido servía para controlar íntegramente la política, ya fuera designando candidatos o arbitrando entre grupos.

Mediante el PRI el gobernador seleccionaba a los que serían diputados locales y presidentes municipales. Si bien no hay ninguna duda de que estas candidaturas eran manejadas por los mandatarios, el proceso no era el mismo ni implicaba una decisión discrecional y menos aún siempre arbitraria. Por el contrario, en ella se encontraba uno de los mecanismos más delicados para garantizar la estabilidad local porque suponía recompensar lealtades, promover a políticos, representar intereses grupales y locales, y asegurarse el control de las instituciones.

La designación de puestos era también una muestra más del poder compartido entre los ámbitos local y federal y el reconocimiento de los límites y las funciones políticas. A Adolfo Ruiz Cortines se le ha atribuido la idea sobre el reparto de puestos entre gobernadores y presidente, según la cual a los primeros les correspondían las diputaciones locales y al presidente los diputados federales y los senadores, además de los mismos mandatarios, y los ayuntamientos "al

---

[37] Óscar Flores Tapia, *José López Portillo y yo. Historia de una infamia política*, Grijalbo, México, 1982, p. 62.

pueblo".[38] Más allá de la formal participación del pueblo, que como se verá casi nunca fue cierta, era claro que había una separación de atribuciones entre los responsables de la política local y la federal. Las Cámaras eran integradas bajo la influencia directa de aquel a quien servirían en su gobierno.

El margen de maniobra del gobernador alcanzaba directamente al Congreso local y a los ayuntamientos, es decir, las instituciones que respaldaban las acciones del mandatario. Controlar la composición del Congreso local era indispensable porque era el medio para someterlo a la voluntad del ejecutivo. Al igual que sucediera con el federal en su relación con el presidente de la República, los poderes legislativos no se subordinaron porque constitucionalmente estuvieran impedidos de actuar, sino porque la homogeneidad partidaria y el liderazgo que ejercían los mandatarios hacía imposible la independencia institucional y el ejercicio de las facultades de supervisión. Los congresos locales, legal y formalmente, tuvieron facultades para aprobar presupuestos y, por lo tanto, concederle al mandatario la libertad de aplicar los recursos que la federación le enviaba dentro de los márgenes que ella misma le imponía. Pero precisamente porque eran estrechos, la anuencia legislativa era más valiosa ya que legalizaba, dentro y fuera del estado, las decisiones del ejecutivo. Pero también tenía atribuciones para revisar y aprobar presupuestos municipales y, por supuesto, para respaldar los cambios que el gobernador hiciera para repartir los recursos de acuerdo con sus prioridades económicas y políticas. Finalmente, entre las últimas facultades importantes, los congresos podían legitimar las remociones de ayuntamientos y alcaldes, un medio adicional de respaldar las acciones de los gobernadores.

Pero la función institucional de la Cámara era tan sólo una de las que el gobernador atendía al designar candidatos, la otra era equilibrar la representación grupal, sectorial e incluso geográfica de la entidad. En ese sentido, "el gobernador creaba las condiciones para postular

---

[38] La frase se encuentra en muchos testimonios. Uno de los más interesantes es el que recoge Luis M. Farías en palabras de su amigo Gustavo Díaz Ordaz. Luis M. Farías, *Así lo recuerdo. Testimonio político*, FCE, México, 1992.

candidatos" y para ello precisamente le servía el PRI local,[39] con el que, primero, identificaba intereses, liderazgos locales y sectores fuertes, y segundo, negociaba las postulaciones. Ese "crear condiciones" no era otra cosa que tomar en cuenta las fuerzas locales y arbitrar los intereses.[40] De esta forma los gobernadores mantenían el liderazgo de las élites locales y conseguían el control de las Cámaras.

Las presidencias municipales no escapaban a esta lógica pero sí representaban el mayor reto en los equilibrios locales y, por ende, de la estabilidad. Al fin gobiernos, los ayuntamientos establecían una relación distinta con el mandatario a la que guardaban los congresos. En rigor, los alcaldes eran una especie de gobernadores locales con atribuciones legales y mandatos populares claros. Dentro del estado, los municipios constituyen diversidades locales y culturales tan variadas como las que representan los estados para la nación. En cierto modo, los presidentes municipales eran para el gobernador lo que éstos para el presidente. Aún así, como lo demuestran los acontecimientos históricos, los ayuntamientos podían convertirse en la principal fuente de conflictos políticos, que podían iniciarse con una mala selección de alcaldes.

Las diferencias socioeconómicas y la estrecha cercanía de los ayuntamientos con la población es lo que fundamenta los potenciales peligros del municipio. Durante mucho tiempo y a pesar de que la experiencia se repetía esto no llegó a ser evidente para la élite gobernante. Fue hasta los años sesenta cuando comenzó a ser claro y demandó atención especial. Como lo señalara Carlos A. Madrazo al intentar la primera reforma interna del PRI, la renovación debía empezar por los órganos municipales para seleccionar políticos conocidos y populares, porque esos gobiernos no sólo son los responsables de atender a la población sino que reciben directamente, sin intermediación alguna, las quejas, protestas y demandas populares.[41] No ha sido extraño, en consecuencia, que los más graves conflictos políticos estatales que llevaron a la remoción de los gobernadores en la segunda mitad del siglo pasado, ocurrieran precisamente en los

---

[39] Entrevista a Diódoro Carrasco.
[40] Entrevista a Genaro Borrego.
[41] Carlos A. Madrazo, discurso en Toluca, *Novedades*, 26 de julio de 1965.

municipios.[42] Por eso, aunque más retórica que real, la frase de Ruiz Cortines tenía sentido al afirmar que la selección de presidentes municipales corresponde al pueblo. Evasivo como era, lo más seguro es que Ruiz Cortines estuviera haciendo una recomendación política y no afirmando una regla del sistema. Sea como fuere, la mayoría de los gobernadores tuvieron presente los riesgos y, por ende, el control en la selección de los candidatos.

Tan importante y claro fue el principio, que los gobernadores desarrollaron múltiples variantes en la postulación pero sin perder su influencia. Como reconocen varios gobernadores, mantener la paz social no era el único objetivo de la selección de alcaldes, también lo era garantizar el predominio del partido en el estado,[43] por eso el presidente dejaba por completo en sus manos el proceso. No había interferencias, ni del presidente ni de Gobernación ni del CEN del PRI, y como lo ha advertido con agudeza Dulce María Sauri, cuando el PRI lo hizo, precisamente en tiempos de Madrazo en 1965, cuando se opuso a que el gobernador de Sinaloa Leopoldo Sánchez Celis designara a los candidatos a Culiacán (la capital del estado, nada menos), Los Mochis y Rosario, y el conflicto se agudizó hasta que Madrazo decidió que el PRI no los apoyaría en las elecciones locales, el enfrentamiento se resolvió cuando Díaz Ordaz apoyó al gobernador y no al presidente del PRI. El conflicto con Sánchez Celis implicaba una intromisión indebida en la autonomía de los gobernadores que no podía aceptarse por el ejecutivo federal y menos aún en los años sesenta, cuando no parecía existir ningún peligro para el dominio del PRI.[44]

Las variantes dependían tanto de la complejidad socioeconómica de cada entidad como de la personalidad de los gobernadores. La

---

[42] R. Ch. Anderson, *The Functional Role...*, *op. cit.*, cap. III.

[43] Entrevista a Manuel Bartlett.

[44] Entrevista a Dulce María Sauri. El conflicto entre Madrazo y Sánchez Celis es más complejo, porque se sitúa entre el intento por establecer las elecciones internas y los constantes enfrentamientos con otros gobernadores y corporaciones que el tabasqueño había tenido y que habían desgastado su liderazgo, pero no deja de ser interesante la opinión de la ex gobernadora porque le da otra dimensión al conflicto de 1965. Sobre Madrazo, R. Hernández Rodríguez, *La formación del político mexicano. El caso de Carlos A. Madrazo*, El Colegio de México, México, 1991.

atención y las posibilidades dependían mucho del tipo de zonas, urbanas y sobre todo las capitales o rurales con mayor o menor población indígena. En las ciudades el gobernador buscaba conciliar grupos importantes (sindicatos, sectores del partido y empresarios) y por ello la arbitrariedad de los gobernadores estaba limitada, "no porque no quisieran, sino porque no podían".[45] Las candidaturas, en general, eran propuestas por el PRI local después de evaluar las condiciones de cada zona del estado, de la importancia de sectores y grupos, y de los posibles conflictos. Los sectores del partido proponían y el gobernador, no importaba quien fuera, no podía negarse a postular a sus candidatos y tenía que negociar con ellos para lograr la representación local y mantener los equilibrios entre ellos.[46] Con el tiempo y debido a la mayor competencia partidaria, hubo municipios que incluso debían negociarse con el PRI nacional y a veces recibir la opinión presidencial. Como lo recuerda César Camacho, fueron los casos de ciudades como Guadalajara, Monterrey y Naucalpan, esta última en el estado que gobernaba.

Un testimonio relevante lo proporciona Carlos Loret, gobernador de Yucatán durante el sexenio de Luis Echeverría. Como alcalde de Mérida, la capital, estaba Víctor Manuel Correa Rachó, destacado panista que había afianzado la presencia de ese partido y que al renovarse la presidencia municipal en 1970 ofrecía amplias posibilidades de que volviera a perderla el PRI. La importancia del municipio y los riesgos políticos que entrañaba, con todo y ser la capital del estado y una plaza electoral del gobernador, hicieron que fuera el propio presidente Echeverría el que seleccionara a Víctor Cervera para recuperar la alcaldía. No sólo el presidente se impuso al mandatario sino que lo hizo con un político que era su adversario, lo que significaba que Loret tendría en la capital un enorme problema a resolver el resto de su mandato. Aunque Loret protestó ante su amigo Alfonso Martínez Domínguez, dirigente todavía del PRI, no hubo manera de que el presidente desistiera de su propósito.[47]

---

[45] Entrevista a Dulce María Sauri.
[46] Entrevistas a Dulce María Sauri y Diódoro Carrasco.
[47] C. Loret, *Confesiones...*, *op. cit.*, pp. 69-73.

La libertad del gobernador para elegir alcaldes dependía en mucho de la importancia de los municipios. En las ciudades importantes la búsqueda de equilibrios estaba limitada por el interés del mandatario por obtener un candidato confiable, personal y políticamente. Las razones no son difíciles de establecer pues las ciudades principales, incluida naturalmente la capital, concentran la mayor población urbana lo que implica diferenciaciones sociales y económicas que generan demandas directas al gobierno estatal. Representan un desafío por los potenciales conflictos, pero también, como se comprobaría desde los años setenta, la principal fuente de oposición al PRI. Además de ello, el tamaño del municipio y su importancia económica permitían a sus presidentes establecer contactos federales con facilidad y, sobre todo, con independencia del gobernador. Las capitales de los estados no sólo eran el asiento de los poderes sino el principal campo de acción de los gobernadores, de ahí que fuese esencial para ellos controlar a los presidentes que, en cualquier caso y en especial después de los años ochenta, se volvieron potenciales aspirantes a la gubernatura.[48] Un testimonio lo ofrece Flores Tapia quien reconoce que como presidente del PRI local presentó al gobernador las opciones para presidentes municipales en Coahuila. El mandatario siempre decidió, especialmente en la capital, Saltillo, y en las tres ciudades más importantes, Torreón, Monclova y Piedras Negras. El resto los dejaba "al pueblo", una manera elegante de decir a los grupos y caciques locales.[49]

A veces la libertad para el partido era casi total, pero sólo con la explícita voluntad del gobernador. Sauri, que fuera presidenta del PRI yucateco en las administraciones de Graciliano Alpuche Pinzón (1982-1984) y de Cervera (1984-1988), reconoce que presentó las listas de diputados locales y presidentes municipales a ambos mandatarios. Los dos gobernadores intervinieron pero de diferente manera, lo que demuestra no sólo el estilo de cada uno sino la seguridad del liderazgo que ejercían en el estado. Alpuche hizo la selección final con las recomendaciones del partido, pero Cervera, que adver-

---

[48] C. Almada, *La administración estatal...*, *op. cit.*, pp. 115-116.
[49] O. Flores Tapia, *José López Portillo y yo...*, *op. cit.*, p. 62.

tía la mayor presión electoral, aceptó que la selección de candidatos para los comicios de noviembre de 1984 fuera mediante un proceso abierto, con la única excepción de Mérida, donde el gobernador elegiría personalmente al candidato a la alcaldía.[50] Cervera no conoció a los que fueron candidatos a los ayuntamientos y las diputaciones pero confió en la selección del partido, dirigido por alguien de su plena confianza.

El experimento fue exitoso porque todos los candidatos ganaron los comicios por amplio margen y ninguno tuvo impugnaciones o problemas que los obligaran a renunciar. Sobre esa experiencia, cuando Sauri fue gobernadora, repitió el mecanismo convencida de que era la única forma de competir con la oposición del PAN, en ese entonces tan importante. Como lo señala la ex gobernadora, hubo tiempos en que los mandatarios imponían candidatos y los hacían ganar elecciones sin importar las consecuencias, pero en los años ochenta y en estados como Yucatán, donde la competencia partidaria era creciente, los gobernadores, por más fuertes que fueran, "no podían hacer lo que quisieran".

La experiencia de Yucatán sería profundizada por Enrique González Pedrero al gobernar Tabasco (1983-1988) porque para él la sentencia de Ruiz Cortines debía hacerse realidad incluso para los diputados locales. Él impulsó la consulta a las bases para que la población de cada localidad y no sólo los militantes del PRI, eligieran a sus candidatos. El propósito no era otro más que evitar conflictos al aceptar que personas conocidas y populares fueran realmente elegidas.[51] El recurso tenía ventajas notables porque se garantizaba que un conocido por la población fuera diputado o alcalde, de tal manera que se mantuviera la paz social después de las elecciones. No era extraño, como recuerda González Pedrero, que el elegido no fuera priísta, lo que significaba que de no postularlo el PRI otro partido podría hacerlo y provocarle serios problemas al gobernador. De esta manera el mandatario prevenía conflictos, aseguraba el triunfo del partido y casi siempre ganaba un nuevo militante. El resultado final

---

50 Entrevista a Dulce María Sauri.
51 Entrevista a Enrique González Pedrero.

era reafirmar el apoyo local al gobernador y por esa vía, fortalecer su posición frente al presidente.[52]

Esta práctica, no obstante, no fue generalizada y estuvo circunscrita a las zonas urbanas. En las rurales, más atrasadas económicamente y menos complejas en su composición social, predominaron los acuerdos con caciques. Del mismo modo que hasta muy entrado el siglo pasado el gobierno federal toleró a hombres fuertes en los estados, los gobernadores aceptaron el poder de los caciques locales. La búsqueda de la estabilidad se confundía, o con más precisión, se asentaba, en el reconocimiento de los poderes reales. Afectarlos o intentar terminar con ellos podía conducir a un conflicto grave que incluso podría poner en riesgo el cargo al gobernador. En parte por buscar los equilibrios y en parte porque los cacicazgos garantizaban votos y control político,[53] los gobernadores dejaron hacer a los caciques. Para el mandatario era mucho más sencillo reconocer el poder de un cacique en las zonas rurales e indígenas, que desafiarlo o no tomarlo en consideración al momento de postular candidatos. Al final de cuentas, el cacique podía garantizar el control social y político, así no fuera con estricto apego a la ley, a cambio de no ser amenazado por el gobernador. Fue, como en el terreno nacional, un claro intercambio de servicios que ha preservado el poder tradicional a pesar de los avances democráticos.

Los ejemplos abundan. Tomás Martínez Saldaña ha documentado cómo un cacique logró asentarse en la zona de Arandas, en Jalisco, desde los años treinta, después de hacerse amigo de gobernadores y presidentes, incluido en su momento el propio general Cárdenas. Cacique típico, fue dos veces presidente municipal y una diputado local, pero decidió y controló a los siguientes alcaldes hasta los años cincuenta. A su caída, le siguió no un cacique sino un grupo de familias conservadoras y adineradas, que casi sin interrupciones manejó el

---

52 Aunque exitoso, el procedimiento tenía problemas de operación porque como lo recuerda el ex gobernador, favoreció el abstencionismo porque la población reconocía la consulta interna como las elecciones constitucionales y no asistía ya el día de los comicios, lo que abriría la puerta a impugnaciones de la oposición. Entrevista a Enrique González Pedrero.

53 Entrevista a Diódoro Carrasco.

municipio hasta los años setenta, con prácticas muy similares a las del cacique anterior. En San Miguel el Alto, Leticia Gándara descubrió que los integrantes de una familia no sólo controlaron la economía de la zona sino que se turnaron en la presidencia municipal y las diputaciones locales, siempre bajo el control del patriarca.[54] Desde luego que en ambos casos los caciques fueron postulados por el PRI sin que hubiera algún mecanismo interno de selección, o al menos la competencia de otros grupos o incluso sectores del partido.

Esta práctica no se circunscribió a las zonas rurales. En realidad, fue una práctica tan generalizada que ni las ciudades más desarrolladas escaparon a este arreglo político. En el Distrito Federal, como lo comprobó Wayne Cornelius,[55] el PRI recurrió al apoyo de caciques para mantener distritos electorales en zonas depauperadas pero que significaban una reserva de votos permanentes. En este caso y dado que el Distrito Federal no tuvo libertad para elegir a sus delegados (equivalentes a los presidentes municipales), los caciques o sus protegidos fueron constantemente diputados federales, siempre bajo el cobijo priísta.

La conveniencia política ha sido el mejor recurso para preservar los poderes tradicionales por más que los gobernadores ya no fueran los caudillos de antes. Lo más destacado es que han logrado sobrevivir incluso a la alternancia política, como lo prueba un estudio en Ciudad Altamirano, Guerrero, donde el cacique local controló la política al amparo del PRI, pero no fue eliminado como poder real ni siquiera cuando el PRD venció al candidato oficial y del cacique a mediados de los noventa. El PRD venció al PRI pero se mantuvo en el poder gracias a que reconoció la influencia del cacique, al que poco le interesa ya el regreso del viejo partido.[56]

---

[54] Ambos trabajos se encuentran en el libro de Tomás Martínez Saldaña y Leticia Gándara, *Política y sociedad en México. El caso de los Altos de Jalisco*, INAH, México, 1976.

[55] Wayne A. Cornelius, *Los inmigrantes pobres en la ciudad de México y la política*, FCE, México, 1980.

[56] Orlando Espinosa Santiago, *Perfiles políticos de caciques y hombres fuertes en Ciudad Altamirano, Guerrero, 1947-2002*, tesis de maestría, Instituto de Investigaciones Dr. José María Luis Mora, México, 2002.

En realidad, la preservación de formas tradicionales y aun abiertamente caciquiles, no tiene tanta relación con el control de un solo partido o, más todavía, con la ausencia de democracia, sino con el reconocimiento de poderes reales que cuentan con cierta aceptación cultural y social. La tolerancia de las autoridades radica en un cálculo político que privilegia la garantía de la estabilidad. Bajo el dominio del PRI, los gobernadores simplemente prefirieron descansar en una práctica y estructura política anacrónica, pero altamente efectiva para preservar la paz y evitar la competencia que pusiera en riesgo su presencia local y estatal. En esas condiciones, no es extraño que los partidos que han desplazado al PRI reconozcan también los poderes reales, por poco o nada modernos que sean.[57]

El gobernador como intermediario

Un gobernador que resolvía problemas y mantenía su estado en paz, era confiable y respetado por la federación.[58] El control de las instituciones era por ello vital, pero lo interesante era que la labor de equilibrar la representación y arbitrar los intereses, concedía al gobernador la fortaleza necesaria no sólo para mantenerse en el cargo sino para mejorar su posición frente al ejecutivo federal. Una eficaz representación convertía al gobernador en el líder indiscutible de la élite local porque a él se subordinaban los grupos y porque podía conducirlos políticamente. Una élite disciplinada sumada a la tranquilidad social, daban confianza al presidente y aumentaban notablemente la autonomía del mandatario.[59]

El control de las instituciones y la ascendencia sobre la élite le permitían a los mandatarios resolver los problemas antes de que llegaran a la federación. Cuando el conflicto llamaba la atención de la Secre-

---

[57] Para una revisión del caciquismo en medio de los cambios democráticos, véase la compilación de Alan Knight y Wil Pansters, *Caciquismo in Twentieth-Century Mexico*, Institute for the Study of the Americas, University of London, Reino Unido, 2005.
[58] Entrevistas a Manuel Bartlett y Diódoro Carrasco.
[59] Entrevista a César Camacho.

taría de Gobernación o del mismo presidente, sólo las buenas relaciones personales del gobernador con el jefe del ejecutivo podían evitar la directa intervención federal.[60] Conforme fue pasando el tiempo y la sociedad tuvo más capacidad de respuesta política, los gobernadores no sólo tenían que solucionar conflictos sino tenían que hacerlo con prontitud y sin violencia. Como era de esperarse, en los primeros años del dominio priísta la represión era frecuente, pero a pesar de ello, tenía límites que si se rebasaban, terminaban con la salida del mandatario. Pero en las décadas finales, la solución debía pasar por la negociación, lo que ponía a prueba la habilidad del mandatario.

Los conflictos debían preverse y, en ese sentido, nunca salir a la superficie, pero si surgían debían solucionarse en un corto plazo. Un conflicto que se prolongaba era una prueba de incompetencia del mandatario. Aun cuando las demandas fueran improcedentes política o económicamente, el gobernador debía darles salida porque independientemente de la legitimidad del movimiento o la protesta, revelaba falta de control político de las organizaciones o, peor aún, sus limitaciones como líder de los grupos en el estado. Por eso evitar o, en su caso, resolver problemas y mantener la estabilidad era vital para ganarse o reafirmar la confianza presidencial. Su eficacia le acarreaba beneficios sustanciales porque se reafirmaba en el cargo, ante el gobierno federal como dueño del control político, capaz de enfrentar desafíos, y en el estado como mandatario con autoridad. Pero si bien esto representaba una ventaja personal que favorecía su futuro político, lo importante es que también fortalecía el poder local y la autonomía del estado ante la federación: "un gobernador de confianza ganaba más autonomía".[61] Es en este punto donde el gobernador podía convertirse en un auténtico intermediario político con la federación para defender proyectos, conseguir financiamiento y, sobre todo, evitar que el gobierno federal interviniera sin consultar o negociar.[62] Un gobernador fuerte no sólo demostraba a un buen político sino que favorecía directamente a su estado.

---

60 Entrevista a Enrique González Pedrero.
61 Entrevista a Diódoro Carrasco.
62 Entrevista a Enrique González Pedrero.

Un gobernador así no sólo recibía un mejor trato de la federación sino que podía salvar diferencias políticas con el presidente. Varios factores intervenían en la relación con el ejecutivo, pero a reserva de tratarlo con detenimiento en el capítulo siguiente, uno de los que más influían era la relación personal y la afinidad política. Aunque las diferencias no implicaban la remoción del mandatario, sí podían convertirse en un obstáculo frecuente.[63] Sin embargo, un gobernador con autoridad y fuerza en el estado podía sobrevivir y hacer un buen papel. Un ejemplo de este comportamiento fue Antonio Rocha Cordero, gobernador de San Luis Potosí de 1967 a 1973. Rocha fue procurador general de la República en el gobierno de su amigo Gustavo Díaz Ordaz y mantuvo siempre malas relaciones con Luis Echeverría, quien sería el presidente sucesor. A pesar de ello, el presidente nunca intentó perjudicarlo porque Rocha construyó un fuerte poder local al controlar al partido, el Congreso y evitar conflictos en el estado.[64]

Carlos Hank González es otro caso ejemplar de sobrevivencia basada en poderes reales. También funcionario en el gobierno de Díaz Ordaz (director general de Conasupo), Hank fue amigo del presidente poblano pero nunca fue del agrado del secretario de Gobernación, Echeverría. Al ocurrir la sucesión presidencial, Hank optó por la gubernatura del Estado de México, en buena medida alentado por Díaz Ordaz, porque no tenía posibilidades de ser incluido en el siguiente gabinete a pesar de su importancia política. Su gubernatura fue poco apreciada por Echeverría pero Hank supo, como bien se sabe, construir un poder indiscutible en el estado, que completó con una particular deferencia con el presidente, al que con frecuencia invitaba al estado para inaugurar obras públicas.[65] Fue precisamente ese poder local lo que lo llevó seis años después al gabinete de López Portillo, porque como el mismo ex mandatario reconoció en su momento, no lo unía a Hank nada personal, pero lo invitó justo porque representaba una fuerza política estatal que no podía pasarse por alto y que, a cambio, le daba respaldo.[66]

[63] Entrevistas a Diódoro Carrasco y Genaro Borrego.
[64] Entrevista a Fernando Silva Nieto.
[65] R. Hernández Rodríguez, *Amistades...*, op. cit.
[66] José López Portillo, *Mis tiempos*, t. II, Fernández Editores, México, 1988, p. 473.

Si un gobernador podía resistir presiones de la federación o la poca simpatía o afinidad con el presidente, era porque contaba con recursos políticos propios y sobre todo porque tenía autonomía para manejarlos. Sólo así podía encargarse de las tareas y responsabilidades que un sistema altamente centralizado le había asignado. La centralización del poder que caracterizó el dominio priísta, no significó que el presidente asumiera por completo todas las funciones políticas. Los gobernadores tuvieron un lugar en el engranaje total del sistema como "controladores políticos" de los estados.[67] Pero ese control, aunque con frecuencia dio lugar a arbitrariedades sin medida, tuvo limitaciones importantes y, en particular, objetivos claros que cumplir.

La regulación de los conflictos, la satisfacción de las demandas y el arbitraje de los grupos políticos tenían dos sentidos distintos. Uno personal, porque significaba construir apoyos que ayudarían al mandatario a desarrollar su carrera política más allá del término constitucional de su mandato. Pero también cumplían con una responsabilidad institucional que implicaba la integración real de los estados a un proyecto de nación, al reconocer las diferencias sociales y culturales, y porque adecuaba los programas de desarrollo a las regiones. Administrar proyectos federales y promover el crecimiento, o al menos incorporar a los estados a los que diseñaba y ponía en marcha la federación, era una tarea esencial de los mandatarios. El poder de los gobernadores nunca fue poco y por el contrario podía incrementarse notablemente si mantenía el control efectivo de las instituciones locales. A mayor control, mayor fuerza del mandatario y mayor independencia para relacionarse con el ejecutivo federal.[68] En esas condiciones era fácil advertir que siempre estaba latente la posibilidad de una discrepancia grave o, como sucedió más de una vez, de una abierta rebeldía. Lo único que evitaba el enfrentamiento era reconocerse parte de un sistema más amplio.

La relación entre ejecutivos locales y el federal siempre implicó un delicado equilibrio entre autonomía basada en poderes y recursos locales reales, y controles y poder superior. Sólo el convencimiento

---

[67] Entrevista a César Camacho.
[68] Entrevista a Fernando Silva Nieto.

en un proyecto político general podía garantizar el funcionamiento institucional. Como se verá en el capítulo siguiente, el presidente y la federación tuvieron recursos más que suficientes para imponerse a los gobernadores, pero contra lo que siempre se ha supuesto, no hubo injerencias arbitrarias que hicieran de las gubernaturas figuras protocolarias. Por el contrario, si en algún sitio hubo conciencia clara de las funciones y tareas de los gobiernos estatales, fue en el ejecutivo federal, que los reconoció como factores vitales de la estabilidad política nacional. Del mismo modo los gobernadores, con excepciones reconocidas, aceptaron que la relación, aunque fue desigual y de subordinación, no suponía el sometimiento, la intervención desmedida del presidente ni la pérdida del control estatal. El diseño institucional mantuvo un sutil y precario equilibrio entre poderes que, en el fondo, no eliminó la libertad de los poderes estatales. Por el contrario, el predominio del ejecutivo federal no tuvo fundamentos legales ni estructurales sino que dependió de una renuncia tácita de los poderes estatales que no los ejercieron porque las prácticas políticas así lo establecían.[69] Dicho en pocas palabras, solamente bajo el esquema de control priísta, que imponía la homogeneidad ideológica y política, y que pasaba por encima de las bondades del esquema legal, los poderes estatales aceptaban no desarrollar sus facultades y autonomía. Pero conforme el poder ejecutivo federal fue perdiendo recursos, los gobernadores fueron ampliando los suyos y, sobre todo, ganando espacios de acción.

---

[69] Entrevista a Manuel Bartlett.

II. LA SUPREMACÍA PRESIDENCIAL

Los gobernadores tuvieron poder real para actuar con autonomía y al margen de la vigilancia federal. Más aún, los límites podían ampliarse dependiendo de la habilidad de cada mandatario hasta construirse apoyos que potencialmente podían provocar enfrentamientos con el ejecutivo federal. Aunque muchos ya contaban con respaldo interno e incluso a él se debía su elección, otros tenían que construirlo. Un medio era, indudablemente, la obra pública, que demostraba compromiso con el estado y eficacia administrativa, pero también, dependiendo del estilo de cada uno, acercarse a la gente, para escucharla y atenderla aunque no siempre se resolvieran las demandas.[1] A medida que el gobernador se mostraba más responsable, acumulaba más influencia y capacidad para negociar asuntos particulares con el gobierno federal.

La relación entre ejecutivos fue esencialmente contradictoria y tensa. Un ejemplo claro es la propia obra pública, pues representaba la mejor prueba de su gestión social y económica pero dependía, al menos la más importante, del gobierno federal, lo que suponía acercamientos y negociaciones que si bien probaban la habilidad y los contactos del gobernador, ratificaban la supremacía federal. No obstante, el mandatario resultaba favorecido porque mostraba respaldo político del gobierno central y, en especial, del presidente.[2] En esta relación había beneficios recíprocos, pero al mismo tiempo se afianzaban los principios de dependencia.

Lo importante es que el sistema no contaba con mecanismos suficientes, normativos y constitucionales para controlar formalmente

---

[1] Entrevista a Enrique González Pedrero.
[2] Entrevista a Genaro Borrego.

los posibles excesos de los mandatarios. Los controles, dicho de otra manera, no estaban escritos ni eran independientes del funcionamiento general del sistema político. Los ejecutivos de ambos órdenes de gobierno se conducían de acuerdo con el principio básico de que los gobernadores tenían autonomía dentro del estado, prácticamente total, pero nunca podían rebasar los límites conocidos. En esas condiciones tan generales, la posibilidad de los excesos no era remota si se tiene presente la fuerte tradición de caciques y caudillos de la historia nacional. De ahí que la relación, en la práctica, fuese fuertemente subordinada, directa y disciplinada al poder y liderazgo presidenciales. Pero que sólo se explica si se entiende la naturaleza del sistema.

El moderno sistema político mexicano se construyó sobre dos pilares fundamentales, estrechamente relacionados. Uno fue el reconocimiento del presidencialismo como entidad superior no sólo entre poderes sino en la relación federal, y otro el predominio de un solo partido que controlaría la totalidad de puestos de elección popular y de gobierno en el país. Lo más destacado de este esquema radicaba en el hecho de que ese poderoso presidencialismo no estaba basado en facultades constitucionales sino en la hegemonía partidaria, que al controlar la totalidad de cargos e instituciones, anulaba naturalmente su autonomía y aplicación de sus facultades. Gracias a ese dominio, el presidente se convertía en líder y guía del sistema. La caracterización, que llevaría a los analistas varias décadas descubrir, para la élite política priísta y en particular para los gobernadores fue un hecho indiscutible que determinó su comportamiento, sus acciones y su relación con el presidente y el sistema.

Pese a la falta de disposiciones normativas, se trataba de una relación bien institucionalizada en la que los gobiernos locales y sus mandatarios se reconocían como piezas de un amplio engranaje político en el que debían cumplir con tareas específicas y en el que el ejecutivo federal representaba la autoridad principal. Para los gobernadores no era subordinación ni sometimiento personal que estuviera guiado por el temor o el interés político;[3] por el contrario, se sabían dueños del suficiente poder para hacerse cargo de la política local porque

---

[3] Entrevistas a Diódoro Carrasco y César Camacho.

eran responsables de su estabilidad ante la federación, pero al mismo tiempo guardaban una relación directa, vertical y disciplinada con el presidente en la que se "atendían sus instrucciones".[4] Existía un acentuado respeto constitucional y político que no pasaba por la arbitrariedad sino por el reconocimiento recíproco de sus responsabilidades institucionales.[5]

Solamente porque había este convencimiento es que puede entenderse que se supieran mandatarios fuertes pero sin posibilidades de oponerse al poder presidencial. Para todos quedaba claro que tenían autonomía absoluta en el estado y que su autoridad dentro del ámbito local era tanta como la del presidente en el país, pero que sin el apoyo de este y menos aún en su contra, era impensable cumplir satisfactoriamente sus funciones. La independencia institucional no era un obstáculo para ejercer sus amplios poderes locales.[6]

La relación era compleja y no contaba con más ordenamiento que la identificación política, que surgía del convencimiento en un partido y en un sistema. Había normas no escritas que eran puntualmente observadas, entre las cuales había una de absoluta reciprocidad: la federación reconocía la importancia y autonomía de los poderes locales y a cambio los gobernadores sabían que el límite de su poder estaba en el respeto a las instituciones.[7] La observancia de este principio no podía descansar en la simple voluntad y convencimiento personales. De ahí que el presidente contara con variados mecanismos para hacerlo cumplir.

Lo primero a destacar en esta relación es que no era un ejercicio personal. Aunque siempre fue visto como un formalismo, muchas veces cínico, porque se sabía que era el presidente quien decidía, el primer mandatario siempre usaba y obligaba a respetar los conductos institucionales. Este respeto a los organismos y a sus funciones fue una práctica fielmente observada por los presidentes a lo largo del siglo XX, al margen de las tendencias más o menos autoritarias de

[4] Entrevistas a Manuel Bartlett, Genaro Borrego y César Camacho.
[5] Entrevista a Dulce María Sauri.
[6] Entrevista a Genaro Borrego, Enrique González Pedrero, César Camacho y Manuel Bartlett.
[7] Entrevista a César Camacho.

cada uno. Como se verá en otro apartado, cuando en el gobierno de Carlos Salinas estas prácticas dejaron de cumplirse, no sólo fueron las instituciones las que perdieron eficacia sino que fue el sistema el que empezó a ser muy vulnerable.

La comunicación entre mandatarios la realizaba primordialmente la Secretaría de Gobernación. Era el canal directo con los gobernadores y el enlace legal y político para transmitir directivas y obtener información.[8] La secretaría y su titular eran la voz del ejecutivo, el intermediario fundamental al que todos los gobernadores reconocían y atendían.[9] La relación, con todo, no era en un sólo sentido porque Gobernación se auxiliaba de los gobernadores para conocer el pulso del país, lo que suponía la colaboración institucional, que tanto mandatarios como secretario constituían partes de un mecanismo. Ellos eran informantes destacados y por esa vía Gobernación vigilaba que la estabilidad se mantuviera. Desde luego que se asumía la autoridad federal y el secretario ejercía la coordinación de los mandatarios, pero esto fue variando conforme se hizo más compleja la sociedad y se profundizaron las diferencias en los estados. Como bien lo recuerdan algunos ex gobernadores, hubo tiempos en los que el secretario de Gobernación hablaba para dar órdenes, no para discutir ni negociar nada,[10] pero conforme pasó el tiempo, su titular fue más un coordinador que se informaba y que trataba de equilibrar los intereses nacionales con los locales.

No siempre había imposiciones federales porque siempre hubo la posibilidad de discrepar y proponer opciones.[11] En lo que no había dudas era en que una vez tomada la decisión, el mandatario la obedecía así no estuviera de acuerdo. Genaro Borrego recuerda, por ejemplo, que después de 1968 Gobernación recomendaba tolerancia y acercamientos con las universidades y los estudiantes. La Universidad de Zacatecas muy pronto fue penetrada por la izquierda radical, lo que entorpecía las negociaciones con el gobernador. Recuerda su

---

[8] Entrevistas a Manuel Bartlett y Diódoro Carrasco.
[9] Entrevista a Genaro Borrego.
[10] Entrevista a Diódoro Carrasco.
[11] Entrevistas a Dulce María Sauri y César Camacho.

discrepancia con las indicaciones centrales y haber sido escuchado por los titulares de Gobernación de aquellos tiempos, pero también que no hubo variaciones en la recomendación. Al final, no pudieron evadirse las opiniones de la secretaría.[12]

El vínculo era exclusivo, lo que significaba que los gobernadores sólo trataban los asuntos políticos con el titular de Bucareli. Nadie podía evadir el contacto ni acercarse libremente al presidente para tratar temas políticos, por más buenas relaciones personales que se tuvieran con él.[13] La norma era fielmente observada por el presidente porque de otra forma Gobernación y su titular perderían autoridad entre los mandatarios, de ahí que no sirviera la amistad personal para evadir el contacto. Como muchos recuerdan, si hubo casos, fueron excepcionales y, lo más importante, sólo cuando el propio presidente lo toleraba. De lo contrario, si el gobernador abusaba de su amistad y evadía al secretario, el presidente contaba con múltiples medios para "fastidiarlo".[14]

Mientras que Gobernación era el canal único para los gobernadores, el presidente podía emplear a otros secretarios para enviar mensajes, incluso a delegados federales, y dependía de la habilidad del mandatario que los comprendiera correctamente y a tiempo. En estrecho contacto con Gobernación actuaba el PRI, no sólo porque era el responsable de los asuntos electorales, sino porque era el principal vigilante de que no se perturbara la estabilidad a causa de ellos y menos de que se pusiera en riesgo el predominio del partido. El PRI era el primero en darse cuenta de si el gobernador era capaz de ejercer su autonomía y poder local sin provocar conflictos y, sobre todo, de no llevar su libertad de elección hasta el extremo de la arbitrariedad. El papel del PRI en las decisiones locales del gobernador se limitaba a observar que no se presentaran problemas, pero asumía el control de las candidaturas federales en las que, en todo caso, el gobernador podía opinar y acaso negociar. Pero la función básica era informar al presidente y al secretario de Gobernación de los riesgos electorales y de las condiciones políticas locales. De ahí la estrecha relación entre

---

[12] Entrevista a Genaro Borrego.
[13] Entrevistas a Manuel Bartlett y Genaro Borrego.
[14] Entrevista a Genaro Borrego.

el titular de Gobernación, el presidente del PRI y los delegados del CEN en los estados.[15]

La relación, sin embargo, no era la misma para todos los gobernadores. Si bien la amistad entre algunos de ellos y el presidente no era determinante para aumentar la autonomía o evadir al secretario de Gobernación, sí importaba la confianza que se obtenía en el desempeño de la función. Un gobernador considerado confiable era aquel que podía anticipar y resolver conflictos, y alcanzaba mayor independencia para actuar, para exponer sus ideas e incluso para convencer al secretario de Gobernación de ponerlas en marcha, a pesar de su opinión diferente. Pero si se trataba del caso opuesto, su margen de decisión podía reducirse al mínimo. Existen ejemplos singulares.

Enrique González Pedrero llegó a ser gobernador de Tabasco después de abandonar el estado siendo niño, en los años del dominio de Tomás Garrido Canabal, y después de una amplia trayectoria política nacional. Aunque contaba con el apoyo federal, tenía pocos contactos locales, lo que llevó a que una organización lo pusiera a prueba al inicio de su gobierno. El llamado Pacto Ribereño le exigió manejar directamente las indemnizaciones que Pemex pagaba por daños en la explotación petrolera, y que dada la importancia de la industria en Tabasco, eran cuantiosos. La organización rechazó las negociaciones con el recién llegado gobernador y tras algunas amenazas invadió las instalaciones petroleras. Gobernación intervino y ofreció al mandatario la presencia del ejército para desalojar los campos petroleros. González Pedrero rechazó la oferta y gracias a su amistad tanto con el secretario como con De la Madrid, convenció al presidente de no intervenir a cambio de hacerse cargo del problema. Si bien De la Madrid aceptó, le recordó que sería igualmente responsable de las consecuencias si el problema se agravaba. Al final, pudo negociar con el Pacto y recuperar las instalaciones sin que el conflicto llegara a los enfrentamientos. Para González Pedrero no cabe duda que esa solución probó al gobierno federal su capacidad para mantener la paz social y se ganó la confianza presidencial por el resto del sexenio.[16]

---

15 *Idem.*
16 Entrevista a Enrique González Pedrero.

Un gobernador confiable era un mandatario con mayor autonomía local y, lo más importante, mayor influencia en las instituciones federales, incluso para que su opinión fuese escuchada en la selección de candidatos a las Cámaras. Pero un mandatario incompetente era vigilado de cerca y perdía hasta la posibilidad de decidir los cargos locales.[17] Un ejemplo lo proporciona la historia política yucateca. En 1982 llegaría a la gubernatura Graciliano Alpuche Pinzón en medio de una cerrada disputa entre tres grupos políticos locales que nunca lo apoyaron en su gobierno. Alpuche, sin arraigo y sin grupo propio, no lograría nunca resolver los problemas más elementales a tal grado que los riesgos de la inestabilidad interna y de que el PRI perdiera las elecciones lo convirtieron en objeto de permanente supervisión federal. Los controles fueron tantos que como el mismo Alpuche lo reconocería, Gobernación y el PRI no le dejarían seleccionar ningún candidato a la Cámara local ni a las alcaldías. El gobernador tuvo que entrevistarse con el presidente López Portillo para quejarse del maltrato y lo único que consiguió fue seleccionar al alcalde de Mérida.[18] Un gobernador no confiable no tenía autonomía para ejercer su poder.

Desde luego que había gobernadores fuertes cuyo desempeño tenía discretas interferencias. Los riesgos de un exceso estaban presentes pero al final de cuentas el gobierno federal sabía que tenía el control de la política local. Resistían presiones, acaso lograban más atención, pero nunca imponían arbitrariamente su voluntad ni menos aún se oponían al presidente.[19] Los límites no se sobrepasaban y cuando alguno lo intentaba, pronto recibía la respuesta federal. De nuevo Yucatán ofrece un ejemplo revelador. En 1984, cuando Alpuche fue removido, lo sustituyó para terminar el periodo constitucional Víctor Cervera. Llegaría por primera vez a la gubernatura después de repetidos vetos que otros grupos fuertes le habían impuesto y que los presidentes habían reconocido para evitar mayores conflictos. Con todo, su ascenso demostraba que contaba con la fuerza local suficiente y,

---

[17] Entrevista a Diódoro Carrasco.
[18] Jolle Demmers, *Friends and Bitter Enemies. Politics and Neoliberal Reform in Yucatan, Mexico*, Thela, Utrecht, Holanda, 1998, pp. 103-104.
[19] Entrevistas a César Camacho y Fernando Silva Nieto.

en ese entonces, además, con una buena relación con el presidente De la Madrid. En 1988, al acercarse el relevo en la gubernatura, se produjeron algunos movimientos que pusieron a prueba el control político de Cervera.

Sorpresivamente, apareció una supuesta nueva Constitución local que nadie antes conocía, según la cual no era requisito para ser gobernador ser oriundo del estado y tampoco se requerían cinco años de residencia, sino sólo uno. Para la nerviosa élite política local, la maniobra había surgido del gobierno federal y tenía como beneficiario al entonces secretario particular de De la Madrid, Emilio Gamboa Patrón, sin arraigo local y en ese entonces con una mínima trayectoria política. La respuesta fue rápida y efectiva porque el priísmo yucateco rechazó la especie y ratificó, como era costumbre local, su derecho a encargarse de la política. Claramente se advertía el control de Cervera y, desde luego, su eficacia para evitar una amenaza, pero llevó al gobernador a suponer que contaba con fuerza suficiente para obtener mayores ventajas.

Para demostrar que tenía el control de la política local, hizo que el PRI propusiera cambiar el calendario electoral para que la sucesión ya no coincidiera con el relevo presidencial y para ello se propuso extender el periodo de Cervera dos años más. No sólo el mandatario sustituto ganaba una extensión de su periodo, sino tiempo para imponer a su sucesor, el alcalde de Mérida. Con la fuerza política de Cervera, el debilitamiento de sus adversarios tradicionales y el evidente error de promover a Gamboa, parecía posible que el gobernador prolongaría su poder. Pese a todo, el gobierno federal lo impidió y el secretario de Gobernación llamaría a Cervera para advertirle que no debía continuar con el proceso. Abusos de este tipo no se permitían ni siquiera a un político tan poderoso como Cervera.[20] Ni la amistad con De la Madrid ni la fuerza local que había conseguido fueron suficientes para que Cervera impusiera condiciones. La presidencia, por medio de Gobernación, el enlace de los gobernadores, corrigió el proceso y restableció los equilibrios en el estado.

---

[20] Entrevista a Dulce María Sauri.

Las designaciones federales

La supremacía presidencial sobre el Congreso nunca estuvo en duda, y además de que expresaba el sometimiento del poder encargado del equilibrio institucional, también mostraba el control que el presidente ejercía sobre las candidaturas que debían representar las preferencias e intereses estatales. Entre las atribuciones propias del dominio priísta, que desde luego no derivaban de ningún precepto legal sino de las prácticas tradicionales, estuvo siempre la de que el presidente decidiera las postulaciones a las Cámaras de diputados y de senadores. La razón principal se encuentra en las funciones del Congreso, directamente relacionadas con el ejercicio gubernamental y, por ende, de apoyo a las decisiones presidenciales.

De acuerdo con la Constitución, las facultades de cada Cámara son suficientemente amplias como para hacer posible tanto el equilibrio de poderes como para vigilar y en su caso controlar posibles excesos presidenciales. El Congreso puede legislar prácticamente sobre cualquier asunto público, económico, político y social. Puede hacerlo en aspectos hacendarios y fiscales, monetarios y financieros; en asuntos de seguridad pública; educación en todos los niveles; vías de comunicación; estructura de la administración pública y el cuerpo diplomático. El Congreso siempre ha tenido facultades para revisar y modificar el presupuesto federal, lo mismo en cuanto a la elaboración del ingreso como en el gasto público, lo que supone intervenir si no en los programas propios del gobierno, sí en las áreas prioritarias. En esa distribución de tareas, el Senado cuenta con varias de directo control sobre el ejecutivo y que responden a su función como entidad representativa del pacto federal.

El Senado revisa la política exterior, los acuerdos internacionales y se encarga de ratificar o designar embajadores, oficiales de las fuerzas armadas, subsecretarios de Hacienda, ministros de la Suprema Corte de Justicia y, desde hace algunos años, al procurador general de República y al gobernador del Banco de México. Naturalmente, el Senado está encargado de resolver diferencias entre estados, entre éstos y el gobierno federal, y designar gobernadores sustitutos cuando los poderes hayan desaparecido.

Como es evidente, si el Congreso hubiera contado con la autonomía necesaria para ejercer sus funciones, el ejecutivo federal se hubiera visto seriamente limitado en su actuación. Como también es claro, eso no ocurrió debido al dominio priísta que anuló en la práctica la independencia de ambas Cámaras y trasladó sus facultades al ejecutivo federal. El control presidencial no descansó en ninguna norma legal sino en la designación de diputados y senadores y el indisputable poder del PRI para ganar todas las elecciones. El control, en suma, pasaba por las prácticas priístas y no por el diseño del sistema político.[21]

Si se tiene presente la utilidad política que prestaban las Cámaras federales al ejecutivo, puede entenderse que su integración estuviera bajo su completa autoridad. Más aún cuando después de la Revolución, en pleno dominio de caudillos y caciques, los diputados y senadores eran designados al arbitrio de los gobernadores y por lo tanto respondían plenamente a sus intereses. Como se señaló en las páginas anteriores, la medida de impedir la reelección de diputados buscaba romper el control de los mandatarios y, por consecuencia, someter la composición y el funcionamiento legislativo al poder presidencial. Desde los años treinta del siglo pasado el presidente, a través del PRI, se reservó los nombramientos y dejó al margen de ellos a los gobernadores.

Como es fácil advertir, ningún presidente podía conocer personalmente a varios cientos de políticos de distintos estados que se convertirían en diputados y senadores. Las decisiones respondían a ciertos principios de equilibrio político, local, regional y, desde luego, federal, y se apoyaban en la información que le proporcionaban. El primer principio fue evitar el control de los gobernadores, de ahí que ellos no tuvieran ninguna injerencia y que, a lo más, pudieran opinar y proponer.[22] El segundo, fue conseguir un equilibrio entre las funciones federales de las Cámaras y la representación local que

---

[21] Jorge Carpizo, *El presidencialismo mexicano*, Siglo XXI, México, 1978; y María Amparo Casar, "Las bases político-institucionales del poder presidencial en México", *Política y gobierno*, núm. 1, primer semestre de 1996.

[22] Entrevistas a Diódoro Carrasco y Genaro Borrego.

dieran verdadera fuerza al PRI en los estados y le permitieran ganar las elecciones.²³

Aunque estos criterios se aplicaban en general a ambas Cámaras, eran más adecuados para la de Diputados por su representación, local en los estados y sectorial para el propio partido. En el Senado intervenían otros criterios más políticos y relacionados con la compleja relación con los mandatarios, que los de la simple representación local. Debido a su papel de órgano federal y a sus atribuciones sobre los estados, el Senado fue un recurso de presión presidencial. Los asientos servían para que el ejecutivo federal colocara a líderes de grupos distintos al del gobernador, algunos que habían perdido la designación y otros que pudieran convertirse en relevos naturales al completarse el periodo; pero también servían, como fue el caso en el Estado de México, para que fueran ocupados por ex gobernadores, de tal manera que el mandatario en turno siempre tenía una vigilancia natural y evidentemente interesada, que observaba cualquier riesgo político o arbitrariedad del gobernador.²⁴ Si además se tiene presente que esa Cámara puede designar sustitutos en caso de desaparición de poderes, resulta claro por qué, por un lado, los senadores vigilaban la paz local y, por otro, el presidente elegía líderes reconocidos: en caso de necesitarlo, el gobierno federal siempre contaría con relevos confiables y a la mano.

La tarea requería de muchos detalles y de información confiable que por supuesto estaba lejos de las posibilidades personales del presidente. De nuevo, lo hacía por medio de la Secretaría de Gobernación y, prioritariamente, por el PRI. Era el partido el que recogía los nombres, valoraba las propuestas, reconocía las influencias y determinaba los equilibrios en la representación local, lo que suponía dar cuenta de las cuotas corporativas, pero también de los grupos políticos del estado. El presidente consultaba, recogía las propuestas del partido y

---

23 Entrevista a Manuel Bartlett.
24 R. Hernández Rodríguez, *Amistades...*, op. cit., passim. Mauricio Benítez encontró el mismo patrón en las designaciones para el Senado en su estudio sobre Morelos, *Los gobernadores y su partido. Un estudio sobre la influencia de los gobernadores en los procesos de selección de candidatos del PRI. El caso del estado de Morelos, 1976-1997*, tesis de licenciatura, El Colegio de México, México, 1999, cap. 1.

tomaba las decisiones.[25] Luis M. Farías, cuya carrera política se centró en el partido y el Congreso, reconoce plenamente que llegó a ser diputado federal en dos ocasiones porque los presidentes Ruiz Cortines y Díaz Ordaz lo decidieron. Más aún, Farías recuerda que en esa segunda ocasión, en la que se desempeñó como líder de la bancada y, por ende, de la Cámara, consultaba con el presidente los candidatos a diputados e incluso cuáles distritos perdería el PRI para tranquilizar al PAN y darle espacios a la oposición.[26]

En las designaciones federales el gobernador tenía poca influencia y por ello la integración de las bancadas podía convertirse en un verdadero problema político. Por eso era tan necesario que contara con buenas relaciones personales con el presidente y que construyera puentes eficaces de comunicación con el secretario de Gobernación, el presidente del PRI y los delegados del partido. A mayor confianza con el presidente y mejores contactos con los intermediarios políticos, el mandatario tenía mayores posibilidades de opinar, proponer y negociar las decisiones presidenciales sobre el Congreso. En cualquier caso, los gobernadores sabían que esos cargos eran del presidente y, más aún, que servían como medios de control y supervisión federal.

La selección del gobernador

La intervención presidencial en cuanto a integrar las Cámaras legislativas tenía, en principio, un propósito pragmático de servicio al gobierno federal, pero también subrayaba la supremacía del ejecutivo sobre los gobernadores en un ámbito que claramente expresaba los intereses y la representación estatales. Claro límite del poder y autonomía de los mandatarios que no podían evadir. Sin embargo, si hubo una decisión que no podía dejar ninguna duda sobre el dominio presidencial, fue la designación de los mismos gobernadores. No hay un solo testimonio que no reconozca que fue el presidente en turno

---

[25] Entrevistas a Manuel Bartlett y Genaro Borrego.
[26] Luis M. Farías, *Así lo recuerdo...*, *op. cit.*, pp. 100-102 y 167-170.

quien decidió las candidaturas a los gobiernos estatales.[27] De parte de los presidentes la única confesión clara es la de José López Portillo en un caso por demás singular por la entidad y los líderes involucrados. En su libro biográfico reconoce que en 1981 eligió a Alfredo del Mazo para ocupar la gubernatura del Estado de México a pesar de la abierta oposición de Carlos Hank, líder indiscutible de la élite local, además de regente del Distrito Federal y para ese entonces cercano amigo del presidente, así como del gobernador saliente Jorge Jiménez Cantú.[28] La decisión era personal y se tomaba de acuerdo con los particulares puntos de vista del ejecutivo sobre el Estado, el país y los compromisos e identificaciones políticas con el proyecto del presidente. Para López Portillo, por ejemplo, era indispensable renovar generacionalmente la entidad, pero a la luz de su propia sucesión, Del Mazo más bien parece haber sido elegido por su cercanía con su amigo De la Madrid y como una forma de apoyar su candidatura.

Nadie llegaba a ser gobernador sin su visto bueno,[29] pero a pesar de lo arbitrario que puede parecer, observaba principios básicos que aseguraban la estabilidad de los estados y del país. El presidente, en rigor, tenía la última palabra sobre la sucesión y, por lo tanto, podía no usarla si el proceso era "natural", es decir, sin conflictos y con candidatos adecuados.[30] Decidir el nombre era asunto personal, pero no arbitrario porque el presidente decidía después de que los interesados y las instituciones correspondientes actuaban, es decir, después de negociaciones políticas que, desde luego, así fuera en menor medida, también involucraban al gobernador saliente. Aunque, como se verá adelante, usualmente la opinión del gobernador no tenía importancia

---

[27] Griselda Álvarez, *Cuesta arriba. Memorias de la primera gobernadora*, Universidad de Colima/FCE, México, 1992, pp. 89-90; Alfonso Corona del Rosal, *Mis memorias políticas*, Grijalbo, México, 1995, p. 116; L. M. Farías, *Así lo recuerdo...*, *op. cit.*, pp. 129-130; O. Flores Tapia, *José López Portillo y yo...*, *op. cit.*, pp. 83-84; C. Loret de Mola, *Confesiones...*, *op. cit.*, p. 65; Braulio Maldonado, *Baja California. Comentarios políticos*, SEP/UABC, México, 1993, p. 69; Víctor Manzanilla Shaffer, *Confesiones políticas*, Grijalbo, México, 1998, p. 271.

[28] José López Portillo, *Mis tiempos...*, *op. cit.*, t. II, pp. 1031 y 1033.

[29] Entrevista a Diódoro Carrasco.

[30] Entrevista a Manuel Bartlett.

para impulsar a un candidato, el control político que ejercía en el estado podía crear condiciones favorables para alguno. Los contrapesos, por ello mismo, estaban en el PRI, Gobernación y el presidente.[31]

Varios elementos intervenían en el complejo proceso sucesorio, y aunque había variantes dependiendo de las condiciones de cada entidad, en general respondían a dos criterios básicos: reconocer los intereses y las necesidades de los estados para garantizar la estabilidad interna y los proyectos del presidente. Los primeros, sin duda importantes porque hacían posible el desarrollo de la administración local, en buena medida se ajustaban o, en general, se supeditaban al criterio presidencial toda vez que las designaciones construían un mapa de integración nacional a un proyecto sexenal que en diferente grado condicionaba el futuro del país.

De ahí que un criterio básico y decisivo fuera la afinidad personal con el proyecto político del presidente.[32] González Pedrero se convertiría en gobernador de Tabasco después de una larga carrera en el gobierno federal como senador y, sobre todo, en el PRI, pero lo decisivo sería su vieja amistad con Miguel de la Madrid, a quien conocía desde los años universitarios. La amistad se fortalecería más tarde, cuando ambos tuvieran que conocer del presupuesto público, cuando el tabasqueño se desempeñara como presidente del Senado y como miembro de la Gran Comisión, y De la Madrid fuera director general de Crédito, subsecretario de Hacienda y poco después secretario de Programación y Presupuesto, en los años finales del gobierno de López Portillo.[33]

No es el único caso. Más cercano al presente es el ejemplo de Diódoro Carrasco, que sería gobernador de Oaxaca de 1992 a 1998, con el apoyo y la voluntad del presidente Salinas. La relación entre ambos se remontaba hasta el sexenio anterior, cuando Salinas era secretario de Programación y Presupuesto y Carrasco secretario de Planeación en el gobierno de Heladio Ramírez (1986-1992), y en esa calidad, coordinador general del Comité de Planeación del Desarrollo del Es-

---

31 *Idem.*
32 Entrevistas a Diódoro Carrasco y Genaro Borrego.
33 Entrevista a Enrique González Pedrero.

tado (Coplade), el principal recurso de colaboración entre los gobiernos estatales y el federal para desarrollar programas y asignar recursos financieros. En ese contacto frecuente se construyó una identificación personal y política tan estrecha que convertiría a Carrasco en el prospecto de Salinas para el gobierno oaxaqueño. En 1988 Salinas sería presidente y en 1991 Carrasco abandonaría el gobierno local para convertirse en senador, un año más tarde sería gobernador del estado y llevaría consigo el proyecto modernizador presidencial.[34] Fue el mismo caso para gobernadores como Rogelio Montemayor, en Coahuila, y de Manuel Cavazos, en Tamaulipas, que antes habían desempeñado cargos públicos en el área financiera o directamente en la SPP con Salinas.

Aunque ese principio fue esencial, no fue determinante, lo que indica que las circunstancias políticas de las entidades podían limitar los deseos presidenciales. Un ejemplo donde se muestran los alcances de la libertad del ejecutivo es el de San Luis Potosí en los conflictivos años del salinismo. El estado había pasado por frecuentes conflictos políticos que se habían agravado durante el periodo del gobernador Florencio Salazar Martínez, quien había sido removido en 1987, a los dos años de gobierno, por sus constantes enfrentamientos tanto con el navismo como con el grupo de Carlos Jonguitud Barrios, ex gobernador y líder del Sindicato Nacional de Trabajadores de la Educación (SNTE). A pesar de que los conflictos empezaron desde temprano, el gobierno federal no retiró al mandatario porque se hubiera visto obligado a designar un interino que convocara a nuevas elecciones en las que habría sido difícil vencer a Salvador Nava. Hubo que esperar a que se cumplieran los dos años constitucionales para designar un gobernador sustituto que terminara el mandato.[35] Aun cuando el encargado fue Leopoldino Ortiz Santos, fuerte aspirante en 1985 y sobrino del cacique estatal Gonzalo N. Santos, las condiciones políticas no mejoraron lo necesario para disminuir la fuerza de la oposición navista. En esas delicadas condiciones, y cuando lo razonable hubiera sido elegir un candidato conocido y con experiencia, en 1991 el PRI

---

[34] Entrevista a Diódoro Carrasco.
[35] Entrevista a Fernando Silva Nieto.

postuló a Fausto Zapata Loredo, con larga trayectoria federal pero con nula presencia estatal.

En el camino había quedado, una vez más, el que desde 1979 había figurado como candidato natural, Gonzalo Martínez Corbalá, también con una larga trayectoria política nacional, pero muy conocido en el estado, incluso con buenas relaciones con la oposición navista. A esa carrera se añadía su prestigio como embajador de México en Chile durante el gobierno de Salvador Allende, a cuya familia protegería de los militares, además de varios cientos de chilenos perseguidos.[36] El aspecto a destacar es que además de los antecedentes profesionales de Martínez Corbalá, estaba presente un elemento adicional que a todos, incluido el mismo embajador, parecía decisivo, y que era la vieja amistad que mantenía con el presidente Salinas.

La relación se había originado años atrás con su padre, Raúl Salinas Lozano, gracias a que ambos eran amigos cercanos del general Lázaro Cárdenas. Con el tiempo llegó a ser tan estrecha la relación que el ex secretario de Adolfo López Mateos le había pedido a Martínez Corbalá acoger al joven Carlos como su ayudante, cuando el potosino era diputado federal en 1964, para que lo introdujera en los asuntos políticos.[37] Debido a su apoyo local y al del presidente, parecía que al fin Martínez Corbalá lograría la postulación. No sólo no fue así sino que el presidente Salinas y el presidente del PRI, Luis Donaldo Colosio, le pidieron a Martínez Corbalá presentar oficialmente la candidatura de Zapata.[38]

La amistad con el jefe del ejecutivo no fue suficiente en 1991, contra todos los pronósticos y la tradición presidencial. Zapata fue declarado gobernador constitucional y Nava, apoyado por el PAN y el PRD, reclamó fraude y presionó a Salinas para destituirlo. Fue hasta entonces que las ventajas de Martínez Corbalá fueron consideradas, pues

---

[36] Adriana Amezcua, *et al.*, *Todos los gobernadores del presidente*, Grijalbo, México, 1997, p. 140.

[37] Entrevista a Gonzalo Martínez Corbalá.

[38] *Idem*. Sobre la accidentada historia política de San Luis Potosí, desde el nacimiento del navismo, véase el texto de Wil Pansters, "Citizens with Dignity. Opposition and Government in San Luis Potosi, 1938-1993", en Rob Aitken *et al.* (eds.), *Dismantling the Mexican State?* McMillan, Londres, 1996.

el presidente lo designó gobernador interino, encargado de convocar a nuevos comicios. La amistad o, en general, las buenas relaciones con el primer mandatario, aunque fueron importantes, no siempre fueron decisivas y, lo más destacable, no siempre se aplicaron.

El apoyo a un proyecto era fundamental y se acompañó de la experiencia política, administrativa y una razonable preparación financiera, que permitieran prever que el gobierno local sería llevado adecuadamente.[39] En buena medida, estas características hicieron posible que durante décadas los gobernadores fueran en su mayoría ajenos a la entidad y que hubieran hecho sus carreras políticas en el centro del país. El desarraigo y por lo tanto la falta de grupos internos podía compensarse con la habilidad personal y el respaldo del presidente. La importancia de estas condiciones puede comprenderse a cabalidad si se tiene presente que durante la época de mayor dominio priísta (1946-1982) más del 60% de los mandatarios tuvo trayectorias en el sector público federal, no en el partido o el Congreso, ni menos aún en la política de sus estados.[40] El apoyo presidencial era indispensable pero no era suficiente para desarrollar un buen gobierno ni menos aún para resolver conflictos internos. El gobernador debía construirse sus apoyos y arbitrar los intereses de los grupos locales. Si esto fallaba, el gobernador podía convertirse en un problema.

Por supuesto que cada presidente designaba mandatarios para respaldar su proyecto pero no siempre sus decisiones eran tan libres. Con frecuencia se elegía como gobernadores a líderes con poder real, dirigentes de corporaciones con fuerte control o de grupos locales que dominaban la política del estado, como fueron, entre otros, los casos de Carlos Jonguitud en San Luis Potosí o Rubén Figueroa en Guerrero, por mencionar dos sobresalientes. El primero llegaría a la gubernatura de su estado, de larga tradición caciquil, por ser el dirigente del poderoso SNTE. Fue elegido por López Portillo no sólo por

---

[39] Entrevista a César Camacho.
[40] R. Ch. Anderson, *The Function Role...*, *op. cit.*, cap. III; y Tao Neil Bernstein, *Fifty Years of State Governors in Mexico: Middle Elites and Political Stability*, Ph. D. Thesis, University of Virginia, 1993, p. 163.

su influencia en el estado sino porque acababa de librar una batalla exitosa en contra de otro líder del sindicato magisterial, Manuel Sánchez Vite, quien también había sido gobernador de su estado, Hidalgo, gracias a ese control sindical. No elegir a Jonguitud después de esa prueba de fuerza habría sido un costoso error presidencial; sin embargo, nunca fue del agrado de Miguel de la Madrid y menos cuando invirtió más tiempo en el Distrito Federal atendiendo los asuntos sindicales y no en el estado, cuando ya cobraba fuerza el navismo. El desagrado presidencial nunca llegó al extremo de removerlo porque Jonguitud tenía fuertes apoyos políticos que le permitieron, pese a todo, sobrevivir y mantener la estabilidad en el estado.[41]

Figueroa no fundaba su poder en una organización sino en el control caciquil que había construido su familia en Guerrero. Sería tanto su poder en el estado que fue elegido por Salinas a pesar de que contravenía por completo su proyecto modernizador. Por su estilo y tradición, Figueroa estaba lejos del modelo de jóvenes gobernadores que impulsó Salinas con el propósito de extender la renovación económica y política del país, pero al aceptarlo evitaba una confrontación interna y, sobre todo, garantizaba el triunfo del PRI.[42] El desencuentro de proyectos y las prácticas caciquiles de Figueroa lo llevarían a cometer tales arbitrariedades que en 1996 solicitaría licencia para abandonar el cargo. El apoyo a un proyecto era fundamental pero no siempre fue el criterio básico para elegir a un mandatario si su designación entrañaba un enfrentamiento abierto con la política y los grupos locales. De ahí que por décadas los presidentes reconocieran poderes de facto, a pesar de los posibles abusos y que no intervinieran hasta que los conflictos internos amenazaban la estabilidad local y obligaban al presidente a actuar.[43]

---

[41] Entrevista a Fernando Silva Nieto.
[42] Entrevista a Diódoro Carrasco.
[43] Un ejemplo bien documentado es el de Puebla, en el que el gobernador Maximino Ávila Camacho, en el colmo de su poder personal, fundó un grupo en el que incluso se estableció la secuencia sucesoria de sus integrantes en el gobierno del estado. Sería tolerado desde los años de Cárdenas hasta que en los setenta las arbitrariedades llegaron al asesinato de estudiantes. La historia se encuentra en el libro de W. Pansters, *Política y...*, *op. cit.*

A menos de que hubiera un interés particular que sobrepasara los riesgos, los presidentes no imponían candidatos; hubo casos, sin duda. La historia política de Yucatán ofrece ejemplos en abundancia acerca de las tensas relaciones entre ejecutivos estatales y federal. El caso más conocido de enfrentamiento a una decisión presidencial es el de Tomás Marentes en 1952. Es bien sabido el hecho de que Marentes fue elegido por su amigo Miguel Alemán en contra de la opinión de los grupos locales y que fue rechazado debido a su desarraigo y a su completa lejanía con la política del estado, que impidieron contar con respaldo local. El rechazo fue tan contundente que el gobernador saliente, José González Beytia, después de oponerse públicamente a la decisión, abandonó la gubernatura y se exilió en La Habana.[44] Mientras tanto, los yucatecos que competían por el cargo, encabezados por el principal aspirante, Rafael Matos Escobedo, y con la total complacencia del gobernador interino, Humberto Esquivel, se dedicaron a organizar marchas y mítines en contra de Marentes. Sin grupo de apoyo y sin posibilidades de construirse uno, Marentes tuvo que abandonar el gobierno a los dieciséis meses de tomar posesión.[45]

Si por un lado el caso de Marentes revela que sin el apoyo local el gobernador no puede sostenerse ni evitar los conflictos, también sirve para explicar uno de los motivos que sustentaban las elecciones de los presidentes. Aunque en apariencia la decisión de Alemán fue del todo arbitraria, en realidad envió a Marentes con pleno conocimiento del rechazo local porque tenía la encomienda de terminar con el dominio de la élite yucateca, que controlaba la política y la explotación del henequén, totalmente al margen de los intereses nacionales y para beneficio particular. La oposición abierta y feroz en contra de Marentes, que eliminó las diferencias entre candidatos para unir a todos en su contra, no se explica solamente como una defensa de la soberanía local, como Manzanilla y otros autores afirman, sino como la preservación de una hegemonía local.[46]

---

44 Entrevista a Dulce María Sauri.
45 Los detalles se encuentran en Víctor Manzanilla (*Confesiones políticas…, op. cit.*, pp. 64-65) quien participó activamente en las protestas como orador en los mítines de apoyo a Matos Escobedo.
46 La historia política de Yucatán, en especial los diferentes conflictos con los

Los esfuerzos de Marentes en el poco tiempo que gobernó, se dirigieron a promover la industria manufacturera del henequén y, por esa vía, la industria nacional, y no sólo, como era tradicional, a proteger el cultivo y su exportación. Marentes no soportó las presiones y Adolfo Ruiz Cortines, el sucesor de Alemán, aceptó su remoción. Sin embargo, Ruiz Cortines no lo hizo porque reconociera las razones de los políticos henequeneros o se opusiera a las decisiones de su antecesor, sino para evitar un conflicto mayor, y prueba de ello es que se mantuvo el proyecto federal al crearse Cordemex y controlar, junto con el Banjidal, la explotación henequenera. Como bien lo apunta Demmers, la élite local retuvo el control político pero perdió desde entonces la fuente de los recursos económicos, que fueron totalmente dependientes del gobierno federal.[47]

La actuación del presidente dependía mucho de las condiciones de cada estado. El grado de desarrollo económico era importante porque determinaba la complejidad de la sociedad local y el número y la variedad de grupos económicos y políticos, pero también la madurez y disciplina de la élite estatal. Si la dispersión de grupos estimulaba los conflictos, una extrema unidad podía conducir a la perpetuación en un grupo o liderazgo. El primer caso está bien ejemplificado por la historia de Yucatán. A raíz del caso Marentes, la élite local se dividió en tres grupos con igual fuerza, que si bien impidieron que uno de ellos se sobrepusiera a los demás, no fueron capaces de llegar a acuerdos que garantizaran la estabilidad. Los grupos de Carlos Loret de Mola, Francisco Luna Kan y de Víctor Cervera, se disputaron agriamente el poder desde los años setenta.

En 1982 el desacuerdo entre ellos, la feroz oposición de los dos primeros a que Cervera fuera gobernador, así como el empeño de Luna Kan en que Federico Granja Ricalde, su protegido político, lo sucediera, propició que López Portillo se inclinara por un personaje como Alpuche Pinzón, desconocido por todos en Yucatán pero, finalmente, militar y por ello una forma de pagar la cuota política al

---

gobernadores, está excelentemente analizada en J. Demmers, *Friends and Bitter Enemies..., op. cit.* El episodio de Marentes se encuentra en el capítulo 3.

[47] *Ibid.*, p. 79.

ejército.[48] La imposibilidad de acuerdos por la extrema división de la élite local permitió que el presidente eligiera a un tercero en disputa para evitar que cualquier grupo y, más el del gobernador saliente, se fortaleciera. El resultado, sin embargo, fue elegir a un candidato desconocido y sin apoyos internos que fue incapaz de conciliar los intereses. Habría que recordar que a la caída de Alpuche, Cervera obtendría el poder precisamente para conseguir esa estabilidad perdida y como un reconocimiento a su poder real.

El Estado de México ofrece un ejemplo contrario pero en el que también los presidentes intervinieron una y otra vez para evitar que un grupo controlara la política local. Desde la llegada de Isidro Fabela en 1942, gracias al apoyo del presidente Ávila Camacho, se empezó a construir una fuerte y disciplinada élite local cuya unidad ha sido reconocida por todos los políticos. No obstante, una mirada atenta a la historia del estado muestra que solamente en dos ocasiones los gobernadores salientes consiguieron que el presidente en turno eligiera a sus sucesores. El primero fue Fabela, que convenció al mismo Ávila Camacho de hacer gobernador a su sobrino, Alfredo del Mazo, con el argumento de que era indispensable consolidar a la élite que había comenzado a formar. El segundo fue Carlos Hank, que coincidió con Echeverría en que Jorge Jiménez Cantú lo sucediera, pero no porque el presidente hubiera cambiado su animadversión con Hank, sino porque Echeverría se había ya decidido por Jiménez Cantú, a quien conocía y había hecho su secretario de Salubridad. Ninguno más, y ni siquiera el mismo Hank, que ha sido con mucho el líder político más poderoso e influyente en el estado, lograron imponer a sus sucesores.

En cada caso el presidente en funciones se decidió por un político reconocido en la entidad pero alejado del mandatario saliente. Fue así que llegarían a gobernar personajes como Juan Fernández Albarrán o Gustavo Baz, conocidos y respetados, pero con grupos propios. Si a pesar de ello la estabilidad se ha mantenido, es porque a diferencia de otras entidades, como la yucateca, la élite se agrupa en torno del

---

[48] C. Loret, *Confesiones...*, *op. cit.*, p. 65 y ss; J. Demmers, *Friends and Bitter Enemies...*, *op. cit.*, pp. 102-103; y entrevista a Dulce María Sauri.

gobernador una vez que las decisiones han sido tomadas, para asegurarse que la política local se mantenga bajo su control y que el gobierno federal aproveche la oportunidad para designar a un extraño que fracture la élite local. En general, pero sobre todo en estos casos, la presidencia buscaba el equilibrio de fuerzas y que ningún grupo o facción se perpetuara en el poder.[49]

Como puede advertirse con estos ejemplos, la decisión del presidente implicaba una refinada consideración en la que se informaba de candidatos y condiciones locales y que, desde luego, no podía hacer solo. Un principio básico consistía en que la decisión resultaba de consultas para conocer el parecer local. Pero en esta consulta las opiniones y preferencias del mandatario saliente no eran tomadas en cuenta. Podía expresarlas, podía ser escuchado, pero no se le consultaba ni menos aún decidía.[50] González Pedrero recuerda, por ejemplo, que pese a las buenas relaciones que mantuvo con De la Madrid y Salinas, a quien acompañó incluso en su campaña presidencial, nunca se le consultó su opinión sobre el sucesor. Sería algún tiempo después, cuando él ya despachaba como director del Fondo de Cultura Económica y Salvador Neme en Villahermosa, que el presidente Salinas le pediría su opinión.[51] Si en algún punto fue ostensible la supremacía del presidente y la incapacidad de influir del gobernador, fue al decidirse la sucesión en el poder. Fue claro y sin lugar a dudas que el gobernador estaba sometido a la voluntad presidencial.[52]

Era el PRI el que presentaba las opciones, después de que recogía los nombres y los apoyos. González Pedrero fue testigo privilegiado porque fue secretario general del PRI, cuando Jesús Reyes Heroles era el presidente del CEN, y en esa calidad recuerda que ambos pre-

---

49 Entrevista a César Camacho. Para una revisión de la historia del estado, véase R. Hernández Rodríguez, *Amistades...*, *op. cit.*
50 Entrevistas a César Camacho y Genaro Borrego.
51 Entrevista a Enrique González Pedrero.
52 Loret de Mola sintetiza bien este pesar: "La diferencia entre un gobernador y el presidente, en este aspecto, es sustancial: el ejecutivo de un estado recibe la decisión de su relevo acordada desde arriba; el primer mandatario del país, en cambio, la produce, la genera por sí mismo; es el autor personal, directo y único, de su propia relegación [sic]". *Los últimos 91 días*, Grijalbo, México, 1978, p. 11.

sentaron a Luis Echeverría la información detallada del arraigo, los respaldos locales y la experiencia de los candidatos.[53] Con esa información, el presidente se entrevistaba con quien quería. Dulce María Sauri es otro testigo de calidad. Ella fue presidenta del PRI de Yucatán desde los años de Alpuche y se mantuvo durante la gestión interina de Cervera. En 1987, una vez que terminaron los ensayos de la Constitución apócrifa y el intento de Cervera por prolongar su periodo, comenzó el proceso sucesorio. Sauri reconoce que fue consultada por Jorge de la Vega, presidente nacional del PRI, y poco después por el presidente De la Madrid, a quien expresó su opinión sobre los candidatos finales, Rodolfo Menéndez, diputado federal, y Víctor Manzanilla, senador. De la Madrid, lo mismo que De la Vega, escucharon sus opiniones sobre la necesidad de designar a un político conocido y con experiencia que, a su juicio, era el senador. Sauri reconoce que las simpatías eran diversas, tanto en Yucatán como entre los precandidatos a la presidencia, Del Mazo, Bartlett y Salinas, y que De la Madrid recogió otras opiniones para formar la suya. Fue después de ese proceso que el presidente se inclinó por Manzanilla.[54]

Los testimonios revelan que el proceso era cuidadoso y atendía los intereses locales para asegurar los equilibrios. No eran decisiones caprichosas o arbitrarias, sino que trataban de mantener la estabilidad, el dominio del PRI, fortalecer el poder del gobernador y asegurar lealtad y apoyo político a la presidencia. En estricto sentido, este proceso revela el propósito de evitar que el partido perdiera el poder por un conflicto interno o por la incapacidad del mandatario para resolver una sucesión, y no necesariamente la sabiduría personal de los presidentes.

Un esquema tan sometido a los equilibrios políticos y en el que la intervención personal del presidente era determinante demandaba buenas relaciones entre el mandatario elegido y el ejecutivo, y desde luego un alto riesgo de conflicto si éste no existía. Lo que se volvía

---

53 Entrevista a Enrique González Pedrero.
54 Entrevista a Dulce María Sauri. Demmers menciona también como precandidatos al gobierno local a Herbé Rodríguez, el delfín de Cervera, y a Granja Ricalde, el de Luna Kan, *Friends and Bitter Enemies...*, *op. cit.*, p. 127.

más delicado y demandaba mayor habilidad del gobernador, porque debía mantener buenas relaciones tanto con el presidente que lo designaba como con el que lo sucedía. Con mucha anticipación, Pablo González Casanova había advertido que el calendario electoral era importante porque revelaba un proceso en el que el presidente entrante construía paulatinamente su poder hasta alcanzar el control total hacia el final de su mandato.[55] Para él, el presidente recibía gobernadores elegidos por su antecesor, lo que o bien significaba una especie de control o bien una influencia heredada por el anterior que, en cualquier caso, limitaba su poder.

A pesar de lo sugerente de la idea, el calendario no importaba por esa razón, porque la supremacía del presidente nunca estuvo en duda y al menos desde los años cuarenta no hubo gobernador que pudiera enfrentar al ejecutivo federal. Tampoco los ex presidentes, por más poder que hubieran tenido y por más influencia que conservaran, se opusieron al mandatario en funciones, no sólo por el poder que este último tenía sino por un profundo respeto institucional que los mantenía naturalmente al margen de la política cotidiana. Como revela la historia, la terminación de su mandato significaba para los ex presidentes el final de sus carreras políticas.

El calendario, en realidad, tenía implicaciones delicadas para el futuro de los gobernadores dependiendo no tanto de quién los hubiera elegido, sino de su buena fortuna para comprometerse con el candidato adecuado en la cerrada disputa por la presidencia que se desarrollaba en la segunda mitad del sexenio. Si el presidente decidía y lo hacía en buena medida por las afinidades políticas, estos criterios se aplicaban sin contratiempos a lo largo de su periodo.[56] El compromiso en ese sentido no estaba a discusión, al menos no con el presidente en funciones. El problema ocurría porque debía prever sus relaciones con el siguiente en la medida que su sexenio se prolongaría más allá del presidencial y durante un tiempo sus gobiernos dependían del trato con la nueva administración.

[55] Pablo González Casanova, *La democracia en México*, Siglo XXI, México, 1965, pp. 40-41.

[56] Entrevistas a Diódoro Carrasco y César Camacho.

La sucesión federal, por lo tanto, se volvió determinante para los gobernadores intermedios. Si el gobernador no apoyaba al candidato ganador o, peor aún, intentaba influir en una decisión reservada al presidente, su futuro podía complicarse en extremo e incluso arriesgarse a ser removido si el error fuese irremediable.[57] En esos casos el gobernador debía ganarse la confianza del sucesor no porque hubiera sido elegido por el presidente saliente, sino porque se había comprometido con alguno de sus adversarios. Si por el contrario el gobernador se sumaba al ganador, su futuro podía ser prometedor, como ocurriera con Genaro Borrego y Enrique González Pedrero, cercanos al presidente De la Madrid y que al presentarse la coyuntura apoyaron sin reservas a Carlos Salinas; uno llegaría a dirigir el PRI nacional y el otro la editorial del Estado.[58]

Un importante ejemplo, por su posición en el calendario electoral, lo fue Yucatán, que hasta 1994 renovaba su gobierno al mismo tiempo que el federal, lo que propiciaba que su mandatario siempre se viera envuelto en la sucesión del ejecutivo nacional. A pesar de que la decisión la mantenía el presidente saliente, los precandidatos al gobierno local buscaban apoyos entre los secretarios de Estado con más posibilidades de suceder al mandatario. Sauri, por ejemplo, recuerda que la sucesión de 1987 favoreció a Manzanilla no sólo por el apoyo local, sino porque el entonces senador contaba con el respaldo de Salinas (su padre, Salinas Lozano, era también senador por Nuevo León) y Bartlett, principales contendientes por la presidencia.[59]

No fue tan sencilla la sucesión de 1976, decidida a fines de 1975, en plena renovación presidencial. Mientras el presidente Echeverría apoyaba a Cervera, a quien ya había colocado como alcalde de Mérida para recuperarla de manos del PAN, Moya Palencia, secretario de Gobernación, con pocas posibilidades ya en ese momento, respaldaba a Manzanilla, y López Portillo, candidato presidencial, y Jesús Reyes Heroles, presidente del PRI, apoyaban a Luna Kan. Como lo narra

---

57 Entrevista a Genaro Borrego.
58 Entrevistas a Genaro Borrego y Enrique González Pedrero.
59 Entrevista a Dulce María Sauri.

Loret, que también apoyaba a Luna, López Portillo y Reyes Heroles convencieron al presidente de no imponer a Cervera para evitar un conflicto en el estado que pudiera afectar la elección presidencial.[60]

Este desenlace puede comprenderse mejor si se conoce la historia previa, en la que el desencuentro entre el gobernador y el presidente también fue decisivo. El mismo Loret ha narrado que Echeverría le comunicó en 1969 que sería gobernador, no sólo porque le correspondía en su calidad de secretario de Gobernación, sino porque el presidente Díaz Ordaz quería que Loret supiese quién sería su sucesor y pudiera mejorar sus relaciones. La señal no era ociosa porque Loret no había ocultado sus preferencias por Emilio Martínez Manatou ni sus malas opiniones acerca de Echeverría. El esfuerzo de Díaz Ordaz fue inútil a pesar de todo, ya que las relaciones entre el gobernador y el presidente nunca mejoraron y Loret sólo logró sobrevivir porque, como él reconoce, lo ayudaron Moya y López Portillo, secretarios de Gobernación y Hacienda respectivamente. En este contexto, resulta explicable que en 1975 Echeverría quisiera imponer a Cervera y no a Luna Kan, a quien apoyaba Loret, y que sólo la intervención de López Portillo, su inmediato sucesor, y Reyes Heroles lo impidieran.[61]

Lo que resulta sorprendente es el equilibrio que el sistema político pudo mantener entre esta evidente influencia personal del presidente y el respeto a las instituciones que se demuestra, en principio, con ciertos rituales en las postulaciones y, sobre todo, como se verá adelante, con el extremo control que el ejecutivo federal mantuvo al retirar a los gobernadores. Lo primero es el cuidado que observaba el presidente en que Gobernación y el PRI cumplieran con sus funciones. Aunque se sabía sin la menor duda que era el presidente quien decidía, nunca fue éste quien lo comunicaba al elegido.[62] Al igual que los testimonios disponibles reconocen la participación presidencial, todos aceptan que fueron el secretario de Gobernación y el presidente del PRI quienes informaron al candidato.[63] No era una simple forma-

---

[60] C. Loret, *Confesiones...*, *op. cit.*, pp. 293-297.
[61] *Idem.*, *passim.*
[62] Entrevista a Diódoro Carrasco.
[63] G. Álvarez, *Cuesta arriba...*, *op. cit.*, pp. 89-90; A. Corona del Rosal, *Mis memorias políticas...*, *op. cit.*, p. 115; y C. Loret, *Confesiones...*, *op. cit.*, p. 13.

lidad que tratara de ocultar el poder presidencial, sino una manera directa de que el mandatario respetara las instituciones destinadas a los asuntos locales; más importante aún porque la relación personal era esencial para que el presidente se inclinara por un candidato. Si el presidente lo comunicaba, impondría la relación personal por encima de las instituciones.[64] De ahí que el primer mandatario hiciera saber al futuro gobernador que el PRI y Gobernación eran los canales únicos para la relación institucional.[65]

En eso la relación personal no importaba, ni siquiera cuando un allegado al presidente le pedía ayuda para ser candidato, porque se le enviaba al PRI para que fuera atendido.[66] Loret, que nunca ocultó su amistad con Díaz Ordaz ni el decidido respaldo que de él recibió para lograr la gubernatura de Yucatán, reconoce que el presidente nunca lo recibió durante su campaña ni, como ya se indicó, para informarle de su candidatura. Lo hizo hasta que fue gobernador y sólo entonces reconoció que él lo había decidido.[67] Incluso en ese caso, en el que Díaz Ordaz sabía de la mala relación que Loret mantenía con el entonces secretario de Gobernación y futuro presidente, no toleró que el candidato a gobernador evitara la relación institucional.

Remociones, recurso extremo

La relación personal, tan determinante en la selección del candidato a gobernador, cesaba una vez que formal y legalmente éste se hacía cargo del poder local. Una vez convertido en mandatario, el gobernador asumía plenamente sus funciones y el presidente no volvía a intervenir en la vida política del estado.[68] Si su principal responsabilidad era mantener la estabilidad y la paz pública, la intervención federal dependería de que la cumpliera a cabalidad y para ello tenía en sus manos un recurso definitivo, que lo mismo demostraba el poder

---

64 Entrevista a Diódoro Carrasco.
65 Entrevistas a Manuel Bartlett y Genaro Borrego.
66 Entrevista a Diódoro Carrasco.
67 C. Loret, *Confesiones...*, op. cit., p. 65.
68 Entrevistas a Dulce María Sauri y Enrique González Pedrero.

presidencial sobre los gobernadores como la vigilancia federal sobre la estabilidad nacional.

Esa prueba fue la capacidad para retirar gobernadores. Aunque las cifras y algunos casos específicos muestran una injerencia indebida y en ocasiones arbitraria, la remoción de mandatarios fue una medida extrema y correctiva que buscaba restaurar los equilibrios locales y, sobre todo, la estabilidad de los estados. No se trataba solamente de evitar que un conflicto local afectara al propio gobierno federal, ni tampoco que el dominio del PRI se viera amenazado, menos aún en una época de competencia controlada, sino de retirar mandatarios ineficaces, arbitrarios y que abusaban del poder que, como ya se ha visto, llegó a ser considerable en los estados.

En un sistema donde el poder presidencial fue incontestable y donde la discrecionalidad del ejecutivo pudo aplicarse libremente, lo sorprendente no es que los gobernadores fueran retirados del cargo, sino que su número fuese restringido: entre 1946 y 2000, cuando convencionalmente se sitúa la época moderna y de mayor dominio priísta, hubo aproximadamente 252 gobernadores en los 31 estados del país, pero sólo fueron removidos 70, lo que equivale al 26% de mandatarios (cuadro 1). Sin duda que la cifra habla de un sistema vertical donde la relación de poder fue decisiva en favor del ejecutivo federal, pero aun así es mucho menor a lo que se esperaría de un mecanismo con alto grado de intervención personal.[69] Un dato que muestra claramente esta influencia es que el mecanismo empleado para remover a los mandatarios no descansó en una figura legal, por más que ésta pudiera ser manejada por el presidente, sino en la intervención decisiva del jefe del ejecutivo.

En un régimen democrático y regido por la ley, la única forma de retirar a un gobernante debe ser por causas contempladas en el marco jurídico. La Constitución mexicana establece desde su origen la figura de la desaparición de poderes como único recurso de la federación para destituir a los mandatarios que con su mal desempeño pudieran provocar un conflicto que anulara el funcionamiento

---

[69] R. Ch. Anderson, *The Funcitional Role...*, *op. cit.*, cap. VII, y T. N. Bernstein, *Fifty Years of State...*, *op. cit.*, cap. 6.

de las instituciones.[70] En claro respeto a las autonomías estatales, la Constitución concede al Senado la responsabilidad de resolver esa eventualidad, lo que formalmente habría servido para preservar la relación federal y para evitar la intervención del presidente. Sin embargo, el texto constitucional es tan ambiguo que siempre fue difícil aplicarlo con pulcritud y, en especial, con la rapidez indispensable para solucionar una emergencia política.

Para empezar, el texto concede al Senado solamente la responsabilidad de designar un gobernador sustituto de una terna propuesta por el presidente, pero no puede determinar que los poderes han desaparecido. El Senado solamente actúa cuando los poderes han desaparecido, pero no puede dictaminar cuándo y por qué ha ocurrido o, para decirlo al estilo de los juristas, su facultad deriva del hecho mismo, pero no puede crearlo.[71] Y éste fue hasta 1978 el problema básico que dejó abierta la puerta a la discrecionalidad, porque hasta ese año no existió una ley reglamentaria que determinara las circunstancias que probarían la desaparición de poderes.[72] Aunque hubo intentos por establecer las causas, nunca prosperaron hasta que el presidente se propuso aclarar el punto y diseñó, como era usual, la iniciativa correspondiente. A pesar de las lagunas legales y contra lo

---

[70] El artículo 110 de la Constitución federal establece que los gobernadores solamente pueden ser destituidos mediante el juicio político "por violaciones graves" a la Carta Magna y las leyes federales. Por su parte, cada Constitución estatal establece las condiciones para destituir a los mandatarios, pero como ocurre en el caso del ejecutivo federal, son tan extremas (la traición a la patria, por ejemplo) que se vuelven inaplicables. Una revisión de las constituciones se encuentra en Arturo Alvarado, "Los gobernadores y el federalismo mexicano", *Revista mexicana de sociología*, núm. 3, julio-septiembre de 1996.

[71] Manuel González Oropeza, *La intervención federal en la desaparición de poderes*, UNAM, México, 1987, p. 108.

[72] La ley señala que se produce la desaparición cuando los titulares de los poderes constitucionales quebrantan los principios del régimen federal, abandonan sus funciones sin motivo justificado, están físicamente impedidos de ejercerlos, prolongan su permanencia después de concluido su término legal, o promueven formas distintas de organización política a las señaladas por la Constitución federal. También aclara que el Senado puede intervenir a petición de los legisladores federales o ciudadanos de la entidad. *Diario Oficial de la Federación*, 29 de diciembre de 1978.

que pudiera esperarse, el recurso fue poco empleado, pues sólo hubo seis casos entre 1946 y 2000, y el último tuvo lugar en 1975.[73] De 1917 a 1946 hubo, sin embargo, 56 casos que en su mayoría, al decir de González Oropeza, no estuvieron fundamentados. El cambio radical en las cifras revela el proceso de institucionalización del sistema y, sobre todo, del afianzamiento del poder central sobre los caudillos y caciques posteriores a la Revolución.

CUADRO 1
REMOCIÓN DE GOBERNADORES, 1946-2000

Periodo presidencial	Retirados del cargo	Designación en puestos federales	Total
Miguel Alemán	10	2	12
Adolfo Ruiz Cortines	5	1	6
Adolfo López Mateos	3	1	4
Gustavo Díaz Ordaz	1	1	2
Luis Echeverría Álvarez	6	4	10
José López Portillo	3	2	5
Miguel de la Madrid Hurtado	4	2	6
Carlos Salinas de Gortari	12	5	17
Ernesto Zedillo Ponce de León	5	2	7

Fuentes: 1946-1976: Roger Ch. Anderson, *The Functional Role of the Governors and their States in the Political Development of Mexico, 1940-1964*, PhD Thesis, University of Wisconsin, 1971; Carlos Moncada, *¡Cayeron! 67 gobernadores derrocados*, México, edición de autor, 1979; Roderic Ai Camp, *Biografías de políticos mexicanos, 1935-1985*, FCE, México, 1992.
1976-2000: Investigación propia.

[73] M. González Oropeza, *La intervención federal...*, op. cit., pp. 155-251.

El solo hecho de que la figura legal fuese tan complicada, explica que el recurso más socorrido para retirar a los gobernadores fueran las licencias, desde luego, obligadas por el ejecutivo federal. Si bien la figura de las licencias fue una invención para disfrazar los retiros, no deja de mostrar cierto cuidado con las formas legales, apreciable sobre todo porque en los años de dominio priísta no parecía importar mucho el respeto a la ley, y menos cuando se aplicaba como correctivo a los mismos mandatarios priístas. Con todo, la remoción de gobernadores tuvo patrones de comportamiento razonables, a pesar de que el presidente, en esas circunstancias, podía retirar a cualquier mandatario.[74] Siempre hubo motivos para hacerlo y el propósito era corregir crisis políticas que amenazaban la paz pública y que por ende mostraban grave incapacidad política del gobernador para cumplir con sus funciones. El recurso fue limitado porque el presidente cuidaba de no afectar las funciones institucionales de las gubernaturas.[75] Como se verá en el capítulo cuarto, cuando el presidente Salinas dejó de observar este principio esencial de la relación entre ejecutivos, el sistema político sufrió un daño irreparable que afectaría no sólo el dominio priísta sino la propia fortaleza del ejecutivo federal. La remoción de gobernadores era un recurso extremo que se aplicaba para resolver problemas que se habían salido del control del mandatario y que enfrentaban a la sociedad local. Aunque el origen de los problemas fue variado, todos provocaban conflictos políticos que ponían de relieve la falta de habilidad del mandatario que había fallado en atender su principal responsabilidad institucional: preservar la estabilidad.[76]

Como se desprende del cuadro 1, el retiro de gobernadores puede clasificarse en dos tipos que tienen significados radicalmente distintos. Aquellos que fueron removidos para solucionar algún conflicto y que representan más del 70% del total en todo el periodo, y los que fueron llamados a ocupar un cargo federal. Resulta obvio que el

---

[74] Entrevistas a César Camacho y Genaro Borrego.
[75] Entrevistas a Manuel Bartlett, Enrique González Pedrero y Fernando Silva Nieto.
[76] Entrevistas a Manuel Bartlett, César Camacho y Genaro Borrego.

segundo tipo, aunque igualmente muestra de la decisión presidencial, no tuvo un impacto negativo sino que significaba una suerte de reconocimiento por la cercanía con el ejecutivo o simplemente por su experiencia. A reserva de analizar estos casos un poco después, conviene detenerse ahora en los primeros para subrayar cómo el ejecutivo federal servía de garante de la estabilidad local.

El cuadro 2 muestra a los 49 gobernadores retirados por conflictos. Como puede observarse, aunque las causas fueron múltiples, presentan ciertos patrones de comportamiento. Anderson ya había advertido que entre 1941 y 1964 predominaron los conflictos por imponer presidentes municipales e incrementar o establecer nuevos gravámenes que provocaron el descontento popular.[77] Pero como se observa en el cuadro 2, en las décadas siguientes se presentaron otras causas de naturaleza más política, que claramente ponían a prueba la habilidad de los mandatarios ante sociedades más complejas y con mayor participación. Como lo señala Diódoro Carrasco, pueden encontrarse siete diferentes tipos de conflicto, que no son necesariamente alternativos y que, por el contrario, con frecuencia se presentaban de manera sucesiva. Uno de ellos, quizá el más recurrente, fue la arbitrariedad y los excesos de poder, en buena medida porque expresaban la persistencia de caciques que aprovechaban la autonomía local para imponer su voluntad. Lo más interesante de este tipo de conflictos es que aparecen prácticamente en todos los periodos, independientemente de la etapa histórica del régimen; lo mismo se encuentran en los años cuarenta, con Juan Esponda y Edmundo Sánchez; en los cincuenta, con Manuel Bartlett Bautista y Alejandro Gómez Maganda; en los sesenta, con Raúl Caballero y Antonio Nava Castillo; o en los noventa, con Rubén Figueroa.

---

[77] R. Ch. Anderson, *The Functional Role...*, *op. cit.*, p. 317.

Cuadro 2
Gobernadores retirados del cargo, 1946-2000

Presidente/gobernador	Estado	Fecha	Causa
Miguel Alemán[1]			
1. Juan Esponda	Chiapas	Enero, 1947	Imposición alcaldes, protestas populares
2. Edmundo Sánchez Cano	Oaxaca	Enero, 1947	Imposición alcaldes, aumento de impuestos
3. Marcelino García Barragán	Jalisco	Febrero, 1947	Conflicto con el presidente por periodo de gobierno local
4. Hugo Pedro González Lugo	Tamaulipas	Abril, 1947	Conflictos locales, asesinato de periodista
5. Nicéforo Guerrero Mendoza	Guanajuato	Septiembre, 1947	Conflictos con grupos políticos locales
6. Ricardo Ainslie[2]	Coahuila	Marzo, 1948	Conflicto con el presidente por el sucesor
7. Jesús Castorena	Guanajuato	Octubre, 1948	Conflictos con grupos políticos locales
8. José María Mendoza Pardo	Michoacán	Agosto, 1949	Conflicto con la universidad
9. José González Beytia[3]	Yucatán	Septiembre, 1951	Conflicto con el presidente por el sucesor
10. Manuel Mayoral Heredia	Oaxaca	Agosto, 1952	Aumentos de impuestos, protestas populares
Adolfo Ruiz Cortines			
1. Enrique Pérez Arce	Sinaloa	Febrero, 1953	Conflictos electorales locales
2. Tomás Marentes Miranda	Yucatán	Junio, 1953	Conflictos políticos

3. Alejandro Gómez Maganda	Guerrero	Mayo, 1954	Corrupción, pésima administración local
4. Manuel Bartlett Bautista	Tabasco	Marzo, 1955	Aumento de impuestos, protestas populares
5. Óscar Soto Máynez	Chihuahua	Agosto, 1955	Corrupción, protestas populares

Adolfo López Mateos

1. Manuel Álvarez López	San Luis Potosí	Enero, 1959	Mal gobierno, protestas populares, navismo
2. Raúl Caballero Aburto	Guerrero	Enero, 1961	Conflictos locales, aumentos de impuestos, asesinatos de manifestantes
3. Antonio Nava Castillo	Puebla	Octubre, 1964	Conflicto con la universidad, protestas populares

Gustavo Díaz Ordaz

1. Enrique Dupré Ceniceros	Durango	Agosto, 1966	Conflicto estudiantil

Luis Echeverría Álvarez

1. Eduardo A. Elizondo	Nuevo León	Junio, 1971	Conflicto con la universidad
2. Rafael Moreno Valle	Puebla	Abril, 1973	Problemas electorales
3. Gonzalo Bautista O'Farril[2]	Puebla	Mayo, 1973	Conflictos estudiantiles
4. Israel Nogueda Otero	Guerrero	Enero, 1975	Corrupción
5. Otoniel Miranda Andrade	Hidalgo	Abril, 1975	Conflictos locales, protestas populares, asesinatos
6. Carlos Armando Biebrich	Sonora	Octubre, 1975	Asesinatos de campesinos, problemas agrarios

José López Portillo

1. Manuel Zárate Aquino	Oaxaca	Marzo, 1977	Conflictos estudiantiles, asesinatos

2. Salomón González Blanco[2]	Chiapas	Diciembre, 1979	Problemas económicos, conflictos políticos, protestas populares
3. Óscar Flores Tapia	Coahuila	Agosto, 1981	Corrupción, mal gobierno

Miguel de la Madrid Hurtado

1. Graciliano Alpuche Pinzón	Yucatán	Febrero, 1984	Conflictos políticos, mal gobierno
2. Enrique Velasco Ibarra	Guanajuato	Junio, 1984	Conflictos electorales en la capital, conflicto con el presidente por la sucesión
3. Óscar Ornelas Kuchle	Chihuahua	Septiembre, 1985	Conflictos electorales
4. Florencio Salazar Martínez	San Luis Potosí	Mayo, 1987	Conflictos políticos, navismo

Carlos Salinas de Gortari

1. Luis Martínez Villicaña	Michoacán	Diciembre, 1988	Conflictos electorales
2. Xicoténcatl Leyva Mortera	Baja California	Enero, 1989	Conflictos electorales
3. Mario Ramón Beteta	Estado de México	Septiembre, 1989	Conflictos electorales
4. Víctor Manzanilla Shaffer	Yucatán	Febrero, 1991	Conflictos electorales, corrupción
5. Ramón Aguirre Velázquez	Guanajuato	Agosto, 1991	Conflictos electorales
6. Fausto Zapata Loredo	San Luis Potosí.	Octubre, 1991	Conflictos electorales
7. Salvador Neme Castillo	Tabasco	Enero, 1992	Conflictos electorales
8. Guillermo Cosío Vidaurri	Jalisco	Mayo, 1992	Conflictos sociales, protestas populares

9. Eduardo Villaseñor Peña	Michoacán	Octubre, 1992	Conflictos electorales
10. Gonzalo Martínez Corbalá[2]	San Luis Potosí	Octubre, 1992	Conflictos electorales
11. Dulce María Sauri Riancho[2]	Yucatán	Diciembre, 1993	Conflictos electorales
12. Elmar Seltzer Marseille[2]	Chiapas	Enero, 1994	Conflictos sociales, guerrilla EZLN
Ernesto Zedillo Ponce de León			
1. Eduardo Robledo Rincón	Chiapas	Febrero, 1995	Negociación política
2. Rubén Figueroa Alcocer	Guerrero	Marzo, 1996	Protestas populares, asesinatos
3. Sócrates Rizzo García	Nuevo León	Abril, 1996	Corrupción
4. Julio César Ruiz Ferro	Chiapas	Enero, 1998	Protestas populares, asesinatos
5. Jorge Carrillo Olea	Morelos	Mayo, 1998	Secuestro, asesinatos

Notas: [1] En 1948 Abelardo L. Rodríguez solicitó licencia a la gubernatura de Sonora sin que existieran conflictos locales. Todas las fuentes coinciden en que se trató verdaderamente de razones personales, de salud y de negocios.

[2] Fueron gobernadores sustitutos, no elegidos, pero removidos por problemas locales. Sauri Riancho presentó su renuncia después del conflicto con Salinas por la alcaldía de Mérida.

[3] En rigor, González Beytia no fue removido por el presidente Alemán, sino que se trató de un acto de abierta rebeldía al rechazar el nombramiento de Tomás Marentes como sucesor en el gobierno local.

Fuentes: 1946-1976: R. Ch. Anderson, *The Functional Rol...*, *op. cit.*; C. Moncada, *¡Cayeron!...*, *op. cit.*; y R. Ai Camp, *Biografías...*, *op. cit.*

1976-2000: Investigación propia.

Casi siempre aparecían los conflictos desbordados y la violencia extrema, que ponían de manifiesto la pérdida de control político y la proclividad a reprimir de los gobernadores. Fueron los casos del propio Raúl Caballero, de Nava Castillo, Enrique Dupré, Gonzalo Bautista, Manuel Zárate o Elmar Seltzer, ya en los años noventa. Otra causa fue la corrupción personal del mandatario o de funcionarios de su gobierno, en cualquier caso tolerados o fomentados por el ejecutivo local. De nuevo el caso se presenta con Alejandro Gómez Maganda en los cincuenta, con Israel Noriega y Óscar Flores Tapia en los setenta, que con Víctor Manzanilla, Sócrates Rizzo y Jorge Carrillo Olea en los noventa.

Hubo otros gobernadores cuyos problemas fueron propiciados por la incompetencia administrativa que se traducía en pleno desgobierno local. Casos ejemplares son los de Alpuche Pinzón en Yucatán, Manuel Álvarez en San Luis Potosí y Salomón González Blanco en Chiapas. Más frecuente fue que el gobernador fuera incapaz de erigirse en verdadero árbitro de las disputas entre grupos y no pudiera ejercer su función de liderazgo político; lo mismo por conflictos con empresarios que con campesinos, obreros o estudiantes, y con más cercanía en el tiempo, con partidos y los resultados electorales. La lista de estos casos es la más numerosa y recorre sistemáticamente la segunda mitad del siglo pasado. No fue nada extraño que este tipo de conflictos derivara en enfrentamientos con la policía o el ejército, que terminaban con asesinatos y que ponían de manifiesto de manera contundente la incapacidad del gobernador.

Último caso, menos frecuente pero fulminante, fueron las diferencias políticas con el presidente. Casi siempre se trató de intentos de los gobernadores de contrariar una política federal, como fueron los casos de Marcelino García Barragán, Ricardo Ainsle y González Beytia con Miguel Alemán, ya fuera por el periodo electoral o, con más frecuencia, por tratar de imponer a su sucesor en la gubernatura. Más graves fueron los intentos por tomar parte en la sucesión presidencial, como fue el caso de Otoniel Miranda en Hidalgo, en el que claramente se advertía la mano de Manuel Sánchez Vite, en contra de Mario Moya, secretario de Gobernación, y a quien consideraba el sucesor del presidente Echeverría.[78] Los casos no son muchos, pero

---

[78] Algunos casos están satisfactoriamente documentados. Salvador Román Román, *Revuelta cívica en Guerrero (1957-1960). La democracia imposible*, INEHRM, México, 2003; Irma Teresa Corrales, "Heterogeneidad del estado y conflictos regionales. Desaparición de poderes en Hidalgo", *Revista mexicana de sociología*, núm. 1, enero-marzo de 1982; de la misma autora, *La desaparición de poderes en los estados de Guerrero e Hidalgo en el año de 1975*, tesis de licenciatura, FCPS, UNAM, 1976; J.

ninguno de ellos tuvo éxito por razones evidentes: nadie podía alentar proyectos diferentes al del presidente ni menos aún desafiar su poder, y lo más destacado, tampoco los presidentes podían permitirlo.[79]

La arbitrariedad presidencial si bien existió, no fue la norma al retirar a un gobernador.[80] En el fondo, el mismo presidente sabía que el abuso de su poder podía debilitar las gubernaturas y con ello sus funciones de intermediación, control e integración nacional, y tarde o temprano la eficacia del ejecutivo federal. Con todo, es posible encontrar una tensión permanente entre la discrecionalidad presidencial y las causas justificadas. Un dato indirecto de este comportamiento aparece en el cuadro 3. Si se observan los años en que ocurren las remociones, resulta que 28.5% (14 casos) tuvo lugar durante el primer año de gobierno de cada presidente y la tendencia se mantiene durante el segundo y tercero, para disminuir en la segunda mitad del sexenio. Si se suman los retiros de mandatarios durante la primera mitad de cada periodo presidencial, la cifra alcanza 67% del total. No parece casual esta tendencia y menos aún que los conflictos políticos locales se concentraran en esos primeros años. Más bien indica que los conflictos servían como pretexto para ajustar cuentas con mandatarios que o bien se habían comprometido con un precandidato equivocado a la hora de decidirse la sucesión y que no lograban congraciarse con el nuevo presidente, o que mantenían compromisos inaceptables.[81]

Demmers, *Friends and Bitter...*, *op. cit.*, *passim.*; Carlos Moncada, *¡Cayeron! 67 gobernadores derrocados*, edición de autor, México, 1979. Para otros casos, R. Ch. Anderson, *The Functional Role...*, *op. cit.*, cap. VII.

[79] Entrevistas a Manuel Bartlett, Genaro Borrego y Dulce María Sauri.

[80] Entrevistas a Manuel Bartlett y Diódoro Carrasco.

[81] Anderson había encontrado la misma tendencia entre 1941 y 1964. *The Functional Role...*, *op. cit.*

Cuadro 3
Remoción de gobernadores por año de gobierno presidencial, 1946-2000

Año de gobierno

Periodo presidencial	Primero	Segundo	Tercero	Cuarto	Quinto	Sexto	Total
Miguel Alemán	5	2	1	-	1	1	10
Adolfo Ruiz Cortines	2	1	2	-	-	-	5
Adolfo López Mateos	1	-	1	-	-	1	3
Gustavo Díaz Ordaz	-	1	-	-	-	-	1
Luis Echeverría	1	-	2	-	3	-	6
José López Portillo	1	-	1	1	-	-	3
Miguel de la Madrid	-	2	1	-	1	-	4
Carlos Salinas	3	-	3	4	1	1	12
Ernesto Zedillo	1	2	-	-	2	-	5
Total	14	8	11	5	8	3	49

Fuentes: 1946-1976: R. Ch. Anderson, *The Functional Role...*, *op. cit.*,; C. Moncada, *¡Cayeron!...*, *op. cit.*, y R. Ai Camp, *Biografías...*, *op. cit.*
1976-2000: Investigación propia.

Desde luego que este comportamiento varía en cada sexenio presidencial y en algunos las cifras pueden ser notoriamente diferentes. En periodos como los de López Mateos, López Portillo y De la Madrid, no sólo se advierte un número bajo, sino que las remociones ocurrieron en distintos momentos del sexenio, incluidos el quinto y sexto años, lo cual indicaría que los casos fueron emergencias políticas que tuvieron que resolverse inmediatamente. En sentido contrario, no puede dejar de señalarse que el periodo de Díaz Ordaz, que ha pasado a la historia como el ejemplo de arbitrariedad y autoritarismo del régimen priísta, solamente registra un gobernador retirado y en el segundo año. En otros periodos no parece haber un patrón definido o, como en el caso de Salinas, una extrema aplicación de la medida, lo que sugiere que las remociones respondieron más a necesidades presidenciales que a motivaciones locales. Como se verá en el capítulo cuarto, esta observación es correcta.

En cualquier circunstancia, las cifras revelan que si bien la discrecionalidad presidencial estuvo presente, ésta fue controlada y que las remociones fueron motivadas por conflictos locales. En ese sentido, la idea de que el recurso fue empleado como medida extrema para corregir excesos, parece confirmarse. Un último dato merece destacarse en este recuento. De los nueve periodos presidenciales, sólo dos tienen una tendencia marcada a emplear el recurso contra los mandatarios: Miguel Alemán con 10 casos, y Salinas con 12, el resto se mantiene con promedios de 3.8 gobernadores retirados del cargo. Esto ratifica lo extraordinario del recurso y que los presidentes, en su enorme mayoría, observaron un principio de respeto a las instituciones, como ejemplarmente lo demuestra Díaz Ordaz.

En contraste, Alemán y Salinas representan situaciones extraordinarias. Ambos registran las mayores cifras y también la tendencia a aplicar la medida a lo largo de todo el sexenio. En rigor, no es extraño porque ambos mandatarios desarrollaron proyectos de modernización política y económica que los enfrentaron a fuertes resistencias en los estados. Y en el caso de Salinas, debe agregarse tanto la fuerte competencia electoral que se manifestó con toda claridad en su propia elección presidencial, como su enfrentamiento con el PRI y la vieja élite política. En cualquier caso, parece evidente que la práctica, con sus excepciones, fue aplicada con cuidado y sin ocultar la fuerte tensión entre el respeto institucional y la discrecionalidad presidencial.

Un dato que añade verosimilitud a la afirmación de que no hubo arbitrariedad en las remociones, se halla en que las malas relaciones entre mandatarios, por más agudas que fueran, no terminaron con retiros. Ahí están, por mencionar algunos, los casos de Sánchez Cordero, Loret y Hank con Echeverría; de Torres Mesías con Díaz Ordaz; de Gustavo Baz con López Mateos; o de Jonguitud con De la Madrid.[82] Sin embargo, que no los retiraran no significaba que no les complicaran sus administraciones. Los presidentes tenían a su disposición muchos recursos para manifestar su desagrado con un gobernador. Desde no viajar nunca a la entidad o retener el presupuesto federal, o hasta, con más frecuencia, posponer financiamientos extras para obras públicas.[83]

Más aún, como lo reconocen los ex gobernadores, cuando había problemas en alguna entidad, las instituciones federales informaban al presidente y éste enviaba advertencias e incluso ofrecía ayuda para resolverlos. Para eso estaban, en primera instancia, el secretario de Gobernación y el presidente del PRI, pero también otro secretarios de Estado e incluso los delegados federales en algunas entidades que por su dependencia de un producto de explotación federal, tenían influencias decisivas.[84] Dependía del gobernador entender las observaciones y resolver el problema. Cuando González Pedrero fue gobernador de Tabasco puso en marcha un ambicioso programa social y político que lo acercaba a los grupos más desprotegidos y también mejoraba las relaciones del partido con sus militantes y la sociedad en general. Al frente del PRI local designó a Andrés Manuel López Obrador y bajo la conducción de éste el partido consiguió acercarse a la sociedad, pero muy pronto López Obrador desarrolló un proyecto propio, no siempre coincidente con las ideas de González Pedrero. López Obrador creó, en forma paralela a los comités distritales, comités de base o células populares que servían para demandar y vigilar obras, así como para preparar mítines y movilizaciones que, en principio, estaban dirigidos a respaldar al mandatario pero de los que López Obrador era el principal beneficiario porque en ellos construía, demasiado temprano, su candidatura al gobierno del estado.

---

[82] Entrevista a Fernando Silva Nieto. J. Demmers, *Friends and Bitter Enemies...*, *op. cit.*; C. Loret, *Los últimos...*, *op. cit.*; y R. Hernández Rodríguez, *Amistades...*, *op. cit.*, cap. IV.
[83] Entrevista a Genaro Borrego.
[84] Entrevistas a Dulce María Sauri y Fernando Silva Nieto.

El radicalismo de López Obrador pronto llamó la atención del PRI nacional y Gobernación. En una reunión entre algunos de los principales funcionarios del gobierno estatal, López Obrador y otros dirigentes del PRI local, González Pedrero le advirtió a López Obrador que sus actividades inquietaban al gobierno federal que no entendía lo que el gobernador estaba haciendo en el estado y con el PRI. Ante la negativa de López Obrador de cambiar su programa, el gobernador lo retiró de la dirección del partido.[85] El gobernador mostraba estar atento a las dificultades en el estado y en especial a los riesgos políticos. Atendía las señales del ejecutivo federal y actuaba como líder de la élite local.

En el terreno de las advertencias el presidente podía ser tan contundente como cuando enviaba al procurador general de la República, y más tarde al secretario de la Contraloría, a responder los informes de gobierno, o como una simple visita con la representación presidencial. Como algunos recuerdan, estas visitas eran pésimas señales para el gobernador porque significaban problemas de corrupción.[86] Existen ejemplos significativos. De nuevo Yucatán ofrece dos. El primero es el proceso de Alpuche, que fue tolerado mientras se mantuvo como un asunto de salarios con los campesinos hasta que el gobernador intervino en la sucesión de la Comisión Nacional Campesina (CNC) estatal para impedir que Cervera llegara a ser su dirigente. Ante un conflicto que ya provocaba movilizaciones, Gobernación llamó a Alpuche para informarle que la decisión estaba tomada a favor de Cervera y que no debía intervenir para evitarlo. El gobernador se negó y Bartlett le pidió la renuncia.[87] Asimismo, Manzanilla saldría de Yucatán por conflictos electorales, pero después de severos problemas de corrupción de su gobierno. A pesar de la evidencia en contra, que incluso motivó que el Congreso local destituyera al alcalde de Mérida y a otros dos funcionarios, Manzanilla no corrigió su actitud

---

[85] Entrevista a Manuel Andrade. El activismo de López Obrador fue tan intenso y sus ideas tan radicales, que los priístas de la época lo llamaban "el comandante". Jorge Zepeda, "Andrés Manuel López Obrador. El Rayo", en Jorge Zepeda (comp.), *Los suspirantes*, Planeta, México, 2005, pp. 18-19.

[86] Entrevista a Diódoro Carrasco.

[87] J. Demmers, *Friends and Bitter Enemies...*, *op. cit.*, pp. 106 y 108.

y el presidente retiró las participaciones federales para que destituyera a colaboradores que ponían en riesgo la imagen del gobierno y el posible triunfo electoral del PRI. Ante la indiferencia e incompetencia del mandatario, el presidente le pidió la renuncia.[88]

Si bien la intervención presidencial demostraba el sometimiento de los poderes locales, el retiro de mandatarios incompetentes, arbitrarios o represores era visto con alivio por la población,[89] porque significaba, por un lado, que se restablecerían la estabilidad y la paz, y por otro, que había una autoridad que vigilaba la conducta de los mandatarios. En esos casos, la sociedad respaldaba la decisión y en buena medida eso mismo hacía que las justificaciones legales no fueran tan importantes y, en consecuencia, se aceptara el recurso de las licencias para hacer a un lado al gobernador.

El punto es esencial porque los mismos ex gobernadores reconocen que si bien la remoción estaba justificada, el ejecutivo local tenía "muchos hilos que manejar" para evitar su caída.[90] Eso explica, en cierto modo, que las antipatías presidenciales no fueran determinantes para provocar la salida de un gobernador y que se preservara el respeto institucional. En el fondo, desde luego, estaba presente el reconocimiento del presidente de que los mandatarios contaban con recursos políticos considerables que podían manipular a su arbitrio para evitar las acciones presidenciales.[91] Tendrían que pasar varias décadas y múltiples cambios políticos para que se presentaran casos de enfrentamientos abiertos e incluso exitosos de gobernadores con el presidente, como el que protagonizaría en 1994 Roberto Madrazo,

---

[88] *Ibid.*, pp. 131-135, y V. Manzanilla, *Confesiones…, op. cit.*, pp. 298 y ss. En el caso de Manzanilla, como en casi todos los que se presentaron en el periodo de Salinas, hubo motivos políticos más profundos, relacionados con las elecciones de 1988 o con el proyecto presidencial, pero las evidencias de corrupción del gobierno estatal sirvieron para que la medida no pareciera arbitraria.

[89] Entrevista a Genaro Borrego.

[90] *Idem.*

[91] El caso de Hidalgo en 1975 es un excelente ejemplo de cómo los gobernadores podían movilizar organismos privados, sindicatos y, por supuesto, al partido, diputados y presidentes municipales para oponerse al gobierno federal. Véase I. Corrales, *La desaparición de poderes…, op. cit.*

gobernador de Tabasco, con Ernesto Zedillo. Como se verá en su oportunidad, era cierto que los ejecutivos locales tenían variados y efectivos recursos a su disposición.

Quizá donde mejor se advierta la discrecionalidad presidencial y por consecuencia la subordinación de los gobernadores sea en aquellos que no terminaron sus periodos, pero no por enfrentar problemas locales sino porque ocuparon un cargo federal, al lado del presidente. Como se observa en el cuadro 4, aunque son pocos los casos que pueden considerarse de este tipo, reflejan una práctica frecuente, como lo demuestra el que ningún presidente del periodo dejara de emplearla. La enorme mayoría (12 de 20) abandonaron el ejecutivo estatal para convertirse en secretarios de Estado, el cargo más alto que el régimen priísta podía ofrecer, y tres para dirigir el PRI nacional. Todos ellos fueron puestos importantes que sin duda compensaban dejar las gubernaturas, pero la facilidad presidencial se demuestra con el hecho de que cinco mandatarios salieron de sus estados para ocupar cargos secundarios, en el gobierno federal o en la misma estructura del PRI. Eso revela sin lugar a dudas que el presidente veía a los gobernadores como una reserva particular de experiencia, incluso para puestos relativamente menores.

Con todo, la poca frecuencia con la que se empleaba hacía que la medida no fuera mal vista por la población y a menudo se consideraba como un reconocimiento no sólo del mandatario sino incluso al estado.[92] Por supuesto que más allá del reconocimiento a las habilidades del mandatario, la medida significaba la incorporación al equipo presidencial y por lo tanto la encomienda de cumplir con un proyecto particular. Y esto se comprueba al observar los años en que se hacían las invitaciones pues casi 60% (12 de 20) tuvo lugar durante el primer año de gobierno, cuando el presidente integraba su gabinete y recompensaba apoyos. Que se trataba de aprovechar la experiencia de los mandatarios, se confirma con el dato de que entre el tercero y cuarto años se registra el otro momento de las invitaciones, pues ahí ocurre la tercera parte de los movimientos (seis de 21). Solamente uno fue llamado en el quinto año y ninguno en el último.

---

92 Entrevista a Genaro Borrego.

Cuadro 4
Gobernadores llamados a puestos federales
1946-2000

Presidente/gobernador	Estado	Cargo federal	Fecha
Miguel Alemán			
1. Adolfo Ruiz Cortines	Veracruz	Secretaría de Gobernación	Julio, 1948
2. Agapito Pozo	Querétaro	Suprema Corte de Justicia	Abril, 1949
Adolfo Ruiz Cortines			
1. Ignacio Morones Prieto	Nuevo León	Secretaría de Salubridad	Diciembre, 1952
Adolfo López Mateos			
1. Alfonso Corona del Rosal	Hidalgo	Presidencia CEN del PRI	Diciembre, 1958
Gustavo Díaz Ordaz[1]			
1. Juan Gil Preciado	Jalisco	Secretaría de Agricultura	Diciembre, 1964
Luis Echeverría Álvarez			
1. Víctor Bravo Ahúja	Oaxaca	Secretaría de Educación Pública	Noviembre, 1970
2. Manuel Sánchez Vite[2]	Hidalgo	Presidencia CEN del PRI	Diciembre, 1970
3. Carlos Gálvez Betancourt	Michoacán	Dirección General IMSS	Septiembre, 1971
4. Carlos Sansores Pérez	Campeche	Subsecretaría General, CEN del PRI	Marzo, 1973
José López Portillo			
1. Jorge Rojo Lugo[3]	Hidalgo	Secretaría de la Reforma Agraria	Noviembre, 1976
2. Jorge de la Vega Domínguez	Chiapas	Secretaría de Comercio	Diciembre, 1977

Miguel de la Madrid Hurtado

1. Pedro Vázquez Colmenares	Oaxaca	Dirección de Seguridad Nacional, Secretaría de Gobernación	Noviembre, 1985
2. Alfredo del Mazo González	Estado de México	Secretaría de Energía Minas e Industria Paraestatal	Abril, 1986

Carlos Salinas de Gortari[3]

1. Fernando Gutiérrez Barrios	Veracruz	Secretaría de Gobernación	Noviembre, 1988
2. Enrique Álvarez del Castillo	Jalisco	Procuraduría General de la República	Febrero, 1989
3. Beatriz Paredes Rangel	Tlaxcala	Secretaría General, CEN del PRI	Abril, 1992
4. Genaro Borrego Estrada	Zacatecas	Presidencia CEN del PRI	Septiembre, 1992
5. Patrocinio González Garrido	Chiapas	Secretaría de Gobernación	Enero, 1993

Ernesto Zedillo Ponce de León

1. Emilio Chuayffet Chemor	Estado de México	Secretaría de Gobernación	Julio, 1995
2. Jesús Murillo Karam	Hidalgo	Subsecretaría de Gobernación	Octubre, 1998

Notas: [1] En diciembre de 1964 se designó a Carlos A. Madrazo como presidente del PRI, pero no renunció a la gubernatura de Tabasco. Se integró plenamente al partido hasta la terminación de su periodo constitucional, el 31 de diciembre de ese año.

[2] Después de un año en el gabinete regresaron a completar sus mandatos.

[3] Enrique González Pedrero pidió licencia como gobernador de Tabasco en 1987 para integrarse a la campaña presidencial de Carlos Salinas.

Fuentes: 1946-1976: R. Ch. Anderson, *The Functional Role...*, *op. cit.*; C. Moncada, *¡Cayeron!...*, *op. cit.*; y R. Ai Camp, *Biografías...*, *op. cit.*

1976-2000: Investigación propia.

Esa tendencia a concentrarse en el primer año también parece confirmar la participación de los gobernadores en el proceso de sucesión presidencial y su compromiso con el nuevo jefe del ejecutivo. No hay duda de que antecediera o no la amistad entre ellos en el momento de decidirse la sucesión, lo cierto es que los gobernadores hacían sus apuestas con quien creían que era el elegido. Cuando acertaban, el reconocimiento se producía. Así lo prueban los casos particulares de Juan Gil Preciado y Carlos A. Madrazo, gobernadores de Jalisco y Tabasco, que en 1963, en plena disputa por la presidencia, expresaron públicamente su apoyo al secretario de Gobernación, Díaz Ordaz. Gil Preciado sólo fue criticado por adelantarse a los acontecimientos, pero Madrazo protagonizó una agria polémica en la prensa nacional con Manuel Moreno Sánchez, senador, amigo personal de López Mateos y activo aspirante en la sucesión.[93] Gil Preciado se convertiría en secretario de Agricultura y Madrazo en presidente del PRI al comenzar el sexenio del poblano.

La remoción de gobernadores, ya fuera por conflictos o para recompensar compromisos políticos, revela con claridad que las gubernaturas estuvieron sometidas a la voluntad presidencial. Pero una vez reconocida la subordinación, lo importante es destacar cómo las intervenciones del ejecutivo fueron cuidadosas y calculadas. El retiro de mandatarios estuvo supeditado básicamente a la existencia de problemas políticos o sociales que desbordaban el control del mandatario y que frecuentemente terminaban en enfrentamientos sangrientos. Ante la incompetencia del gobernador o, peor aún, demostraciones indudables de arbitrariedad, el presidente forzaba las renuncias. Esto confirma el enorme poder de la presidencia pero también su función como garante de la estabilidad y los equilibrios nacionales, es decir, como autoridad central del sistema.

De ahí que aun cuando los retiros no contaran con el respaldo de la normatividad jurídica, fueran legitimados por la necesidad y la oportunidad política. Si eran un recurso obligado, los presidentes no podían emplearlo arbitrariamente porque hubieran debilitado

---

[93] Juan Gil Preciado, *Remembranzas*, edición del autor, Jalisco, 1987; y R. Hernández Rodríguez, *La formación...*, *op. cit.*, pp. 121-125.

las gubernaturas y en consecuencia sus funciones de integración y equilibrio regional. Por más subordinación que tuvieran del centro político, era claro que los gobernadores desarrollaban tareas específicas en un esquema de responsabilidad jerárquica, y para ello contaban con recursos y autonomía que al mismo tiempo que les daban la libertad para atender demandas, abrían una enorme puerta a la arbitrariedad de los mandatarios. Precisamente por este alto riesgo, el sistema trasladó los controles políticos al gobierno federal. Y la vigilancia era estrecha y sistemática, pues lo mismo se ejercía en la selección de candidatos al Congreso federal, que en la misma gubernatura. Los controles, sin embargo, poco podían hacer para evitar que un gobernador proclive a la violencia provocara problemas graves. Pero aun ahí, la presidencia podía actuar y retirar sin contemplaciones al gobernador.

El sistema podía ser muy efectivo, como lo demostró por décadas, pero siempre supuso un delicado equilibrio entre la formalidad legal y el voluntarismo del que estuviera al frente del ejecutivo. Sin recursos institucionales efectivos que enmarcaran la intervención del presidente, dependía casi por completo de la experiencia y habilidad personal del mandatario, así como de los titulares de Gobernación, que no se abusara de las atribuciones legales y políticas. Pero además de esta condición, había otra mucho más delicada. El esquema de relaciones estuvo sustentado en una circunstancia que no podía mantenerse en el tiempo y que consistió en el dominio absoluto del PRI sobre el conjunto de instituciones. En rigor, el PRI hizo posible la uniformidad política e ideológica que anuló las atribuciones de cada institución y el marco legal que las regulaba. El presidente se convirtió en centro político y líder natural debido simplemente a las prácticas del sistema, no a los poderes institucionales.

Ningún gobernador a quien se le pidiera el retiro, pensaba en acogerse a la ley para impedirlo, por más que hubiera múltiples lagunas que lo habrían permitido. Simplemente la disciplina partidaria hacía impensable esta opción. Sólo cuando el presidente perdió el control de las instituciones, los gobernadores acudieron a la ley para defenderse formalmente del ejecutivo federal y en el fondo para preservar sus intereses en el estado. Como se verá en las páginas siguientes, cuando el ejecutivo perdió su autoridad política, fue claro que no había los recursos institucionales para corregir los abusos de los mandatarios.

La tensión entre gobernadores y presidente o, con más precisión, entre los poderes locales y el federal, existió desde el inicio del sistema. Siempre estuvieron presentes los hombres fuertes y la tentación de emplear las autonomías locales para preservar intereses caciquiles. El sistema, que fue diseñado formalmente para ser equilibrado en su espíritu federal, en realidad creó mecanismos para que el presidente controlara los excesos y por eso le entregó los medios para hacerlo. El único problema es que ese esquema fue muy precario. Como se verá más adelante, ni las condiciones económicas ni las políticas se mantuvieron intactas al pasar de los años; por el contrario, alcanzaron tal grado de complejidad, que el gobierno federal se vio obligado a ceder responsabilidades y recursos a los gobernadores, que significaron, al final, una pérdida sustantiva del control federal. Sin vigilancia central y con más libertad de acción, los gobernadores fueron ocupándose cada vez más de los asuntos locales y se ampliaron las posibilidades de que los grupos y líderes intentaran preservarse en el poder. El sistema tan eficiente que funcionó hasta entrada la década de los setenta, comenzó a fracturarse y dejar libres los aspectos más discrecionales tanto de parte de los mandatarios locales como de los mismos presidentes.

III. EL FORTALECIMIENTO ADMINISTRATIVO Y FINANCIERO

La relación entre los gobiernos estatales y el federal se mantuvo estable por décadas, a pesar de que no estuvo basada en ninguna normatividad institucional sino en un peculiar equilibrio político. Las disposiciones jurídicas y la formal distribución de responsabilidades y poder estuvieron supeditadas a un arreglo que sólo podía sostenerse porque gobernaba una élite política homogénea, que formaba parte de un mismo partido y que compartía, por lo tanto, una visión de la política y del país. Desde luego que el predominio de la élite y el partido estuvo protegido por un sistema de competencia electoral restringido que no representaba ninguna amenaza seria para su continuación.

A partir de los años ochenta del siglo pasado las condiciones políticas y económicas cambiaron, paulatina pero decisivamente. Desde entonces, las relaciones entre gobiernos se modificarían a tal grado que los mandatarios se verían fortalecidos notablemente a medida que la presidencia y el gobierno federal cedían poder, por decisión propia o, las más de las veces, porque las circunstancias los obligaran a ello. Los cambios, por eso mismo, no siempre respondieron a un proyecto claro, sino a necesidades o coyunturas específicas.

El primer cambio fue el proceso de descentralización administrativa que el gobierno federal inició a principios de la década de los ochenta y que se propuso trasladar responsabilidades y tareas a los estados, y años después, recursos financieros. Hasta entonces, como ha sido mostrado en las páginas anteriores, los gobernadores no tenían que encargarse de asuntos públicos importantes, puesto que la federación se hacía cargo de ellos automáticamente. Por más que esto implicara una obvia dependencia, también significaba no tener que enfrentar problemas administrativos y económicos, lo que se traducía en una enorme libertad para ocuparse por completo de la política interna.

La descentralización que, como se verá, no fue solicitada por los estados y menos aún aceptada con agrado, va a ampliar sustancialmente la autonomía estatal y fortalecerá el papel de los gobernadores como responsables ya no sólo de la política sino también de la economía. Poco a poco esas responsabilidades administrativas traerán consigo recursos que en el pasado controlaba la federación y que a partir de entonces serán manejados íntegra y casi discrecionalmente por los gobernadores. Si hasta entonces los cuestionamientos sobre el presupuesto y la injerencia federal en las obras públicas se había mantenido al margen de la política, a partir de que los gobernadores asumen autoridad y facultades administrativas sus presiones sobre el gobierno federal aumentarán para hacerles frente.

Paralelamente a este proceso administrativo y financiero, se producirán otros dos de naturaleza política, que terminarán por ampliar la autonomía estatal. Uno será la creciente competencia electoral que históricamente se concentró en los estados y que obligará al sistema priísta a ceder a los gobernadores tanto el control de la selección de los candidatos a los puestos locales, incluida la misma gubernatura, como a enfrentar a la oposición. El otro cambio será el proyecto de modernización política que pondrá en marcha el presidente Carlos Salinas y que intentará imponer a la élite y a los gobernadores. Convencido de que su proyecto no era bien recibido por la élite tradicional, el presidente no vaciló en emplear todos los recursos y poder presidenciales para conseguirlo, lo que se traducirá en una extrema intervención en la política local y, sobre todo, en el excesivo retiro de mandatarios, unos por la exacerbación de conflictos políticos electorales y otros para acabar con la resistencia a sus medidas.

Tanto la descentralización administrativa como las transformaciones políticas tuvieron condicionantes históricos, como fueron la severa crisis económica, que presionó las finanzas públicas, y la creciente demanda social por ampliar la pluralidad partidaria. Sin embargo, la forma de enfrentar estos desafíos no fue fortuita sino que respondió a una visión particular de la economía y la política, propia de una nueva élite gobernante que tomó el poder precisamente en aquellos difíciles años ochenta. Esa élite, aunque también priísta, no tuvo la misma formación que la tradicional sino que se desarrolló en el ámbito económico y financiero de la administración federal. Sin trayectoria política como la anterior, la élite sobrestimó las variables económicas y, sobre todo, la racionalidad técnica. De la necesidad de controlar la crisis pronto pasó a tratar de imponer un nuevo esquema de relaciones políticas que no obstante su convencimiento, no pudo desarrollar en buena medida por su propia inexperiencia política. El proceso de cambio, que terminaría por afectar las relaciones intergubernamentales y que daría un insospechado poder a los gobernadores, fue accidentado y en más de una ocasión provocó serios desequilibrios que aumentaron los conflictos y las presiones políticas. Por todo ello, es conveniente detenerse, así sea brevemente, en las características de esa nueva élite para comprender por qué decidió desarrollar lo que se dio en llamar la modernización del Estado mexicano, y que en los hechos consistió en la reducción de las tareas y facultades económicas y políticas del gobierno federal.

Racionalidad tecnocrática

Como lo dijera José López Portillo, la decisión a favor de Miguel de la Madrid estuvo motivada por la severa crisis económica de aquel entonces.[1] De la Madrid llegó a la presidencia después de una larga carrera en la administración pública, fundamentalmente desarrollada en la Secretaría de Hacienda, y en sus primeros años también en el Banco de México, las dos dependencias más especializadas y técnicas del gobierno federal. Al iniciarse la nueva administración, el país vivía no sólo la peor crisis económica de su historia moderna, sino que atravesaba también la peor situación política y social como resultado de un prolongado conflicto con el sector privado que había llegado al extremo de la nacionalización bancaria. El enfrentamiento, que se remontaba hasta la administración de Echeverría, provocó una seria y definitiva separación con el gobierno, con el papel del Estado y con el dominio

[1] José López Portillo, *Mis tiempos...*, op. cit., t. 2, pp. 1109-1110.

del PRI. Los hombres de negocios, a partir de entonces, comenzaron a asociar la arbitrariedad de los presidentes con la falta de democracia y una nueva generación de empresarios decidió incursionar en la política partidaria y electoral para competir por puestos de elección, incluidas gubernaturas y la misma presidencia de la República.

Para De la Madrid la situación era de tal gravedad que el país corría el riesgo de desintegrarse como sociedad y Estado pues, como dijera en varias ocasiones, el país "se nos desharía entre las manos".[2] Para enfrentar el desafío, el presidente propuso un estricto programa económico dirigido a restringir el gasto público y a corregir las finanzas gubernamentales, y para lograrlo integró un gabinete mayoritariamente de economistas que, como él, se habían formado en Hacienda y el Banco de México. De los 28 secretarios que formaron parte del gabinete De la Madrid, 59% procedía parcial o totalmente del sector financiero y más de la mitad había desarrollado su carrera al lado del presidente, lo que había estrechado la identidad ideológica y la lealtad personal para formar un auténtico espíritu de grupo.[3] Ese grupo se encargaría de la corrección económica, pero también de hacer a un lado a la vieja élite política, con tal eficacia que retendría el poder hasta el año 2000, cuando el último de sus representantes, Francisco Labastida, que fuera subsecretario en la Secretaría de Programación y Presupuesto con De la Madrid, perdiera las elecciones federales frente al candidato del PAN.

Lo económico fue determinante en las acciones del gobierno, pero supuso un juicio y una actitud frente a la política. En parte por la

---

[2] Miguel de la Madrid, Discurso de toma de posesión, diciembre de 1982. La idea fue tan arraigada en el presidente que fue sistemáticamente repetida en varias oportunidades, por ejemplo, en la iniciativa de ley del presupuesto federal de 1983, presentada apenas unos días más tarde de su toma de posesión. Conforme pasaron los años, dejó de insistir en ello, pero al finalizar su periodo no dejó de considerarlo como el elemento central de su programa de gobierno. La explicación se encuentra en el Sexto Informe de Gobierno, 1988.

[3] R. Hernández Rodríguez, "Los hombres del presidente De la Madrid", *Foro Internacional*, núm. 109, julio-septiembre de 1987. Para un análisis de la generación tecnocrática, Isabelle Rousseau, *México, ¿una revolución silenciosa? Élites gubernamentales y proyecto de modernización, 1970-1995*, El Colegio de México, México, 2001.

severidad del ajuste, pero también por la inexperiencia política de la nueva élite, desde 1982 aparecieron varios conflictos políticos que rompieron con las prácticas tradicionales del sistema. Para esta nueva élite, la crisis económica tenía su origen en el déficit de las finanzas públicas, ocasionado por el excesivo intervencionismo estatal que se había desarrollado con el propósito de resolver problemas sociales y económicos producidos por las deficiencias del mercado. Los políticos que se habían hecho cargo de los gobiernos a partir de los años setenta, habían aumentado las tareas gubernamentales, expandido el sector público y, como consecuencia, incrementado el gasto, que sin fuentes reales de ingreso había aumentado artificialmente hasta provocar una aguda inflación que se acompañó del déficit público, el endeudamiento interno y sobre todo externo, y la virtual quiebra del sector financiero.[4] Como lo dijera años después Salinas, principal estratega del modelo y sucesor en la presidencia, el Estado interventor que heredó su generación no resolvió ningún problema social, al contrario, fue cada vez menos capaz de atender sus responsabilidades y al final fue el causante de la crisis económica.[5] Reducir el "tamaño" del Estado, que en realidad significaba el tamaño de la administración pública y las atribuciones del gobierno federal, se convirtió en un objetivo central de la nueva élite. De ahí que se pusiera en marcha la llamada Reforma del Estado, que supuso la revisión de tareas, reducción del aparato administrativo y, desde luego, un estricto control del gasto público.

Aunque la principal preocupación de la élite fue resolver la crisis económica, el ajuste fue parte de un extenso proyecto de modernización del país, que pasaba tanto por la esfera económica como por la política. La envergadura de este proyecto rebasaba con mucho el corto plazo de un sexenio y tendría que enfrentar la resistencia de

---

[4] La crítica puede encontrarse en múltiples documentos, pero uno ejemplar es el libro de Rudiger Dornbusch y Sebastian Edwards (eds.), *The Macroeconomics of Populism in Latin America*, University of Chicago, Chicago, 1991. También es de mencionarse el ensayo de Francisco Gil Díaz, "Mexico's Path from Stability to Inflation", en Arnold C. Herberger (ed.), *World Economic Growth*, Institute for Contemporary Studies, San Francisco, 1984.

[5] Carlos Salinas, discurso en la Universidad de Brown, 11 de octubre de 1989, en *El gobierno mexicano*, 1989, y *Primer informe de gobierno*, diciembre de 1989.

muchos grupos bien consolidados en el sistema, de ahí que se propusiera, en primera instancia, controlar el poder y después utilizar la presidencia como centro promotor de la modernización, por encima de prácticas políticas e instituciones.

Bajo este esquema, el gobierno de De la Madrid emprendería varias medidas que aunque se presentaron como una reforma al federalismo que buscaba un mayor equilibrio entre gobiernos, en el fondo significaba simplemente una reducción de tareas gubernamentales mediante el traslado de responsabilidades hacia los estados. En su proyecto de modernización desde luego que el federalismo estaba presente y buscaba disminuir el centralismo de la administración pública federal, pero como se verá enseguida, aunque el componente ideológico existía, predominó el pragmatismo pues lo prioritario era garantizar la eficiencia gubernamental.[6] Más que corregir fallas en la relación federal, se trataba de resolver una situación económica extrema, caracterizada por la falta de recursos.[7]

Ante demandas sociales crecientes y el déficit público, el gobierno federal no vaciló en controlar el gasto, reducir partidas y transferir responsabilidades. No fue completamente una convicción federalista, sino una imperiosa necesidad de que otros niveles de gobierno compartieran la tarea. El gobierno federal necesitaba la participación de estados y municipios para resolver las necesidades de una sociedad compleja, que antes había atendido sin interrupciones y sin cuestionar su intervención, porque contaba con ingresos suficientes.[8] Sin la crisis económica y sin el proyecto de reducir la administración pública, el nuevo gobierno no se hubiera planteado necesariamente la revisión de las relaciones intergubernamentales. De ahí que comience, a principios de los ochenta, justo con ese gobierno y con el ascenso de esa nueva élite, un accidentado proceso de descentralización administrativa y el replanteamiento de las facultades de los gobiernos municipales que son los primeros contactos con la población.

---

[6] Entrevista a Genaro Borrego.
[7] Entrevista a Manuel Bartlett.
[8] Entrevistas a Manuel Bartlett y Genaro Borrego.

La descentralización y el municipio libre

Hasta la llegada de Miguel de la Madrid a la presidencia las relaciones administrativas y financiera de los gobiernos estatales con el federal eran prácticamente las mismas en cuanto a la dependencia de los recursos federales. Históricamente, las entidades no han tenido capacidad (y en más de una ocasión, tampoco voluntad) para recaudar sus impuestos, reunir los ingresos suficientes para encargarse de las obras públicas y, al mismo tiempo, mantener un esquema de colaboración federal que ayude a corregir los desequilibrios. Sin recursos propios, los estados han dependido de las partidas que el gobierno central distribuye.

Como ha sido advertido en todos los estudios sobre federalismo, más allá de los principios, la relación ha mantenido una aguda dependencia. La razón, sin embargo, no se encuentra en un deliberado propósito centralizador sino en un principio que hiciera posible controlar las diferencias regionales. Se trata, simplemente, de que la autoridad federal asuma la responsabilidad de diseñar un desarrollo efectivamente nacional. La potestad tributaria de los estados no es secundaria o delegada por la federación sino, por el contrario, originaria,[9] pero la federación la asumió desde muy temprano debido a las extremas diferencias productivas de los estados que acentúan los desequilibrios económicos y sociales. El gobierno federal asumió la tarea de compensarlos y sobre todo de diseñar programas de desarrollo económico nacionales, por lo que era indispensable administrar la recaudación.

Las participaciones federales, desde su formulación en los años cuarenta, han servido para compensar las pérdidas en los ingresos de los estados ocasionados por la recaudación federal, y desde entonces el punto central han sido los montos que se les entregan y, desde luego, los criterios de asignación. Varios fueron los cambios introducidos en el esquema pero sería hasta el gobierno de José López Portillo, con la creación del IVA, que el sistema de participaciones tendería a un mayor grado de certidumbre en sus montos y periodos de entrega,

---

[9] David Colmenares, "Retos del federalismo fiscal mexicano", *Comercio exterior*, núm. 5, mayo, 1999.

que permitiría a los gobiernos estatales programar su inversión. La certidumbre, sin embargo, no eliminaría el problema de que los estados dependieran sustancialmente de esos recursos. Así, mientras en 1965 el 22% de los ingresos de los estados eran federales, para 1975 aumentarían al 51% y cinco años después, con el nuevo esquema, a 60%. A partir de entonces, los recursos federales han aumentado hasta alcanzar más del 80% de los ingresos estatales.[10]

Si los recursos no eran despreciables y, por ende, los mandatarios podían desarrollar inversiones particulares, las obras importantes eran el resultado de la inversión federal directa a través de los programas propios de cada secretaría de Estado. Eran ellas las que en su planeación regular decidían dónde y cuándo poner en marcha un proyecto con la consiguiente inversión federal.[11] Por eso, como ya se ha visto en las páginas anteriores, los gobernadores debía negociar con el presidente y los secretarios indicados, proyectos y recursos específicos. En estricto sentido, esa práctica suponía un alto grado de discrecionalidad puesto que sin reglas claras dependía de la habilidad del gobernador o de sus buenas relaciones obtener recursos adicionales.[12]

La relación tuvo modificaciones importantes. Hacia los años setenta el gobierno federal creó los Comités Promotores del Desarrollo Económico (Coprodes) con el fin de coordinar las inversiones federales con los gobiernos estatales. Al principio, los Coprodes estuvieron integrados solamente por funcionarios federales, lo que provocó la resistencia de los mandatarios que, lejos de considerarlos como un mecanismo de ayuda, los vieron como un nuevo instrumento de intromisión de las secretarías y de los delegados federales. Al principiar el gobierno de López Portillo, los Coprodes cambiaron su estatus e integración, pues dejaron de ser organismos descentralizados de la administración federal y se establecieron como organismos autónomos, uno en cada entidad. Se definieron como órganos de consulta, encargados de diseñar y proponer al ejecutivo federal un programa

---

[10] C. Almada, *La administración...*, op. cit., p. 83; e INEGI, *Finanzas públicas estatales y municipales de México*, INEGI, México, varios años.
[11] Entrevista a Manuel Bartlett.
[12] Entrevista a César Camacho.

anual de inversiones en las entidades. Para lograrlo, cada Coprode era presidido por gobernadores que designaban como sus miembros a los titulares de su gabinete, pero la influencia federal se mantenía mediante el secretario técnico, que era siempre el delegado de la Secretaría de Programación y Presupuesto.[13]

El mecanismo no modificó la dependencia estatal, pero sí trató de mejorar la comunicación y la participación de los estados para que los programas federales incorporaran los proyectos locales. Se trataba de que las inversiones no fueran resultado sólo de la planeación de cada área u organismo federal, sino de las necesidades estatales. A pesar de las resistencias, el mecanismo se convirtió en el mejor medio para obtener recursos adicionales y en especial para desarrollar obras en cada estado. A principios de los ochenta se introduciría un nuevo mecanismo.

Los Coprodes se transformaron en Comités de Planeación para el Desarrollo de los Estados (Coplades). Aunque heredaron la estructura de los Coprodes, incorporaron innovaciones interesantes para la autonomía local, como el que se instalaría mediante la firma de Convenios Únicos de Desarrollo (CUD) entre cada gobernador y el presidente. Cada Coplade elaboraría su programa de inversiones, que una vez aprobado por la SPP, canalizaría los recursos para el desarrollo local.[14] El esquema sólo trataba de establecer reglas para controlar la discrecionalidad de los recursos adicionales a las participaciones federales, pero no trasladaba tareas ni programas a los estados. Por el contrario, las inversiones importantes siguieron en manos de las secretarías de Estado y los CUD canalizaron recursos menores.[15] Los mecanismos de colaboración no hicieron que los estados asumieran más tareas.

No hay evidencias de que las relaciones del gobierno federal con los locales pasaran a otro estadio de colaboración. Por el contrario, a

---

[13] C. Almada, *La administración...*, *op. cit.*, pp. 162-165.
[14] Victoria Rodríguez, *La descentralización en México*, FCE, México, 1999, p. 154.
[15] Enrique Cabrero, "Las políticas descentralizadoras desde el ámbito regional. Análisis de desequilibrios regionales, gasto e ingreso público y relaciones intergubernamentales", en E. Cabrero (coord.), *Las políticas descentralizadoras en México (1983-1993)*, Miguel Ángel Porrúa/CIDE, México, 1998, p. 145.

juzgar por los cambios ocurridos durante los años setenta, no hubo esfuerzos reales por distribuir las responsabilidades públicas, ni siquiera en cuanto a las necesidades más apremiantes, como lo prueba el que durante el sexenio de López Portillo, cuando se introdujeron reformas sustantivas para racionalizar la administración pública, se creara el programa conocido como Coplamar (Coordinación General del Plan Nacional de Zonas Deprimidas y Grupos Marginados), en el que las principales instituciones federales dedicadas a la atención social desarrollaron proyectos en los estados, al margen no sólo de los mandatarios, sino de los propios proyectos de inversión de los organismos. Al terminar el sexenio de López Portillo, el gobierno federal, si bien desapareció el programa en su afán de controlar el gasto, no parecía estar dispuesto a ceder en nada el control de las obras públicas ni menos aún de los recursos. La relación entre gobiernos se encaminó a mantener la dependencia estatal.

Pero con Miguel de la Madrid la política cambiaría radicalmente. Desde el principio de su administración, el presidente se propuso iniciar una descentralización profunda, que supondría no sólo la transferencia de responsabilidades a los diferentes niveles de gobierno, sino también una revisión de las funciones y el tamaño del gobierno federal. El proyecto, sin embargo, estuvo muy lejos de desarrollarse a cabalidad.[16] El cambio de política no respondió solamente a la llegada de una nueva administración sino también a la llegada de una nueva élite, convencionalmente llamada tecnocrática, y a la aguda crisis económica que afectó las finanzas públicas. En condiciones de extrema limitación del gasto, que impedían al gobierno federal encargarse de las obras y servicios sociales, lo racional era trasladar responsabilidades. Pero como se verá enseguida, la urgencia que llevaría a la descentralización será la misma que la haga insostenible, pues el gobierno federal sólo acertó a definir y trasladar tareas, mas no pudo transferir recursos simplemente porque no existían.

La primera medida importante fue la reforma al artículo 115 de la Constitución, relativo al municipio, y que por décadas se había mantenido intocado. La reforma buscaba fortalecer la autoridad de

---

[16] V. Rodríguez, *La descentralización...*, *op. cit.*, 154 y ss.

los municipios y para ello definió sus facultades en tres diferentes aspectos: administrativos, de buen gobierno y políticos. De entre ellos destacan la definición de tareas, como la de tener patrimonio propio, autonomía plena para manejarlo, su facultad para reglamentar, el tipo de servicios que debían prestar, entre ellos el de planificar el desarrollo urbano, y dotarlos con capacidad para suscribir convenios con los gobiernos estatales y con otros municipios. Estas definiciones se acompañaron de otras tres esenciales, como fueron las de establecer que su presupuesto fuese aprobado por el mismo ayuntamiento y ya no por el Congreso local, reconocer la representación proporcional en la integración del cabildo, y las causas por las cuales podría suspenderse un ayuntamiento.[17]

Las primeras reformas estuvieron dirigidas claramente a determinar los asuntos propios de los municipios con miras a que efectivamente pudieran encargarse de algunos asuntos administrativos, pero las últimas tuvieron un impacto directo en su autonomía política. Debido a que el gobernador tenía un control total del Congreso podía presionar de múltiples maneras a los ayuntamientos, tanto con los recursos presupuestales como con una extrema discrecionalidad política. Al permitirle definir su presupuesto, sin la calificación de los diputados locales, los municipios tuvieron una enorme libertad para determinar sus tareas y responsabilidades sin tener que esperar la autorización del gobernador por medio del Congreso. Y esto se fortaleció a partir de entonces gracias a la representación proporcional, que estimuló la competencia partidaria, para entonces ya visible en el ámbito municipal, y amplió el pluralismo en el cabildo. Así el alcalde fuera fiel al gobernador, las presiones de los regidores de la oposición naturalmente llevaron a ejercer las nuevas atribuciones del municipio.

La nueva autonomía se completaba con la tipificación de las causas por las cuales podría suspenderse un ayuntamiento. Puede parecer un detalle menor o un exagerado trabajo jurídico, pero la indefini-

---

[17] E. Cabrero, "Las políticas...", *op. cit.,* pp. 108-109; Mauricio Merino, *Fuera del centro*, Universidad Veracruzana, Jalapa, 1992, pp. 113-116; y V. Rodríguez, *La descentralización...*, *op. cit.,* pp 153-161.

ción daba a los gobernadores una amplia arbitrariedad para remover alcaldes y desaparecer ayuntamientos molestos. Por aquella época, por ejemplo, en Nuevo León el gobernador además de que revisaba y aprobaba presupuestos de los municipios antes que el Congreso local, podía suspender alcaldes por un ambiguo "abuso de poder". En Hidalgo podía nombrar consejos municipales cuando a su juicio los alcaldes "no ejercieran sus funciones", pero sin que se establecieran cuáles eran y, sobre todo, en qué circunstancias no las ejercían. En Yucatán el gobernador estaba facultado para suspender leyes municipales no sólo cuando contravinieran la Constitución local o la federal, sino cuando "lesionaran intereses municipales".[18] La lista podría ser interminable si se contara con los estudios respectivos, pero los ejemplos mencionados revelan con claridad que la iniciativa de De la Madrid no era una invención federal.

La reforma, no obstante sus avances, fue limitada porque no se acompañó del respaldo financiero.[19] Al ampliar y definir sus tareas, así como al permitirle diseñar su presupuesto para atender sus prioridades, los ayuntamientos requirieron de recursos que la federación no les proporcionó en ese entonces. Los alcaldes volvieron la mirada hacia los gobernadores que fueron constantemente presionados para atender las demandas de los gobiernos municipales que, de pronto, se vieron jurídica y políticamente fortalecidos. La reforma, sin proponérselo del todo, revitalizó la política local y naturalmente amplió las responsabilidades de los mandatarios que hasta entonces controlaban con relativa facilidad a su élite. La estabilidad política y la resolución de conflictos, aspectos medulares de la relación con el gobierno federal, se vieron alterados radicalmente con esta reforma. Si como ya lo había advertido Anderson, los conflictos municipales se habían convertido en la principal causa de problemas políticos en los estados, que terminaban con la remoción de gobernadores, con la reforma de 1983 De la Madrid agregó motivos de conflicto que por definición tendría que enfrentar cada gobernador. Desde luego que la habilidad de ellos se puso a prueba, pero el punto esencial es que las

---

[18] C. Almada, *La administración...*, *op. cit.*, pp. 47-48.
[19] Entrevista a César Camacho.

nuevas relaciones no podían ya atenderse bajo el viejo esquema de control federal que hasta las reformas de De la Madrid no suponían responsabilidades administrativas en obras públicas ni tampoco en mayor pluralidad política. Pronto quedó claro para los mandatarios que su margen de acción se estrechaba y se ampliaban los puntos de conflicto con la federación.

El problema se complicó aún más cuando el gobierno federal decidió iniciar la descentralización de algunos servicios particularmente delicados, como fueron los de salud y, el más espinoso, la educación. Muy pronto fue visible que no había un verdadero programa de descentralización y que las decisiones fueron resultado de la oportunidad administrativa o política. Si bien De la Madrid demandó a cada secretaría proponer un plan propio de descentralización y desconcentración, las propuestas fueron tardías y no se materializaron.[20] Sin embargo, en 1983 se presentaron las bases para la descentralización de los servicios de salud y un año después la Ley General de Salud, con las cuales se inició formalmente el proceso. Con ambos instrumentos se distribuyeron las competencias entre los gobiernos federal y estatales de la Secretaría de Salud, el IMSS y el Coplamar. El proceso parecía bien planeado porque en 1985 se decretó la extinción de los Servicios Coordinados de Salud Pública en los estados y dio comienzo la transferencia de responsabilidades, lo que significó entregar a los gobernadores estatales la dirección, coordinación y conducción operativa de la atención médica, salud pública y control sanitario, así como toda la infraestructura física hasta entonces federal, es decir, los bienes muebles e inmuebles.[21]

La descentralización, a pesar de todo, no se cumplió, pues sólo en 14 estados se realizó la transferencia de responsabilidades y servicios. Aunque hubo causas administrativas, uno de los principales obstáculos fue el rechazo abierto de los gobiernos estatales que se negaron a aceptarla por falta de recursos económicos.[22] Pero además

---

[20] V. Rodríguez, *La descentralización...*, *op. cit.*, capítulo IV.
[21] Myriam Cardoso, "El ámbito sectorial. Análisis de la descentralización en el sector salud (1983-1993)", en E. Cabrero (coord.), *Las políticas...*, *op. cit.*
[22] Entrevista a Dulce María Sauri.

de los recursos, el proceso careció de consistencia y planeación, pues además de que el traslado no se acompañó del financiamiento, tampoco supuso una programación por zonas, estados, servicios, etc. En consecuencia, la descentralización de salud fue casuística y dependió mucho de la oportunidad económica y social de cada estado, así como de la disposición de los mandatarios.[23]

En estricto sentido, éste fue el único intento real de De la Madrid por descentralizar tareas del gobierno federal y en su lugar puso toda su atención en reducir el tamaño de la administración pública y, por supuesto, en controlar el gasto. Tal vez fuera ésta la causa esencial de que no se ampliara el proyecto y que el único intento dejara mucho que desear. No habría otro hasta el sexenio de Carlos Salinas, y como todo parece indicar, fue motivado más por razones políticas que por un verdadero propósito de racionalidad administrativa. Si bien desde los años sesenta se registran propuestas e incluso algunos intentos por federalizar la educación, nunca se presentó el programa destinado a ello. Por el contrario, durante décadas la Secretaría de Educación Pública (SEP) asumió plenamente las tareas educativas y apenas en 1973 se publicó un decreto presidencial para delegar funciones de todas las secretarías a los estados, incluida la SEP. El intento no prosperó, y por el contrario, bien puede pensarse que se dio marcha atrás, pues en 1978 la SEP estableció 31 delegaciones federales en los estados para atender el servicio, lo que implicó que la mayoría de las entidades dejaran en manos de la federación el asunto.[24]

Fue en 1992, cuando el gobierno de Salinas publicó el Acuerdo Nacional para la Modernización de la Educación Pública, que se inició la descentralización de los servicios. A diferencia de lo ocurrido con los servicios de salud, este proceso fue inmediato y abarcó la totalidad de los estados. La urgencia y la falta de antecedentes reales de

---

[23] Entrevista a César Camacho. René Leyva Flores, *La descentralización municipal de los servicios de salud en México*, cuadernos de divulgación, núm. 42, Universidad de Guadalajara, Jalisco, 1993.

[24] Alberto Arnaut, *La federalización educativa en México: historia del debate sobre la centralización y la descentralización educativa, 1889-1994*, SEP, México, 1998; y Carlos Ornelas, "El ámbito sectorial. La descentralización de la educación en México. El federalismo difícil", en E. Cabrero (coord.), *Las políticas..., op. cit.*, p. 282.

una demanda por descentralizar la educación, sobre todo proveniente de los propios gobiernos locales, revela que la causa era política y no administrativa, y concretamente buscaba fragmentar el poder del SNTE. Así lo prueba la decisión con que se emprendió la tarea a pesar de la resistencia de muchos estados que, como con los servicios de salud, se negaron a recibirlos. En el mismo año de 1992, el gobierno federal desincorporó y transfirió a las entidades más de 100 000 edificios escolares e inmuebles diversos; más de 22 millones de bienes muebles; 513 000 plazas de maestro y más de 115 000 de puestos administrativos, con prestaciones y derechos sindicales.[25]

La descentralización física contrastó con el limitado traslado de responsabilidades, pues la federación retuvo las funciones básicas, como fueron las de determinar los contenidos y requisitos pedagógicos de los planes y programas de estudio en educación básica y normal, así como su evaluación, la formación y capacitación de los maestros, y la revalidación y equivalencias de estudios. En contraste, los estados sólo prestaron los servicios y operaron el sistema.[26] La federalización tampoco logró el principal propósito que era fragmentar el sindicato, pues las negociaciones salariales se mantuvieron como un asunto federal, de tal manera que es la SEP la que establece los acuerdos con independencia de los estados.

Y aunque esta vez sí hubo recursos financieros para atender el proceso y la federación mantuvo los sueldos,[27] en los estados donde ya se contaba con atención educativa, como el Estado de México, Nuevo León y Baja California, se homologaron los sueldos, lo que supuso una presión económica adicional para el gasto estatal. El punto era crítico porque la casi totalidad de los recursos que se enviaron a los

---

[25] C. Ornelas, *ibid.*, p 290.
[26] *Idem.*
[27] Prácticamente desde que se establecieron las delegaciones generales, la SEP destinó una partida especial para atender la prestación de los servicios educativos. A partir de 1992, con la federalización, esa partida se convirtió en el ramo 25 del presupuesto federal a cargo de la SEP, que se entrega a los estados para sostener los servicios transferidos. Además, existen otros programas de apoyo dirigidos a temas y asuntos específicos de la educación. Alberto Arnaut, *Financiamiento y negociación salarial del sistema educativo federalizado (1992-2006)*, en prensa.

estados a cuenta de la educación, se destinaron al pago de salarios, no al mantenimiento u operación de los sistemas locales, que se mantuvieron bajo el cuidado del gobierno estatal.[28] Así, aunque se contó con recursos, éstos fueron insuficientes para atender adecuadamente los servicios y los gobiernos resintieron mayores presiones financieras. Ha sido de tal magnitud el problema que desde 1993 se han presentado amenazas estatales de devolver los servicios si la federación no aumenta los recursos. A fines de 1993 fue Baja California, pero en 2001 y 2002 lo han hecho Oaxaca, Tlaxcala y Zacatecas.[29]

Las experiencias descentralizadoras tuvieron enormes consecuencias para los estados. Para todos supuso una ampliación de responsabilidades administrativas, económicas y sociales que recaían ahora directamente en los gobernadores y ya no en el gobierno federal. A los ojos de los ciudadanos ya no era el *centro* el responsable de las deficiencias de los servicios, sino el mandatario local. A partir de entonces los gobiernos estatales vieron incrementarse las demandas sociales y tuvieron que hacerse cargo de nuevos problemas, como los sindicales, que antes no existían y que constituyen una fuente particularmente grave de problemas sociales y políticos. El proceso implicó un importante desafío para los mandatarios porque los colocaba ante la decisión de ampliar su control sobre las políticas y con ello reafirmar su autonomía frente a la federación, así como asumir nuevas y complejas responsabilidades.

Hubo gobernadores que vieron en las decisiones federales una oportunidad para redefinir instituciones y programas. Yucatán, por ejemplo, logró que el presidente accediera a entregar al gobierno local la administración de Cordemex y del henequén, que había sido desde los años cincuenta un permanente dolor de cabeza por el control de los recursos. Como lo recuerda Sauri, Salinas gustoso aceptó devolverlos, pero implicó que la gobernadora se esforzara en la búsqueda de más recursos, pues además de las obras regulares, debía conseguirlos para la educación, Cordemex y el henequén. De ahí que

---

[28] Gustavo Merino, "Federalismo fiscal: diagnóstico y propuestas", en Arturo M. Fernández, *Una agenda para las finanzas públicas de México*, México, ITAM, 2001.

[29] A. Arnaut, *Financiamiento..., op. cit.*

para muchos el proceso federal fuese una simple "descentralización de problemas", toda vez que las transferencias administrativas no se acompañaron de recursos para atenderlos.[30]

Una primera consecuencia de este proceso fue la obligada modernización de las administraciones locales, en parte provocada por la que se inició en el gobierno federal desde los años ochenta, pero sobre todo por la transferencia de servicios. El traslado de tareas, empleados y bienes de todo tipo, así como de recursos, sacudió a los gobiernos locales y los obligó a crear dependencias nuevas y a revisar muchas de las que ya tenían. Basta detenerse en los servicios de salud y educación para entender el tamaño del desafío que enfrentaron los gobernadores.

Toda vez que el gobierno federal prestaba los servicios, las administraciones locales no contaban con dependencias propias en esas áreas, cuando mucho tenían alguna encargada de la comunicación con las delegaciones federales. Al consumarse la transferencia de servicios, los estados tuvieron que establecer organismos nuevos, aunque las más de las veces simplemente aprovecharon las mismas delegaciones. Por ejemplo, en 1992, cuando se decretó la federalización educativa, la mitad de las entidades no tenía ninguna dependencia propia destinada a la educación, y en el resto se trataba de organismos menores, del todo incapaces de hacerse cargo de la nueva encomienda. De tal manera que en ese año las delegaciones asumieron un carácter estatal e incluso muchos de los funcionarios responsables, designados originalmente por la SEP, se convirtieron en secretarios del gobierno local.[31]

Era claro que las nuevas responsabilidades demandaban revisar la administración del estado en cuanto a la especialización y actualización de las instituciones, pero también en cuanto al tipo de funcionarios, en calidad y en número. La respuesta inmediata de todos los estados fue hacer correspondiente la estructura local a la federal, y empezaron por abandonar el viejo esquema de las direcciones generales dependientes de la Secretaría General de Gobierno, que en los

---

[30] Entrevista a Dulce María Sauri.
[31] A. Arnaut, *La configuración histórica de la administración y los administradores de la educación básica en México, 1950-2000*, trabajo inédito, 2000, p. 177 y ss.

hechos equivalía a convertir a esa instancia en la verdadera responsable de la administración y el gobierno.

En realidad, como ya se explicó en los capítulos previos, debido a la falta de tareas públicas reales, la administración era tan simple que el secretario General de Gobierno se encargaba de ella mientras el gobernador se ocupaba por completo de la política local. Como se aprecia en el cuadro 5, hacia 1997, última fecha en la que existe información de todos los estados, la estructura de gobierno continuaba siendo pequeña, relativamente simple, pero se encaminaba ya a diferenciar las funciones y prestar mayor atención a los asuntos sociales. La ampliación de dependencias obligó a que el gobernador asumiera la responsabilidad de la administración y definió al secretario General de Gobierno como responsable de la política interna y no como jefe de la administración.

El principal cambio fue separar de ese organismo central el resto de dependencias y otorgarles el rango de secretarías, subordinadas directamente al jefe del ejecutivo y ya no al secretario de Gobierno. Con todo, la separación muchas veces se restringió a estas dos operaciones sin involucrar una verdadera revisión y puesta al día de sus tareas, lo que llevó a una simple equivalencia con la estructura del gobierno federal. Es por ello que si bien la mayoría de las entidades posee entre diez y catorce secretarías, todavía hay otras en las que su número es el mismo que antes de las reformas. Que se trató más de igualar que de modernizar se aprecia con mayor claridad cuando se observa que no había una clara distinción de funciones y por tanto de rangos de autoridad. Aún existían estados (como Baja California) que contaban con secretarías y direcciones generales que gozaban del mismo nivel pero, en apariencia, no desarrollaban tareas equivalentes. Más aún, la misma estructura de las secretarías conservaba la sencillez de otros tiempos, en los que la poca complejidad de sus responsabilidades no los obligaba a ensayar una desagregación especializada. De las quince entidades en las que fue posible determinar los niveles inferiores, seis tenían subsecretarías como instancias inmediatas a la titularidad de la dependencia, que a su vez podían desagregarse indistintamente en direcciones generales o direcciones de área. Pero otras cuatro pasaban directamente a las direcciones generales y una a la dirección de área. La poca diferenciación funcional o especializada se advierte con nitidez en el hecho de que tres estados contaban tanto con subsecretarías como con direcciones generales y una con direcciones generales y direcciones de área.[32]

Un indicador de la escasa complejidad administrativa se encuentra en que la Oficialía Mayor seguía siendo centralizada en todos los estados y no asignada a cada dependencia. Lo que cambia, otro signo de la sencillez, es solamente su ubicación. En diez entidades la Oficialía Mayor era una instancia de similar rango a las demás, pero en once se había convertido en Secretaría de Administración y en otras diez se había integrado a otra secretaría, usualmente la de Finanzas.[33] Como se ve, ninguna secretaría o dirección general es lo suficientemente compleja como para contar con una oficialía propia; o dicho al contrario, es tan sencilla la estructura administrativa estatal que puede manejarse centralmente su operación interna.[34] Con la excepción, bastante comprensible dado el proceso de descentralización, de algunas secretarías, como la de Finanzas, que maneja los recursos presupuestales y en general los ingresos del estado, y las de Educación y Salud, precisamente las áreas descentralizadas por la federación. Aunque el impacto inmediato no significó una transformación radical de la estructura administrativa, sí introdujo un principio de diferenciación funcional que obligó al gobernador a asumir la doble tarea de atender la administración y la política locales.

---

[32] De esta situación se salva el gobierno del Distrito Federal que siempre ha tenido una estructura muy compleja y similar a la federal, debido tanto a su larga dependencia administrativa del ejecutivo federal, como a los problemas de la Ciudad de México.

[33] También en esto se advierte la diferente percepción de la tarea. Mientras en algunos estados esta secretaría (equivalente, en general, a la federal de Hacienda) se llama de Finanzas, en otras lleva el nombre de Planeación, Hacienda y Tesorería o Contraloría y Desarrollo Administrativo, nombres que alguna vez se originaron en la misma administración federal.

[34] Instituto Nacional de Administración Pública, *La administración local en México*, 3 t., México, 1997.

Cuadro 5
Tamaño de la administración pública estatal, 1997

Entidad	Número de secretarías	Rango inmediato inferior	Número de dependencias descentralizadas y centralizadas	Personal ocupado	Mandos superiores
Aguascalientes	6	Subsecretarías	19	5502	189
Baja California	6 (1)	Direcciones (2)	21	17790	nd
Baja California Sur	7	nd	29	2756	309
Campeche	10	nd	40	22405	753
Coahuila	10	Direcciones Generales	33	6700	71
Colima	13 (3)	Direcciones Generales y Direcciones	7	2346	216
Chiapas	14	nd	nd	18736	nd
Chihuahua	9 (4)	nd	20	6489	760
Durango	9	Subsecretarías	16	3535	294
Guanajuato	9	nd	25	nd	nd
Guerrero	13	nd	28	15787	916
Hidalgo	7	Direcciones Generales	nd	5083	nd
Jalisco	14 (3)	Subsecretarías (5)	nd	16550	nd

Estado de México	12	Subsecretarías y Direcciones Generales	22	41 684	2 517 (6)
Michoacán	14	nd	26	8 987	647
Morelos	10	nd	30	5 846 (3)	1 097 (6)
Nayarit	8	Subsecretarías	10	7 456	nd
Nuevo León	10 (3)	Subsecretarías	32	12 649	nd
Oaxaca	12	nd	28	12 123	884 (6)
Puebla	12	Subsecretarías (7)	nd	23 921	269
Querétaro	12	nd	30	2 810	866
Quintana Roo	11	nd	24	4 376	442
San Luis Potosí	8	Direcciones Generales (8)	nd	nd	nd
Sinaloa	10	nd	14	18 498	59
Sonora	12	nd	47	13 595	1 180
Tabasco	11	Subsecretarías y Direcciones Generales	24	nd	nd
Tamaulipas	10	nd	nd	5 338	685
Tlaxcala	11	nd	nd	19 368	517 (6)
Veracruz	10	Direcciones Generales (9)	66	48 449	nd
Yucatán	12	nd	30	5 232	154
Zacatecas	9	Subsecretarías y Direcciones Generales	nd	765	43

Notas:

[1] Existían siete direcciones generales con igual rango que las subsecretarías.
[2] Sólo había una subsecretaría en la Secretaría de Planeación y Presupuesto.
[3] Datos para 1999.
[4] Sólo había una secretaría (de Gobierno) y una Procuraduría General de Justicia. Las siete restantes son direcciones generales con igual rango.
[5] Solamente había información para la Secretaría General de Gobierno. De acuerdo con el organigrama publicado en esta fuente, las secretarías dependían directamente de la Secretaría General de Gobierno.
[6] Incluía mandos superiores y medios.
[7] En la Secretaría General de Gobierno y la Procuraduría General de Justicia había subsecretarías.
[8] Existían tres subsecretarías en la Secretaría General de Gobierno.
[9] Existía una subsecretaría en la Secretaría de Educación Pública.

Fuentes:

1997: INAP, *La administración local en México*, 3 t., INAP, México, 1997.
1999: INAP, *Profesionalización de servidores públicos locales en México*, 3 tomos, 1999.

Otro aspecto importante que revela cuál era la principal preocupación de los mandatarios, fue especializar la secretaría de Finanzas para manejar con alguna eficiencia los recursos y hacer frente a las múltiples demandas. El mismo nombre de las secretarías indica que se abandonaba la vieja y tradicional idea del control presupuestal como simple "caja general" que recibía y asignaba recursos a pocas tareas y dependencias.

La diferenciación y especialización de las dependencias llevó consigo otra importante transformación en torno del funcionariado estatal pues hasta entonces, y por las mismas razones de dependencia federal, los gobiernos no necesitaban que sus funcionarios tuvieran experiencia y conocimiento en asuntos específicos de la administración pública. A partir de la descentralización los gobernadores tuvieron que poner mucha más atención en la preparación de los funcionarios, no sólo para atender las tareas sino para evitar problemas sociales. En un principio, los mandatarios recurrieron a funcionarios federales ante la falta de personal local especializado, pero paulatinamente volvieron la mirada hacia los estados debido a las crecientes protestas locales que demandaban designar oriundos, y en especial porque esta queja comenzaba a ser una bandera electoral, altamente aprovechable por los partidos de oposición. Con el tiempo, el cambio administrativo se convirtió en un incentivo para mejorar la calidad de los gobiernos y de los funcionarios.[35]

Las experiencias descentralizadoras de Miguel de la Madrid y Carlos Salinas, al menos en cuanto a los servicios de salud y educación, parecían marcar una nueva política que con diferente ritmo terminaría por trasladar funciones sustantivas a los estados. Sin embargo, el propio Salinas, responsable directo de estos procesos como funcionario y después titular de la SPP en los años previos, dio un giro a la política y, contrariamente a lo que se preveía, centralizó de nuevo en el gobierno federal, y en particular en la presidencia, las obras públicas, los recursos y las decisiones de política. No sólo controló los procesos,

---

[35] Peter M. Ward y Victoria E. Rodríguez, "New Federalism, Intra-governmental Relations and Co-governance in Mexico", *Journal of Latin American Studies*, núm. 3, octubre de 1999.

sino que asumió su asignación por encima de gobernadores, presidentes municipales y las propias secretarías de Estado. Con el Programa Nacional de Solidaridad (Pronasol), Salinas dio al traste con el proceso de descentralización y, lo peor de todo, dañó gravemente las instituciones y las prácticas que el sistema había mantenido entre gobiernos y jefes de los ejecutivos. Tanto en el terreno administrativo y financiero, como en el político, Salinas rompió los controles y acuerdos que habían distribuido las responsabilidades y que habían mantenido tanto la estabilidad local como la tácita subordinación de los gobernadores.

El regreso al centralismo

A pesar de la falta de planeación en sus orígenes, el proceso de descentralización parecía que se encaminaba a consolidar no sólo la transferencia de servicios sino, lo más apremiante, de los recursos. Sin embargo, el nuevo gobierno rompió esa aparente lógica e introdujo más problemas de coordinación. Si se revisa la trayectoria de Salinas, la nueva política es incomprensible, pues él fue el funcionario más cercano a De la Madrid cuando ambos llegaron a la SPP en los tiempos de López Portillo y desde ahí diseñaron el esquema de racionalización y control presupuestal que distinguió el sexenio 1982-1988. La firmeza con la que Salinas manejó el gasto público como titular de la SPP y la reducción del tamaño y responsabilidades del gobierno federal indicaban que el proceso se profundizaría cuando se convirtiera en el siguiente jefe del ejecutivo. No obstante, la controversial elección presidencial de 1988 que enfrentó a Salinas tanto con una fuerte oposición partidaria como con la vieja élite priísta, llevó al presidente a diseñar una política que, por un lado, le diera la legitimidad cuestionada por los comicios y, por otro, le asegurara el control absoluto de su proyecto modernizador. El Pronasol fue un excelente instrumento para lograrlo porque contó con enormes recursos para atender demandas sociales y se mantuvo como un programa centralista en manos del propio presidente, con el cual podía entregar los financiamientos directamente, sin negociar ni menos aún acordar con los gobernadores. Salinas recuperaría legitimidad mediante obras sociales y al mismo tiempo emplearía el Pronasol para romper las bases de apoyo social y político de los mandatarios.[36]

El Pronasol fue una manera de probar que las políticas destinadas a disminuir el tamaño del Estado y del gobierno no suponían necesariamente desatender los problemas sociales más urgentes, incluidos los de la pobreza extrema. En rigor, los fondos del programa se formaron con la intensa desincorporación de empresas paraestatales y, en menor medida, con los ahorros provenientes del cierre de organismos descentralizados. Sin dañar el presupuesto federal, y en especial sin aumentar el gasto público, al cual esa generación hacía responsable de la crisis, Salinas pudo poner en marcha significativos proyectos sociales y económicos, primero dirigidos a obras urbanas y luego a infraestructura, financiamiento, educación, etc., que se aplicaban directamente a comunidades necesitadas. La centralización en el control de los recursos también respondía, aunque parezca paradójico, a principios de racionalidad y eficiencia, pues el gobierno de Salinas estaba convencido de que la administración pública estaba tan burocratizada que no podía atender con la rapidez y oportunidad debidas las demandas de la población. Desde su punto de vista, si los recursos se integraban al gasto público y a los programas de inversión regulares de las secretarías y organismos federales, sólo se estimularía la inflación y se postergaría indefinidamente la solución de los problemas sociales.

De ahí que Pronasol estuviera dirigido por una comisión central, integrada por los titulares de nueve secretarías, el entonces regente del Distrito Federal y directores generales de seis organismos descentralizados, todos relacionados con la hacienda pública y las tareas sociales. Sin embargo, el presidente Salinas era también el presidente de la comisión y quien en realidad aprobaba los proyectos.[37] Las deman-

---

[36] Wayne A. Cornelius *et al.*, "Mexico's National Solidarity Program. An Overview", en Wayne A. Cornelius, *et al.* (eds.), *Transforming State Society Relations in Mexico*, Center for US-Mexican Studies, University of California, San Diego, 1994; y Moritz Kraemer, "Programa Nacional de Solidaridad. Poverty and Power Politics in Mexico", en *Indebtedness, Economic Reforms and Poverty*, Universität Gottingen-Vervuert, Frankfurt, Alemania, 1995.

[37] Entrevistas a Manuel Bartlett y Diódoro Carrasco. Miguel Székely, *El Programa Nacional de Solidaridad en México*, cuaderno núm. 384, PREALC/OIT, diciembre de 1993, p. 15.

das de apoyo las presentaban los Comités de Solidaridad formados por comunidades indígenas, campesinas o colonias populares. Ellos definían asuntos y prioridades, y cuando se aprobaban los proyectos también se encargaban de administrarlos, ejecutarlos y evaluarlos.[38] Algunos programas eran manejados por los municipios, pero eran los menos y con frecuencia las comunidades y Comités de Solidaridad manejaban más recursos que el propio municipio, de tal manera que se convertían en gobiernos paralelos, altamente eficaces, que por su propia naturaleza no rendían cuentas institucionales.[39] Si los alcaldes no eran tomados en cuenta para la administración de los recursos ni para definir las prioridades, tampoco lo eran los gobernadores, quienes a pesar de que formalmente podían integrarlos en las CUD y los Coplades, tenían muy poco control de los programas. Como era de esperarse, si los Comités de Solidaridad podían solicitarlos libremente, no había ningún estímulo para que sometieran los proyectos a los alcaldes o mandatarios.

El centralismo del programa y la discrecionalidad en la asignación de los fondos permitió a Salinas entregar recursos sin tomar en cuenta a los gobernadores e incluso seleccionar a comunidades y municipios que ellos, por cualquier razón, preferían, incluso sin que mediara solicitud alguna.[40] El motivo no podía ser administrativo ni de racionalidad financiera, impensable en un convencido de ellos como lo era Salinas, lo que indica que la razón era política. En realidad, Salinas, consciente de que los mandatarios tenían plena libertad para manejar los recursos y construirse apoyos políticos, buscaba romper con las bases sociales tradicionales de los gobernadores y con el control presupuestal que les daba poder y capacidad para crear clientelas políticas y electorales. Por eso, contra toda ortodoxia económica, fue

[38] M. Székely, *ibid.*, p. 17.
[39] Véanse las experiencias reunidas en Blanca Acedo (coord.), *Solidaridad en conflicto. El funcionamiento de Pronasol en municipios gobernados por la oposición*, Nuevo Horizonte Editores, México, 1995, en especial el ensayo sobre Mérida.
[40] P. M. Ward y V. Rodríguez, "New Federalism...", *op. cit.*, p. 677; M. Kraemer, "Programa...", *op. cit.*, p. 155; y John Bailey, "Centralism and Political Change in Mexico: The Case of National Solidarity", en W. A. Cornelius *et al.* (eds.), *Transforming...*, *op. cit.*, p. 117.

altamente centralizador y dañó la autonomía local.[41] Los gobernadores dependían íntegramente de los ingresos federales normales (participaciones y las CUD), que si bien daban certidumbre presupuestal, no les proporcionaban recursos adicionales. En esas condiciones, los mandatarios tenían que extremar las buenas relaciones con el presidente y con sus secretarios, lo que significaba, al final de cuentas, aceptar o al menos no oponerse al proyecto presidencial.[42]

En el manejo de los recursos Pronasol fue fundamentalmente un instrumento de control político sobre los gobernadores, como lo prueba el que no todos los mandatarios fueran marginados. Para algunos, ésa no fue una condición obligada sino una posibilidad que dependía de la habilidad e interés de los mandatarios.[43] Para Sauri, por ejemplo, Solidaridad era un instrumento adicional para obtener recursos porque convocaba a los comités, participaba en ellos y estaba al tanto de sus propuestas o, cuando no era posible por la resistencia de los grupos, acudía a la Secretaría de Desarrollo Social para conocer el destino de los financiamientos. De esta forma, la gobernadora intervenía y hasta cierto punto colaboraba en la aplicación de los programas. Desde luego, como lo prueba su experiencia y la de otros mandatarios de la época, esa posibilidad dependía de la identificación con el proyecto presidencial.[44] Para ellos, el esquema de Salinas si bien rompía las normas institucionales, no era del todo criticable pues, por un lado, daba certidumbre presupuestal por medio de los convenios anuales y las partidas federales y, por otro, canalizaba recursos adicionales para atender necesidades sociales. Al tomar parte en ese programa, el gobernador ganaba apoyos sociales que, por supuesto, compartía con el presidente. Pero ése no fue el caso generalizado, como lo prueban las evidencias.

El proyecto de Solidaridad no sólo afectó las bases sociales de los gobernadores e incluso sus funciones institucionales, sino que dañó a los organismos y programas públicos, así como al propio proceso

---

[41] Entrevista a César Camacho. W. A. Cornelius *et al.*, "Mexico's...", *op. cit.*, p. 12.
[42] Entrevistas a Dulce María Sauri y Diódoro Carrasco.
[43] Entrevistas a Dulce María Sauri y Genaro Borrego.
[44] Entrevistas a Dulce María Sauri y Diódoro Carrasco.

de descentralización que comenzara una década atrás.[45] En el pasado, aunque las secretarías y dependencias federales controlaban las obras, al menos las sujetaban a la normatividad y programación institucional. Con el Pronasol, los organismos fueron marginados en el diseño, programación y ejecución de las obras. Era el Pronasol y el presidente quienes decidían e imponían proyectos paralelos, que una vez desarrollados debían atender y preservar las dependencias federales con los recursos del gasto público corriente.

La afectación también llegó a las relaciones institucionales entre gobiernos. Los términos y las condiciones de la colaboración federal se alteraron profundamente porque los convenios y comités promotores, que con todas sus limitaciones permitían la intervención estatal y proporcionaban recursos adicionales seguros, fueron sometidos a las necesidades del Pronasol. Por otro lado, el proceso de descentralización, que tenía cierta lógica administrativa y se encaminaba a ampliar las responsabilidades de los gobiernos locales, fue bruscamente detenido.[46] Pronasol y Salinas fueron exactamente en el sentido contrario, pues fortalecieron el centralismo, al gobierno federal y restaron autonomía a los estados.

Los gobernadores que no compartían la visión presidencial y por ende resultaban afectados por el Pronasol, no sólo vieron reducirse su capacidad para atender demandas sino que vieron aumentar las presiones. Para cuando Salinas instituyó el programa, los estados ya tenían varias responsabilidades nuevas y en especial, fuertes apremios financieros que el gobierno federal no atendía adecuadamente. Al operar Pronasol, con total independencia de ellos y de los alcaldes, presenciaron cómo la obra pública regresaba a la federación y ellos conservaban los apremios. La autonomía conseguida hasta entonces se vio limitada por un proyecto presidencial que no era compartido por todos. Y lo más importante es que no era de naturaleza administrativa o económica, sino profundamente política pues, como se verá en el capítulo siguiente, estos problemas se acompañaron de fuertes

---

45 Entrevista a Manuel Bartlett.
46 E. Cabrero, *Las políticas...*, *op. cit.*, y P. M. Ward y V. Rodríguez, "New Federalism...", *op. cit.*

presiones políticas y electorales que en primera instancia enfrentaron los gobernadores y después, cuando llegaban a Los Pinos, se convertían en imposiciones presidenciales que algunas veces terminaron con el retiro sin contemplaciones de los gobernadores.

El proyecto, a pesar del convencimiento presidencial, no lograría consolidarse y daría otro giro inesperado cuando Ernesto Zedillo se convirtiera en el nuevo presidente. No es posible saber cuál habría sido el destino del Pronasol y del proyecto político de Salinas si su candidato, Luis Donaldo Colosio, se hubiera convertido en su sucesor. Lo cierto es que su asesinato, entre las muchas alteraciones políticas que provocó, abrió la puerta para que un economista extremadamente racionalista y ortodoxo como Zedillo, ocupara su lugar. Para alguien como él, firmemente convencido de la necesidad de repartir obligaciones y ejercer controladamente el gasto, el programa de Salinas era una aberración administrativa y financiera que además se empleaba con fines políticos. Para él, era imperativo corregirlo, más aún en medio de otro episodio de la crisis económica más severa que las conocidas hasta entonces. Zedillo, en esa lógica, eliminaría el Pronasol y construiría un esquema de financiamiento de los estados que daría certidumbre y un enorme poder económico y político a los gobernadores.

Presupuesto, base de la autonomía estatal

Si Salinas puso en práctica el Pronasol, que significaba la inversión de grandes recursos económicos que aunque no pasaran por el gasto público sí afectaban la economía nacional, fue en buena medida porque esa economía mostraba una notable estabilidad e incluso parecía encaminarse al crecimiento sostenido.[47] Las severas políticas de estabilización aplicadas por el propio Salinas como secretario de la SPP durante el gobierno de De la Madrid, habían sido tan exitosas que para cuando ocupó la presidencia le permitieron pensar en el de-

---

[47] Pedro Aspe, *El camino mexicano de la transformación económica*, FCE, México, 1993.

sarrollo y, desde luego, en utilizar los recursos disponibles para otros propósitos, sin afectar nuevamente las condiciones generales de la economía del país. Salinas, además de su certeza en la racionalidad económica, estuvo convencido de que debía promover un nuevo proyecto político para México. Zedillo solamente compartió la primera condición. Para él, la política fue un ámbito que debía regirse por la democracia, pero sin mayor vigilancia que la ley.

Apenas iniciada la nueva administración, el gobierno enfrentó nuevamente la crisis económica, reflejada en el crecimiento inflacionario, el virtual agotamiento de las reservas federales y el quiebre del sistema financiero. De nueva cuenta, el gobierno regresó al control presupuestal y restringió el gasto y la inversión pública. Zedillo no sólo estaba convencido de la necesidad de vigilar el gasto, al igual que toda la generación a la que pertenecía, sino que se vio obligado a imponerlo por la emergencia de la crisis. Y de nuevo insistió en la disminución de las tareas del gobierno federal y buscó la colaboración de los estatales. El aspecto crítico fue, como había sido desde los inicios de los años ochenta, el financiamiento. Zedillo se concentró en la racionalidad presupuestal y en dar certidumbre a las finanzas estatales. El mecanismo fue emplear las regulaciones fiscales.

El primer aspecto que corrigió Zedillo fue el polémico Pronasol, por las distorsiones presupuestales y administrativas que había provocado y por el hecho de que empleaba los recursos públicos con propósitos de naturaleza política, lo que a los ojos de Zedillo era inaceptable. Y para lograrlo retomó una medida que durante el gobierno de De la Madrid Salinas había utilizado para corregir los financiamientos del Coplamar, el programa hermano de López Portillo. Durante el sexenio de De la Madrid se creó el ramo 26 en el presupuesto de egresos de la federación para atender los aspectos sociales, en especial los de mayor pobreza, en los estados. La corrección técnica no fue respetada por Salinas, quien trasladó el ramo 26 íntegramente al Pronasol y a pesar de que normativamente formaba parte del presupuesto federal y, por lo tanto, debía someterse a la vigilancia legislativa, fue manejado sin intermediaciones por el presidente.[48]

---

[48] J. Bailey, "Centralism and Political...", *op. cit.*, pp. 109-110.

Zedillo retomó el principio original y comenzó una gradual reorganización de los recursos. De 1995 a 1997, el Pronasol, otra vez como ramo 26 del presupuesto, se organizó en fondos específicos cuyos recursos fueron enviados a los estados para que sus gobiernos los aplicaran mediante la figura de las *transferencias*.[49] En 1995 se dividió en cinco fondos que procedían casi por completo del esquema original del Pronasol:
- Solidaridad Municipal.
- Desarrollo de los Pueblos Indios.
- Atención a Grupos Sociales.
- Promoción del Desarrollo Regional.
- Empresas para Solidaridad.

Un año después comenzó una reorganización profunda que se distanciaba del Pronasol y que privilegiaba el apoyo a los municipios y la educación. Zedillo deseaba romper con el criterio de las necesidades generales y sobre todo restablecer el reconocimiento a las instituciones, no a grupos sociales. En 1996 el ramo 26 se redujo a tres fondos:
- Desarrollo Social y Municipal.
- Prioridades Estatales.
- Promoción del Empleo y la Educación.

La reorganización favoreció directamente a los municipios, porque con el primer fondo ejercieron cerca del 65% de financiamiento total y se diseñó una fórmula para distribuir sus recursos de acuerdo con indicadores de pobreza y rezago social. Finalmente, en 1997 el ramo contó sólo con dos fondos:
- Desarrollo Social Municipal.
- Desarrollo Regional y el Empleo.

---

[49] Poder ejecutivo federal, *Programa para un nuevo federalismo, 1995-2000*, Poder ejecutivo federal, México, 2000, pp. 77-90.

El primero fue el más importante porque concentró 62% de los recursos.[50] Al presentarse en noviembre de 1997 la iniciativa de ley del presupuesto federal para 1998, el gobierno de Zedillo eliminó las *transferencias*, redefinió el ramo 26 y creó el ramo 33, llamado desde entonces Aportaciones Federales para Entidades Federativas y Municipios. Se integró con cinco fondos:
- Educación Básica y Normal.
- Servicios de Salud.
- Infraestructura Social (que se dividió a su vez en Infraestructura Social Estatal e Infraestructura Social Municipal).
- Aportaciones Múltiples.
- Fortalecimiento de los Municipios y el Distrito Federal.

En 1999 se agregarían dos fondos más: Seguridad Pública y Educación Técnica y para Adultos, y se excluyó a la capital del país del destinado al Fortalecimiento de los Municipios. Con estas medidas Zedillo eliminó definitivamente el Pronasol, reintegró el financiamiento a la programación y vigilancia presupuestal, y definió los rubros de la atención social hacia los servicios descentralizados una década atrás y a la pobreza extrema. Con todo ello, el nuevo gobierno cerraba el ciclo de desincorporaciones iniciado en los ochenta y corregía el financiamiento a carencias extremas que había introducido Salinas. Así lo prueba el que a partir de 1998 casi 70% de las *aportaciones* lo concentra el fondo para la educación básica y normal, que había sido la principal fuente de apremios económicos de los estados, y que se definiera el Índice Global de Pobreza con el que se integran los recursos del Fondo para la Infraestructura Social que, básicamente, asumió el ramo 26, Pronasol. Más allá de lo adecuados que puedan ser los coeficientes con los que se calcula, lo cierto es que el índice constituye un criterio objetivo de asignación que beneficia directamente a las zonas marginadas, campesinas e indígenas, y que a partir de esa fecha se ha concentrado en Chiapas, Guerrero, Hidalgo, Estado de México, Oaxaca, Puebla y Veracruz, los estados con mayor

[50] *Ibid.*, p. 85.

población de ese tipo.[51] Por más que pueda ser perfectible, el nuevo esquema reduce la discrecionalidad del gobierno federal y canaliza fuertes recursos a los estados con una mayor seguridad.

Zedillo puso su atención en el financiamiento y ya no en la descentralización de servicios, sin embargo, sí introdujo un elemento que restó influencia a las secretarías de Estado, pues aceptó negociar con los gobernadores el nombramiento de los delegados federales. La práctica tenía algunos antecedentes pues como lo recuerda Pedro Zorrilla, gobernador de Nuevo León en los años de 1973 a 1979, los ejecutivos "orientaban" las designaciones e incluso intentaban recomendar nombres y aunque a veces lo conseguían, nunca tenían éxito con los organismos y dependencias más importantes. A cambio sí podían vetar nombramientos.[52] En contraste, Zedillo sí lo permitió, de tal manera que los delegados de secretarías y organismos centrales fueran amigos o conocidos de los gobernadores.[53] El resultado fue establecer canales directos de comunicación con las dependencias federales y los delegados dejaron de actuar conforme a las orientaciones de las secretarías para atender las indicaciones de los mandatarios. Sin obtener más responsabilidades, los ejecutivos locales ampliaron su libertad para manejar recursos y atraer inversiones mediante los programas de las secretarías.

Con este proceso, que se prolongó durante todo el sexenio de Zedillo, se completó el actual esquema de financiamiento a los estados que enmarca las relaciones entre gobiernos y que ha proporcionado un significativo poder a los mandatarios. La Ley de Coordinación Fiscal establece los tipos, montos y condiciones de vigilancia de los recursos que la federación entrega a los estados. Como ha sido señalado, el principio es que la federación recauda los ingresos producidos de desigual manera por los estados y los distribuye de acuerdo con criterios y propósitos específicos, para corregir los desequilibrios económicos y sociales y, en última instancia, lograr un coherente desarrollo nacional.

---

[51] *Ibid.*, pp. 22 y 81.
[52] C. Almada, *La administración...*, *op. cit.*, pp. 179-180.
[53] Entrevista a Diódoro Carrasco.

El resultado puede observarse en el cuadro 6. Algunas características sobresalen. La primera es que hasta principios de los años noventa si bien los recursos federales eran superiores a los estatales, los ingresos propios alcanzaban casi la mitad del total, lo que revelaba cierta capacidad recaudatoria que fortalecía la autonomía estatal.

CUADRO 6
ESTRUCTURA PORCENTUAL DE LOS INGRESOS DE LOS ESTADOS,
1975-2006

Año	Ingresos propios	Participaciones federales	Transferencias/ aportaciones *	Total ingresos federales
1975	73.8	26.2		26.2
1980	56.6	43.4		43.4
1985	50.1	49.9		49.9
1990	40.1	59.9		59.9
1995	29.4	37.5	33.1	70.6
1996	25.8	43.0	31.2	74.2
1997	19.7	41.6	38.7	80.3
1998	33.4	37.7	28.9	66.6
1999	16.0	36.9	47.1	84.0
2000	12.0	38.4	49.6	88.0
2001	10.6	37.8	51.6	89.4
2002	12.1	36.6	51.3	87.9
2003	12.0	36.2	51.8	88.0
2004	11.9	35.2	52.9	88.1
2005	15.7	36.0	48.3	84.3
2006	16.3	33.9	49.8	83.7

* Las transferencias existieron de 1995 a 1997 y estuvieron constituidas por los recursos del Pronasol, agrupados en el ramo 26. A partir de 1998 se creó el ramo 33, Aportaciones Federales para Entidades Federativas y Municipios.
Fuentes: 1975-1990: Jorge Ibarra Salazar *et al.*, *La estructura de ingresos y los determinantes de la dependencia en las participaciones de los gobiernos estatales en México, 1975-1995*, cuadernos de trabajo núm. 12, ITESM, Departamento de Economía, México, septiembre de 1998.
1995-2004: INEGI, *Finanzas públicas estatales y municipales de México*, 1995-1998, 1996-1999; 1997-2000, 2001-2004.
2005-2006: INEGI, *Estadística anual de las finanzas públicas estatales*; y *Estadística mensual de las finanzas públicas estatales*, 2007.

Pero a partir de la formalización de las *aportaciones* en 1995, los recursos federales se han convertido en la fuente primordial del gasto de los estados. La estructura porcentual indica que la suma de *participaciones* y *aportaciones* alcanza 90% del total y que estas últimas constituyen más de la mitad de los recursos.

A simple vista, como muchos especialistas han subrayado y la totalidad de gobernadores afirma, estos datos muestran una total dependencia de los recursos federales que restringe la autonomía de los estados.[54] Dicho con más sencillez, los cambios producidos en los años ochenta en cuanto a la descentralización y la búsqueda de un mayor equilibrio federal, no han modificado la subordinación de los estados. No obstante, una revisión detenida de las características del financiamiento federal muestra que si bien la dependencia financiera se ha mantenido, no necesariamente se ha traducido en subordinación para los gobernadores. Por el contrario, la cantidad de recursos y los mecanismos de supervisión, favorecen a los gobernadores y no al centralismo del ejecutivo federal. En realidad, los datos confirman que los gobernadores han obtenido importantes recursos que pueden manejar con enorme libertad y que a cambio el gobierno federal ha perdido toda capacidad de control.

El primer recurso son las *participaciones* federales, cuyo origen se remonta a los años cuarenta y que hasta el establecimiento de las

---

[54] Alberto Díaz Cayeros, *Desarrollo económico e inequidad regional. Hacia un nuevo pacto federal en México*, Miguel Ángel Porrúa, México, 1995; Jaime Sempere *et al.* (comps.), *Federalismo fiscal en México*, El Colegio de México, México, 1998.

aportaciones había representado la mayor fuente de ingresos de los estados. Las *participaciones* han cambiado su composición y criterios hasta 1990, cuando finalmente se integraron en el Fondo General de Participaciones y el Fondo de Fomento Municipal. Las *participaciones*, que canalizan el grueso de los recursos, se asignan bajo criterios técnicos que dependen de las características socioeconómicas de los estados. El 45.17% depende del número de habitantes, otro 45.17% está condicionado por su capacidad para recaudar impuestos y el restante 9.66% de las participaciones por habitante entregadas en los dos años anteriores.[55]

Como es fácil advertir, los criterios principales favorecen a los estados más desarrollados, que tienen mayor ingreso per cápita y mayor capacidad recaudatoria,[56] sin embargo, lo destacable es que la asignación depende de coeficientes comprobables y no de la discrecionalidad del gobierno federal. Esto se vuelve más importante porque el sistema de *participaciones* tiene tres características adicionales: se entregan directamente a los gobernadores, no tienen destino determinado para invertirse, y su vigilancia corresponde a las instituciones estatales y, en su caso, municipales.[57] Esto significa que el gobierno federal está obligado por la ley a entregar los fondos a los manda-

[55] De 1980 a 1990 el Fondo General de Participaciones se calculaba de acuerdo con la contribución de cada estado en los impuestos federales. En 1991 se establecieron los tres criterios de población, contribución y participaciones en años anteriores, pero seguía predominando el rubro del esfuerzo recaudatorio. Fue hasta 1994 que se determinó el porcentaje de 45.17% para los dos primeros y de 9.66% para el último. Grupo Financiero Bancomer, *Los ingresos estatales y municipales*, serie Propuestas, núm. 7, Grupo Financiero Bancomer, México, enero-febrero de 2000, p. 5. Este documento tiene una puntual reconstrucción del desarrollo de las *participaciones*, de cada uno de los fondos y de su distribución por estados que, como se sabe, no es igual para todos. También se pueden consultar los trabajos de Victoria Rodríguez, *La descentralización...*, *op. cit.*, cap. V; y los detalles de su integración en D. Colmenares, "Retos del federalismo...", *op. cit.*; E. Cabrero, *Las políticas...*, *op. cit.*, p. 135; y los ensayos de Luis Aguilar y Rogelio Arellano en Alicia Hernández (comp.), *¿Hacia un nuevo federalismo?*, El Colegio de México, México, 1996, pp. 121-167, 205-210.

[56] Rogelio Arellano, "Nuevas alternativas a la descentralización fiscal en México", en A. Hernández (comp.), *¿Hacia un nuevo...*, *op. cit.*, p. 211.

[57] Poder ejecutivo federal, *Programa para un nuevo...*, *op. cit.*, p. 20.

tarios y éstos tienen libertad prácticamente absoluta para aplicarlos donde lo deseen. En 1996 el gobierno de Zedillo reformó la Ley de Coordinación Fiscal para aumentar los recursos del Fondo General de Participaciones y el Congreso aprobó que al menos 20% de los recursos entregados a los estados se trasladara a los municipios. A pesar de que esto significa un fuerte impulso a este nivel de gobierno, el efecto ha sido limitado porque los fondos se quedan en el camino, manejados por los ejecutivos de cada estado.[58] Los gobernadores siguen controlando la asignación toda vez que los fondos llegan a las reservas estatales y, lo más importante de todo, que la vigilancia y auditoría corresponde a la Cámara de Diputados local, de tal manera que pueden manejar los recursos con enorme discrecionalidad y si cuentan con el control de la legislatura, pueden con facilidad evadir las obligaciones y, en su caso, las sanciones.

La segunda fuente de recursos en los estados son las *aportaciones* federales, constituidas por el viejo Pronasol y que se establecieron en el presupuesto público en el gobierno de Zedillo. Algunos de estos fondos también tienen características de cierta objetividad, como es el Índice Global de Pobreza, con el que se calcula el destinado al apoyo municipal, pero a diferencia de las *participaciones*, las *aportaciones* sí tienen destino determinado, pues los fondos deben aplicarse en los rubros establecidos por el presupuesto aprobado. Para los gobernadores esta condición es restrictiva e incluso una muestra de intervencionismo federal, pero en la práctica es fácilmente superable porque la vigilancia corresponde también a las autoridades estatales, de tal manera que los mandatarios gozan de márgenes considerables de libertad.

Otro factor esencial es que ambos fondos, *participaciones* y *aportaciones*, si bien están diferenciados presupuestalmente, se entregan en conjunto de acuerdo con una programación fija, de tal manera que las tesorerías estatales reciben el dinero completo y sin diferenciar partidas, y son los gobiernos los que los distribuyen, o para decirlo con más claridad, los administran de acuerdo con sus criterios. Aunque hay ciertas obligaciones, lo relevante es que las auditorías y el

[58] P. M. Ward y V. Rodríguez, "New Federalism...", *op. cit.*, pp. 685-686.

seguimiento están en manos del gobierno estatal, en particular del Congreso local, de tal manera que si están bajo su control, pueden evadir cualquier normatividad sin que el gobierno federal tenga la más mínima posibilidad de corregirlo o castigarlo. Desde luego que si el Congreso es plural o dominado por la oposición, sus posibilidades se reducen, de ahí que el control del legislativo se vuelva vital. Esto significa una mayor intervención política porque el gobernador debe estrechar las relaciones con su partido, vigilar con más cuidado la selección de candidatos y hacer lo posible para ganar los comicios. Debido a que la alternancia es una permanente amenaza a la discrecionalidad de los mandatarios, las disputas electorales se han vuelto cada vez más importantes en el terreno local. Cada gobernador sabe que aun cuando tenga el control de la Cámara en su periodo, la mala fortuna puede hacer que el siguiente sea dominado por la oposición y en ese caso puedan fincarse responsabilidades por el uso del presupuesto. El control de las Cámaras y la vigilancia presupuestal se han convertido en asuntos técnicos y políticos importantes.

Sin complicaciones políticas con el gobierno federal, los gobernadores reciben una cantidad de recursos que hace décadas eran impensables. Formalmente, son dependientes de la federación, pero en los hechos han alcanzado un enorme poder económico que se ha convertido en político. Ellos pueden emplear los recursos prácticamente como quieran, lo mismo para satisfacer demandas sociales que para favorecer clientelas particulares que desde luego responderán a sus proyectos. La vigilancia, al ser doméstica, deja en manos de los mandatarios, de su habilidad y sus apoyos políticos, un amplio margen de maniobra para evadir las restricciones, ayudar o limitar alcaldías, promover zonas específicas, hacer obras con impacto político, etc., sin que nadie, dentro y menos aún fuera del estado, lo evite.

Más poder y más autonomía

La descentralización que iniciara el gobierno federal en los años ochenta no goza de juicios favorables entre los analistas y tampoco entre los gobernadores. Para ambos sectores no fue un proceso planeado que al mismo tiempo que distribuyera responsabilidades cediera recursos para administrarlos. Para muchos, se entregaron solamente tareas y problemas porque, se dice, el financiamiento es limitado, los estados tienen pocas posibilidades de recaudar, dependen de los recursos federales y no tienen libertad para aplicarlos. Si el análisis se mantiene en la formalidad, el juicio parece incontrovertible. Pero si se observa no tanto el proceso, evidentemente accidentado, sino el resultado tanto en facultades recibidas como en la capacidad que tienen para manejar los recursos, la conclusión es diferente.

La descentralización, más allá de sus motivaciones por un federalismo efectivo, fue resultado de una necesidad económica y de una manera de concebir las tareas del Estado y del gobierno de una nueva élite priísta, poco afecta a la política y convencida de la racionalidad técnica. El gobierno federal tuvo que volver la mirada a los estados porque la sociedad era mucho más compleja y sobre todo porque ya no tenía recursos para atender las demandas.[59] De ahí que la transferencia de responsabilidades no se acompañara de financiamiento, ya que no se trataba de un error de planeación sino de una carencia real.

De cualquier forma, el proceso concluyó ampliando las facultades de los gobernadores y al final entregándoles recursos cuantiosos. El resultado fue una creciente pérdida de funciones del gobierno federal y el fortalecimiento de los estatales. El predominio federal, tanto del presidente como de los secretarios de Estado, dependía del control que mantenían de los recursos económicos pero también de la obra pública importante. Los controles políticos buscaban impedir que los mandatarios, como líderes reales de la política local, se perpetuaran en el poder y cometieran abusos que pusieran en peligro la estabilidad estatal y acaso nacional.

Los cambios, a partir de los años ochenta, van a afectar exactamente esos dos aspectos. Los límites administrativos, económicos e incluso de vigilancia que el gobierno federal se impuso deliberadamente, anularon su autoridad y capacidad para controlar los posibles excesos. Contra lo que había ocurrido en las décadas anteriores, los

---

[59] Entrevistas a Manuel Bartlett y Genaro Borrego.

gobernadores asumieron tareas administrativas, de servicios y de obra pública que antes dependían del gobierno federal. Ampliaron su administración y con ella el número de puestos con los cuales podían retribuir apoyos y grupos.[60] El gobierno sirvió mucho más para crear equilibrios y para reafirmar su papel de árbitro político.

Los recursos no llegaron pronto y su carencia durante casi una década provocó serios problemas internos y fricciones con el gobierno federal. Al cabo de los años, finalmente los recursos se enviaron y con características que los hicieron fuentes inigualables de poder. Para empezar, se establecieron por ley, lo que obligó al gobierno federal a entregarlos a los estados cada año, y fueron calculados de acuerdo con indicadores comprobables que más allá de sus fallas, los vuelven objetivos. Ambas características redujeron la discrecionalidad federal y dieron certidumbre a los gobernadores para planear actividades económicas y políticas.[61]

Pero también fueron cuantiosos y, acaso lo más importante, se han entregado con pocos o sin ningún control por parte del gobierno federal. Los mandatarios reciben anualmente financiamiento y su vigilancia descansa en las instituciones estatales, principalmente los congresos. Aunque formalmente deben informales de su aplicación y respetar los ordenamientos legales, tienen libertad para retrasar las entregas, reorientar su inversión y hacer correcciones oportunas para evitar que sus congresos los castiguen, incluso pueden evadir los requerimientos si consiguen controlar la legislatura. En rigor, los recursos son administrados con una autonomía que no tiene ni siquiera el presidente de la República.

Los gobernadores ahora pueden crearse clientelas, formar grupos y castigar a otros sin que nadie lo evite. Pueden utilizar la obra pública para promover su gobierno, ganar elecciones para fortalecer su imagen y su futuro político. Su papel como responsables y árbitros de la política se incrementa. El solo hecho de que los municipios tengan más derechos y facultades, al igual que los diputados, los ha convertido en nuevos sujetos políticos. Si los alcaldes pueden deman-

---

60 Entrevista a Diódoro Carrasco.
61 Entrevistas a Diódoro Carrasco, César Camacho y Dulce María Sauri.

dar recursos, y cuando los tienen administrarlos para sus propias necesidades, los diputados pueden ejercer sus facultades de vigilancia. Desde luego que esa atribución deja de ser puramente administrativa y legal para convertirse en política. Como es de esperarse, también ha aumentado su valor electoral y por ende su grado de competitividad partidaria. Para el gobernador ya no es suficiente la efectividad de su partido ni tampoco puede imponer candidatos como en el pasado. Debe intensificar su actividad política si quiere tener certidumbre, y si a pesar de ello la oposición avanza, debe negociar, conciliar y construir otros equilibrios. Dueño de su papel de árbitro local, el gobernador se erige en un poderoso intermediario entre otros mandatarios y frente al gobierno federal. Lejos de la imagen del gobernador sometido al control presidencial, los ejecutivos locales pueden demandar atención y, sobre todo, gobernar y hacer política libremente.

El poder de los gobernadores ha aumentado y los recursos de los secretarios de Estado y del mismo presidente han disminuido en la misma proporción.[62] Ahora los mandatarios pueden gobernar con una autonomía mayor y hacerlo sin que el gobierno federal pueda, como en el pasado, imponerles límites. Los riesgos de construir grupos hegemónicos, liderazgos caciquiles e incluso cometer arbitrariedades, han aumentado sin que existan los instrumentos para corregirlos más allá, desde luego, de la formalidad jurídica.

Por más accidentado y carente de planeación que haya sido el proceso de transferencia administrativa y de servicios, fue un instrumento extraordinario para entregar poder a los gobernadores. El gobierno federal dejó de ser la autoridad central que vigilara el desarrollo nacional para convertirse en un intermediario que concentra recursos y los transfiere, con pocas condiciones, a los estados. En contraste, los mandatarios han fortalecido su función de representantes regionales y cuentan con todos los instrumentos para gobernar e intervenir activamente en la política nacional.

Este proceso administrativo y económico se desarrolló paralelamente a otro de naturaleza política que si bien significó al principio frecuentes enfrentamientos con el ejecutivo federal, terminó por

[62] Entrevista a Manuel Bartlett.

entregarles el control total de la política en los estados, incluido en el caso del PRI, el control de las estructuras estatales, la selección de candidatos e incluso la más preciada de todas, la del sucesor en el gobierno. Como se verá en el capítulo siguiente, los mandatarios fueron aumentando su influencia en la política local al tiempo que enfrentaron intromisiones presidenciales y estimularon el sentimiento de la soberanía local. De la misma forma que aumentaron los conflictos políticos electorales, que durante los primeros años se concentraron en los estados, también se intensificó la idea presidencial de modernizar al país ya no sólo en lo económico. Conflictos y proyecto se unieron para crear las condiciones para que el presidente Salinas impusiera su voluntad, así fuera rompiendo las viejas prácticas que el sistema había cuidadosamente establecido y observado por décadas. Hacia el final del gobierno de Salinas no sólo el país en su conjunto había sufrido cambios sustanciales sino que la vieja relación entre gobiernos y mandatarios se había modificado radicalmente. Con poder económico y político, y sin que la presidencia tuviera ya instrumentos de control, los gobernadores obtuvieron plena autonomía para enfrentar al ejecutivo federal y, más aún, para vencerlo.

IV. LOS CAMBIOS POLÍTICOS

El fortalecimiento de los gobiernos estatales y de los gobernadores va a ampliarse notablemente con varios cambios políticos que coinciden en el tiempo con la modernización administrativa y económica. Si la descentralización trasladó funciones, responsabilidades y recursos financieros a los estados, los cambios políticos van a alterar la principal relación con el ejecutivo federal, en particular al reducir las condiciones que le permitían al centro político mantener el control sobre los gobernadores y contener los excesos locales. Poco a poco el ejecutivo federal perderá no sólo su capacidad para influir en los procesos locales sino su tradicional facultad para designar al gobernador sucesor. A medida que el gobierno federal pierde sus funciones, los gobernadores aumentan las suyas sobre la maquinaria partidaria local, sobre la selección de candidatos a puestos federales y en su autonomía para encargarse de los procesos locales.

En términos generales puede decirse que la política se vuelve mucho más compleja, nacional y localmente, y supera las posibilidades de intervención del gobierno federal. Del mismo modo que las crisis económicas restringieron su capacidad para promover el desarrollo y poner en marcha programas, en el ámbito político el ejecutivo tendrá que recurrir a sus contrapartes en los estados para enfrentar los diversos retos que se presentan, lo que sólo se conseguirá aumentando los márgenes de control político de los gobernadores. Si bien los problemas fueron variados, pueden agruparse en tres tipos. Por un lado, la competencia político-electoral se incrementó sustantivamente, de tal forma que la vieja oposición partidaria no sólo buscó con mayor decisión que en el pasado los cargos electorales, sino que el desánimo ciudadano y las reformas electorales hicieron posible que los consiguiera. Como se verá en las páginas siguientes, la competencia, por más eco que lograra en la política nacional, tuvo sus expresiones más claras y su avance real en los estados, lo que presionó directa y principalmente a los gobernadores.

Un segundo elemento lo constituyó la extensión del pluralismo y la participación, que se expresó tanto en la actividad de los partidos como en organizaciones diversas, lo que amplió el número de demandas particulares que requirieron información detallada que el gobierno federal, debido a la complejidad social, cultural y regional, naturalmente ya no pudo reunir ni procesar. La principal afectada con esta transformación fue la Secretaría de Gobernación, que en el pasado era poderosa y se encargaba del control político. Al hacerse más compleja la actividad política, Gobernación solamente conservó las tareas de intermediación con los estados pero ya no las de intervención directa, que imponía condiciones y correctivos. La política, en este terreno, pasó a ser cada vez más local y se hizo responsabilidad de los mandatarios. Tanto la competencia como el aumento de demandas incrementaron las posibilidades de los conflictos locales y acrecentaron las amenazas a la estabilidad local, lo que se acompañó de un sensible debilitamiento de los controles antes centralizados. Como en el pasado, este aspecto fue decisivo en la relación con el ejecutivo federal, pero en la medida en que éste ya no podía atender las demandas, dio más libertades a los mandatarios, lo cual implicó una creciente diferenciación en las prioridades locales y nacionales, y con la fuerza adquirida, mayores posibilidades de discrepancia.

Este último punto constituye el tercer y más delicado cambio. Del mismo modo que la generación tecnocrática impuso una modernización económica, durante el gobierno de Carlos Salinas se desarrolló un modelo político que, debido a las peculiares circunstancias de su elección en 1988, llevó al presidente a imponer una tolerante actitud con los partidos de oposición con el propósito de conseguir apoyo y legitimidad a su gobierno. La misma actitud demandó a los gobernadores, pero debido a la extrema competencia local y al poder que ellos habían adquirido, los desencuentros políticos ocasionaron que el presidente recurriera cada vez más a las remociones, no siempre para corregir excesos, como fue la regla en el pasado, sino para eliminar opositores a su proyecto. Además de que esta práctica dañó seriamente las relaciones institucionales, afectó las tradicionales relaciones del ejecutivo federal con el PRI, lo que provocó una creciente separación en la que los mandatarios paulatinamente asumieron el papel de líderes de sus maquinarias locales. Hacia el final del gobierno de Salinas la relación entre ejecutivos había cambiado por completo. Por primera vez en la historia política contemporánea había gobernadores surgidos de la oposición partidaria, lo que naturalmente rompió la subordinación con el gobierno federal, y los gobernadores priístas desarrollaron un alto grado de independencia política al mismo tiempo que un agudo sentido de la soberanía local que llevó a una delicada disputa por el liderazgo nacional.

La ampliación del pluralismo

El proceso de cambio político que formalmente terminaría en el año 2000 con la alternancia en la presidencia de la República, en realidad se inició varias décadas antes y tuvo logros significativos especialmente en el ámbito local. Por una acentuada tradición histórica en la que el ejecutivo federal había sido determinante en la vida política del país, nunca se consideró que la democracia se había alcanzado hasta que la oposición al PRI no consiguiera la presidencia. Debido a una sobrevaloración nacional, los avances locales fueron minimizados, pero en realidad fueron esenciales lo mismo para el avance general del pluralismo que para modificar el funcionamiento de las instituciones. El principal cambio afectaría el papel y las atribuciones de los gobernadores, y en el mediano plazo la relación con el ejecutivo federal.

El cambio fue gradual y paulatino y tuvo como principio básico las reformas al sistema electoral. Aunque entre 1940 y 1970 hubo cambios en las leyes electorales, fue hasta los años setenta y en especial en los ochenta cuando tuvieron lugar las reformas que finalmente introdujeron la equidad, la neutralidad en el arbitraje y la transparencia en la competencia partidaria.[1] En las primeras décadas la oposición,

---

[1] Alberto Aziz, "La construcción de la democracia electoral", en Ilán Bizberg *et al.* (comps.), *Una historia contemporánea de México*, t. 1, Océano, México, 2003.

en especial el PAN, había logrado modestos triunfos en diputaciones federales y algunas presidencias municipales. Triunfos que tan sólo formalizaban la pluralidad pero que no tenían efectos reales sobre el dominio priísta. Incluso algunas reformas, como las de 1964 y 1970, fueron promovidas por el propio régimen priísta para aumentar la presencia de la oposición y atenuar en algo el excesivo control del partido dominante. Hasta 1986 las modificaciones se habían dirigido a incrementar y garantizar la representación partidaria en las Cámaras legislativas, pero no a cambiar las condiciones de competencia y menos aún a eliminar el control del ejecutivo sobre el órgano de arbitraje electoral. Aun así, la competencia se intensificó, siempre en el terreno estatal, y pasó de buscar ayuntamientos y congresos a disputar seriamente las gubernaturas. De 1980 a 1989 la vieja oposición no lograría ninguna victoria en las urnas en este campo pero sí demostraría la necesidad de un nuevo esquema que diera confianza en la competencia y en la contabilización de los votos.

Esas elecciones en los estados, pero sobre todo los traumáticos comicios federales de 1988, llevaron a cambios frecuentes y estructurales en el sistema electoral. Ya no se buscó aumentar la representación sino la equidad en la competencia y la neutralidad en el órgano arbitral. Es importante subrayar que si bien las discusiones sobre el nuevo sistema electoral tuvieron lugar en el centro político nacional, los efectos e incluso los motivos para nuevos cambios se produjeron en los estados. Prueba de ello es que mientras la alternancia se hizo realidad en los estados a principios de los ochenta e incluso llegó a las gubernaturas en 1989, en el Congreso federal se alcanzó en 1997 y la presidencia tuvo que esperar hasta el 2000.

Es muy difícil trazar el mapa de los cambios en los congresos locales porque prácticamente cada elección supone un reacomodo de fuerzas, lo que si bien no puede probar el dominio permanente de un partido, sí revela que la alternancia y la pluralidad existen. Sin embargo, sí se cuenta con suficientes evidencias respecto de los municipios. Un interesante estudio sobre el comportamiento electoral y partidario de las 236 ciudades medias más importantes del país, que incluye capitales de los estados y delegaciones del Distrito Federal, que en conjunto representan 60% de la población y de la votación nacional, ofrece datos sorprendentes del avance de la competencia. Entre 1962 y 1978 el PAN era el único partido que había ganado 26 municipios (incluidas las capitales Hermosillo y Mérida), pero entre 1979 y 1987 (un año antes de las elecciones presidenciales en que fue electo Carlos Salinas), la oposición se había fortalecido enormemente. Para empezar, no era solamente el PAN el que competía sino varios partidos más, especialmente de izquierda, encabezados por el Partido Socialista Unificado de México (PSUM), convertido poco después en Partido Mexicano Socialista (PMS), y que había sido el intento más serio de unificar la dispersión de partidos en torno del viejo Partido Comunista. Pero lo más importante es que esa oposición en conjunto había ganado 135 de los 236 municipios,[2] un crecimiento de poco más de 200% en sólo una década.

Desde luego que esos triunfos fueron paralelos a un sensible crecimiento de la votación. Por ejemplo, entre 1988 y 1991 los sufragios por la oposición en todos los municipios representaron 35% del total, pero entre 1997 y el 2000 alcanzaron 58%. La votación por tipo de municipios es mucho más reveladora, pues en los urbanos el PRI descendió de 57.3% en el primer periodo a 36.6% en el segundo, pero en los mixtos y rurales la caída fue mucho más pronunciada, pues pasó de 76.5% entre 1988 y 1991, a 47.7% entre 1997 y 2000.[3] Como puede observarse, la competencia fue intensa en los estados y el PRI y los gobernadores no lograron impedir que la oposición obtuviera crecientes posiciones políticas. Destaca el hecho de que hasta fines de los años setenta el único partido que realmente representaba un desafío al PRI era el PAN y que incluso conseguía algunos triunfos. Pero a partir de las reformas electorales de aquella época, en especial la de 1977, que permitió la participación de la vieja izquierda hasta entonces marginada, la competencia se amplió notablemente, lo que significó ampliar el espectro ideológico y atraer a una parte del electorado que no se identificaba con la única oposición de derecha.

---

[2] Rafael Aranda Vollmer, *Poliarquías: competencia electoral en las ciudades y zonas metropolitanas de México*, Miguel Ángel Porrúa/IFE, México, 2004, p. 104.
[3] *Ibid.*, gráfica 1, cuadro 7, pp. 105 y 106.

De los 135 municipios ganados por la oposición entre 1979 y 1987, 66 fueron para el PAN, pero 16 fueron para el PSUM-PMS y los 53 restantes se repartieron entre los partidos antes de apoyo al régimen, como el Partido Auténtico de la Revolución Mexicana (PARM) y el Partido Popular Socialista (PPS), y otros nuevos como el Demócrata Mexicano (PDM), Socialista de los Trabajadores (PST) y Revolucionario de los Trabajadores (PRT).[4] Esto comprueba que mejoraron las condiciones para competir pero también que se amplió el número de partidos, lo que habla de una fuerte intensificación de la vida política. Todavía mayor porque como lo advierte Aranda, en los estados intervinieron no sólo los partidos con registro nacional sino muchos otros de corte estatal o local. Entre 1988 y 1991 participó un promedio de 5.4 partidos en cada elección municipal, pero hubo estados en los que intervinieron hasta nueve partidos. De 1991 a 1994 aumentó el promedio hasta 6.9 partidos, con un máximo de diez por comicios, y de 1997 a 2000 descendió a 6.2 en promedio, con un máximo de ocho.[5] Las cifras, además de que indican cómo se multiplicaron las opciones, muestran que el PRI tuvo siempre competidores, en especial locales, lo que en el pasado no ocurría y garantizaba los triunfos en los ayuntamientos.

No hay duda de que la competencia se intensificó y tuvo éxitos importantes que ampliaron la participación de los partidos en el ejercicio del gobierno. Pero lo relevante es que se concentraron en los estados, no en la política nacional, lo que aumentó las presiones sobre los gobernadores. Al volverse la política local más activa y diversa, los mandatarios estrecharon sus relaciones con el aparato del PRI para contener a la oposición. Aunque en el pasado ya controlaban algunas candidaturas, ante la nueva realidad tuvieron que mejorar y cambiar tanto criterios como procedimientos. No sólo se vieron obligados a seleccionar políticos locales con arraigo y popularidad, capaces de ganar elecciones, sino que tuvieron que flexibilizar el proceso para designarlos.[6] A esa época corresponden los intentos, ya analizados

---

[4] *Idem.*
[5] *Ibid.*, anexo 39.
[6] Entrevistas a Manuel Bartlett, César Camacho y Genaro Borrego.

en un capítulo anterior, de algunos mandatarios para establecer elecciones internas y "consultas a la base", que les permitieran postular candidatos conocidos, con reales posibilidades de obtener votos en comicios cada vez más vigilados.

Esto también tuvo efectos en las relaciones con el ejecutivo federal. En el terreno local no sólo se disputaban alcaldías y diputaciones, también fue el asiento de elecciones para legisladores federales y más tarde de los mismos gobernadores. Todo ello supuso el doble desafío de ganar elecciones para el PRI y no arriesgar la estabilidad local, principal punto de fricción con el ejecutivo federal.[7] Como lo marcaba la tradición, decidir sobre sus candidatos no era una facultad de los mandatarios sino del PRI, Gobernación y el presidente. La competencia y la obligación del gobernador de garantizar triunfos al partido dominante, al mismo tiempo que mantener la estabilidad, obligaron al ejecutivo federal a ceder paulatinamente los controles. Si la competencia por el Congreso federal llevó a compartir responsabilidades con el PRI nacional, la selección de los mandatarios fue un punto de enorme resistencia para el ejecutivo federal.

Las cifras ilustran con claridad este comportamiento. Fue en 1988 cuando el PRI perdió el control de la Cámara de Diputados federal, al obtener sólo 52% de las curules, en unos comicios disputados que igualmente pusieron en riesgo el triunfo del PRI en la presidencia. El PRI recuperó el control en 1991 y 1994 pero lo volvió a perder, y ahora definitivamente, a partir de 1997. Esa fuerte presión haría cambiar el tipo de postulaciones, pues como se ve en el cuadro 7, si bien el PRI mantuvo las cuotas para las corporaciones nacionales, el número de candidaturas para funcionarios estatales se incrementó sensiblemente al pasar de 10% en las elecciones de 1979, a 12.6% en 1985 y a 18% en 1988. El dato es interesante porque este incremento ocurrió a costa de los lugares para los funcionarios federales más cercanos al ejecutivo, interesado en mantener el apoyo del Congreso. Como puede advertirse, los gobernadores consiguieron no sólo decidir sobre las candidaturas sino tener influencia en las diputaciones federales.

[7] Entrevista a César Camacho.

Cuadro 7
Distribución por sectores de las candidaturas a diputados federales uninominales del PRI

Procedencia	1979	%	1982	%	1985	%	1988	%
Sectores obrero, campesino y popular	232	77.3	236	78.6	232	77.3	222	74.0
Funcionarios federales	37	12.3	37	12.3	30	10.0	24	8.0
Funcionarios estatales	31	10.3	27	9.0	38	12.6	54	18.0

Fuentes: Guadalupe Pacheco y Juan Reyes del Campillo, "La distribución de candidatos a diputados en el PRI", *Argumentos,* núm. 2, noviembre de 1987, cuadros 1-4, pp. 53-56; y "La estructura sectorial del PRI y las elecciones federales de diputados, 1979-1988", *Sociológica,* núm. 11, septiembre-diciembre de 1989, cuadros 1, 2 y 4, pp. 63- 64.

Pero la presión no se limitaría a cargos legislativos, sino que avanzaría hacia las gubernaturas. En 1985 y 1986, al renovarse los poderes de los estados de Sonora, Nuevo León y Chihuahua, el PAN postuló a conocidos empresarios, y en el caso de este último estado, a Luis H. Álvarez, un activo militante y ex presidente municipal de la ciudad capital. En los tres comicios el PAN consiguió votaciones elevadas que incluso en Chihuahua llevaron a cuestionar la legalidad de los resultados.[8] A pesar de la intensificación de la competencia, la selección de candidatos en el PRI y sobre todo de la facultad del presidente para decidirlos, no cambió. Por el contrario, fue una época en la que De la Madrid llevaría su intento de alejar a la élite política tradicional hasta las gubernaturas, lo que lejos de flexibilizar la intervención del ejecu-

[8] Graciela Guadarrama, "Empresarios y política: Sonora y Nuevo León, 1985", *Estudios sociológicos,* núm. 13, enero-abril de 1987; y Soledad Loaeza, *El Partido Acción Nacional: la larga marcha, 1939-1994,* El Colegio de México, México, 1987.

tivo, la aumentó. De la Madrid no sólo retuvo su facultad para decidir las candidaturas sino que la amplió para postular a funcionarios sin experiencia política, formados íntegramente en la administración pública federal, y que incluso formaron parte de su gabinete. De los 26 mandatarios cuyas designaciones ocurrieron durante su sexenio y que indiscutiblemente correspondieron a De la Madrid, 15 (58%) habían ocupado únicamente puestos en el sector público federal, y los nueve restantes tuvieron también cargos de elección o en el partido. En todos los casos se trataba de funcionarios que habían obtenido su puesto en las elecciones de 1982, en las que De la Madrid fue elegido, lo que indica que fueron postulados como parte del nuevo equipo político y no por observar una trayectoria electoral o partidaria.[9] Es evidente que la experiencia de estos nuevos mandatarios era administrativa, similar a la del presidente, y en clara correspondencia con la nueva generación.

El cambio tuvo consecuencias graves porque De la Madrid alteró deliberadamente el perfil que hasta entonces se había mantenido en la selección de gobernadores y que buscaba mantener un equilibrio entre la experiencia administrativa y la política. De los 107 gobernadores cuyas trayectorias pudo reconstruir Anderson entre 1941 y 1964, 53% había tenido cargos administrativos, pero entre 34 y 37% había contado con experiencia legislativa y partidaria.[10] De la Madrid cambió las proporciones con el ánimo de fortalecer el relevo de los políticos tradicionales. El experimento fue poco afortunado porque lo hizo en medio de una fuerte competencia electoral y la oposición aprovechó la oportunidad para confrontar a candidatos débiles para conseguir avances sustanciales.

Ante las presiones electorales los nuevos mandatarios no tuvieron experiencia suficiente para encontrar soluciones satisfactorias. A esa generación de mandatarios les correspondería enfrentar los comicios presidenciales de 1988, en los cuales el PRI obtuvo una victoria discu-

---

[9] R. Hernández Rodríguez, "La división de la élite política mexicana", en Soledad Loaeza (comp.), *México: auge, crisis y ajuste*, Lecturas del trimestre económico, núm. 73, FCE, México, 1992, pp. 257-259.

[10] R. Ch. Anderson, *The Functional Role...*, *op. cit.*, pp. 158-164.

tible debido a que en varios estados fue abrumadoramente derrotado. Como se verá más adelante, varios de los gobernadores retirados por Salinas serán aquellos donde la derrota priísta fue escandalosa, como Baja California, Michoacán y el Estado de México.

La experiencia será aprendida en dos sentidos no siempre coincidentes. Por un lado, significará liberar las decisiones para seleccionar a los candidatos del PRI a las gubernaturas, y por otro, probar la voluntad presidencial de reconocer los triunfos de la oposición. Es así que a partir de 1989 el avance, primero del PAN y después del PRD, será constante y romperá con la uniformidad partidaria en los estados. Como se ve en el cuadro 8, la oposición ganó solamente dos estados en el sexenio de Carlos Salinas, pero 11 en el de Ernesto Zedillo, lo que revela una pluralidad por completo desconocida y que claramente antecederá a la derrota presidencial del 2000, lo que prueba que la alternancia se consiguió con mucha anticipación fuera del ámbito nacional.

La respuesta será radical en los estados. De los 189 gobernadores que fueron analizados por Anderson, 59% solamente tuvo carreras en puestos nacionales, ante 41% que lo hizo en los estados.[11] Pero a partir de los años ochenta el perfil cambiará por completo. Como se observa en el cuadro 9, mientras 74% de los mandatarios entre 1982 y 1988 tuvo trayectorias federales, en el sexenio 1988-1994 descendió bruscamente a 45%, y a 40% en el periodo 1994-2000. Las carreras exclusivamente estatales se mantuvieron prácticamente en las mismas proporciones, pero el número de mandatarios que combinaron ambos ámbitos pasó de 13% en el primer sexenio, a 26% en el segundo y a 47% en el último.[12]

---

[11] *Ibid.*, p. 158.
[12] La misma tendencia encontró Joy Langston para el sexenio 1988-1994, *The PRI Governors*, cuadernos de trabajo núm. 66, CIDE/DEP, México, 1997.

Cuadro 8
Gubernaturas ganadas por la oposición por periodo presidencial, 1988-2000

Periodo presidencial	Año	Estado	Partido
Carlos Salinas	1989	Baja California	PAN
	1992	Chihuahua	PAN
Ernesto Zedillo	1995	Jalisco	PAN
		Guanajuato	PAN
	1997	Nuevo León	PAN
		Querétaro	PAN
		Distrito Federal	PRD
	1998	Zacatecas	PRD
		Aguascalientes	PAN
		Tlaxcala	PRD
	1999	Baja California Sur	PRD
	2000	Nayarit	PAN-PRD
		Chiapas	PAN-PRD

Fuente: Investigación propia.

El cambio de perfil implicó una transformación radical en las relaciones entre ejecutivos. No sólo la injerencia presidencial se limitó al mínimo sino que dejaron de seleccionarse personajes alejados de la política local. Cada vez fue más necesario postular individuos conocidos por la población, familiarizados con las condiciones de las entidades y que lograran convencer al partido local y al electorado. Como era de esperarse, la facultad de seleccionar al sucesor pasó paulatinamente a manos de los mandatarios, con lo cual se impusieron los intereses locales a los nacionales, pero también de grupos.

CUADRO 9

EXPERIENCIA POLÍTICA PREVIA DE GOBERNADORES DEL PRI, 1982-2000[1]

Periodo presidencial	Sólo trayectoria federal[2]	Sólo trayectoria estatal	Trayectoria principalmente federal	Trayectoria principalmente estatal	Trayectorias combinadas	nd	Total
Miguel de la Madrid (1982-1988)	17	1	6	2	4	1	31
Carlos Salinas (1988-1994)	12	6	2	3	8	0	31
Ernesto Zedillo (1994-2000)	12	2	1	1	15	1	32[3]

Notas: [1] Incluye candidatos derrotados.
[2] Las columnas primera y segunda solamente incluyen carreras federales o estatales. Las columnas tercera y cuarta incluyen carreras combinadas pero con predominio de uno u otro ámbito. La quinta columna muestra candidatos con casi el mismo número de cargos federales o estatales.
[3] Incluye al primer jefe de gobierno electo en el Distrito Federal.
Fuente: Investigación propia.

Los gobernadores eligieron no sólo a quienes podían garantizar victorias, sino a quienes podían continuar sus proyectos personales y de grupo. Lo que la intervención presidencial había permanentemente evitado, la perpetuación de grupos y líderes, se perdió al trasladarse las decisiones a los mandatarios, que vieron en la misma competencia local la oportunidad de seleccionar a un candidato conocido para vencer a la oposición, pero también a un político cercano, leal y capaz de prestarle apoyo personal. Los mandatarios pudieron trazarse proyectos de largo plazo, ahora alentados por la posibilidad de imponer a su sucesor.

Las lealtades también cambiaron. En el pasado, los mandatarios mantenían una deuda personal y política con el presidente en turno, y en esa medida guardaban precauciones con la política nacional. Sin fuertes deudas con el gobernador saliente, y en más de un caso elegido incluso en contra de su voluntad, el mandatario sucesor podía actuar con libertad en el terreno local, corregir abusos o desarrollar nuevos proyectos de acuerdo con el que ponía en marcha el presidente. Pero al prevalecer el interés del mandatario saliente, el elegido dejó de reconocer lealtades y compromisos con el presidente para dirigirlos hacia su verdadero mentor. Los mandatarios también se apoyaron más estrecha y decisivamente en las maquinarias locales del partido y, desde luego, fortalecieron su función de líderes locales.[13]

Estas dos variantes tendrían consecuencias graves en las relaciones con el presidente, en un periodo en el que el ejecutivo federal trataba de imponer un proyecto político nacional que prioritariamente pasaría por los estados, y en medio de una pugna abierta entre la élite tradicional, cercana al partido y la generación tecnocrática que intentaba distanciarse de él. El enfrentamiento naturalmente hará que las militancias locales y las estructuras partidarias reconozcan los liderazgos de los mandatarios y ya no el del ejecutivo federal, que además los obligará a aceptar sus condiciones. El conflicto entre priístas se resolvería, al menos en los primeros años, mediante el ejercicio desmedido del poder presidencial. Pero si bien Salinas todavía pudo remover mandatarios a su arbitrio, su sucesor, Ernesto Zedillo, no sólo se vio imposibilitado

---

[13] Entrevista a Manuel Bartlett.

para hacerlo, sino que tuvo que enfrentar desafíos de gobernadores, del todo inéditos en la historia nacional, que antepusieron las soberanías locales a los proyectos nacionales. Si los desafíos fueron sorprendentes, más lo sería el hecho de que algunos fueron motivados por intereses caciquiles que buscaron protegerse, exactamente lo que durante décadas había logrado impedir el poder presidencial.

El pluralismo también limitó de otra manera el poder del presidente. Su avance se tradujo en una ampliación notable de la presencia de los partidos, lo mismo en los poderes legislativos que en posiciones de gobierno. Como se observa en el cuadro 10, hacia el 2000, cuando el PRI perdió el poder federal, el avance de la oposición era significativo y demostraba el debilitamiento del viejo partido dominante. La oposición en conjunto controlaba 37.5% de los congresos locales, 32% de las alcaldías sujetas a competencia electoral y 52% de las gubernaturas. Este último dato sería decisivo para extender las autonomías locales porque independientemente de las limitaciones del ejecutivo federal, significaba romper definitivamente con la vinculación partidaria e ideológica. Si con los gobiernos priístas al menos se mantenía el compromiso institucional, con los que procedían del PAN y el PRD no había ningún vínculo que les impidiera poner en práctica sus facultades, presentar sus reclamos e incluso intentar nuevas relaciones con el ejecutivo federal. El pluralismo, ya fuera porque fortaleció a los gobernadores priístas o porque hizo posible que surgieran otros partidos, fracturó la homogeneidad política que había sustentado la autoridad presidencial. Con enorme poder administrativo y financiero, y ahora político, los gobernadores y las gubernaturas alcanzaron una autonomía impensable décadas atrás.

El desmantelamiento de la Secretaría de Gobernación

Como se ha analizado en los capítulos anteriores, el principal organismo encargado de la relación con los gobernadores fue la Secretaría de Gobernación. Sus tareas no sólo eran las de vigilar posibles excesos de los mandatarios sino garantizar la estabilidad política del país. La secretaría, como responsable de la política interior, requería de información frecuente, detallada y confiable que le permitiera prevenir acontecimientos, posibles conflictos y solucionarlos cuando rebasaban los cauces institucionales. Durante las primeras seis décadas del siglo pasado fue posible cumplir esas funciones con una estructura relativamente pequeña y con una notable eficacia. La estructura de la Secretaría de Gobernación en buena medida expresaba las condiciones de una sociedad cuya composición de grupos, sectores o clases sociales no era compleja y, por ende, era manejable. Las principales diferencias eran económicas, culturales y regionales pero no de una alta diferenciación social.[14]

CUADRO 10
PRESENCIA PARTIDARIA EN GOBIERNOS Y CONGRESOS ESTATALES
(AGOSTO DE 2000)

Partido	Gubernaturas	Presidencias municipales	Congresos
PRI	21	1 374	17
PAN	6	309	-
PRD	4	255	-
Coaliciones y otros partidos	1	69	-
Consejos municipales	-	2	-
Oposición (PAN o PRD)	-	-	12
En equilibrio	-	-	3
Total	32	2 009 *	32

* A este total deben agregarse 418 municipios de Oaxaca donde las autoridades son elegidas mediante el sistema de "usos y costumbres".
Fuente: Instituto Federal Electoral y Centro de Desarrollo Municipal, Secretaría de Gobernación.

14 Arturo González Cosío, "Clases y estratos sociales en México", *México: 50 años de Revolución*, FCE, México, 1961; y José E. Iturriaga, *La estructura social y cultural de México*, FCE, México, 1951.

En esas condiciones, a Gobernación le bastaban unos cuantos organismos y en particular el acopio detallado de información que proporcionaban principalmente los gobernadores.[15] En las décadas centrales del siglo pasado, cuando la estabilidad política era indiscutible gracias a la eficacia institucional del sistema, los titulares de Gobernación podían conocer presidentes municipales, diputados locales, líderes de partidos y grupos económicos en todo el país, e incluso mantener contactos personales y directos para informarse y de esa manera evitar conflictos.[16] Como lo recuerda Manuel Bartlett, cuya carrera política estuvo vinculada a Gobernación desde los años sesenta, secretarios como Gustavo Díaz Ordaz podían conocer a prácticamente cualquier político en funciones y podían llamarlo en cualquier momento para obtener información o consultar lo que quisieran.

La estructura de la Secretaría de Gobernación hacia los años sesenta era sorprendentemente sencilla (cuadro 11). Estaba integrada solamente por dos subsecretarías que ni siquiera tenían un nombre particular, y por diez direcciones generales. La primera subsecretaría atendía los asuntos políticos, de información y control, y la segunda, los sociales y jurídicos. No era extraño que la primera subsecretaría reuniera las direcciones generales de gobierno, encargada de las relaciones con el poder legislativo y los gobernadores, la de Investigaciones Políticas y Sociales, destinada a estudiar los asuntos políticos internos, y la Dirección Federal de Seguridad, responsable de prevenir acciones contra la seguridad nacional, más que en su sentido delincuencial, en el político e ideológico. La acción política se alimentaba de información puntual y se complementaba con las tareas de difusión y comunicación colectiva (radio, televisión, cine y publicaciones periódicas).[17]

Pero la sociedad de los sesenta y setenta cambió radicalmente como resultado del crecimiento económico y los beneficios sociales.

---

[15] Entrevista a Manuel Bartlett.
[16] Entrevista a Enrique González Pedrero.
[17] Secretaría de la presidencia, *Manual de organización del gobierno federal, 1969-1970*, Comisión de Administración Pública, México, agosto de 1969.

Los sectores, en especial los medios, crecieron y se multiplicaron sin que existieran suficientes canales de expresión. La expansión demográfica hizo más compleja la estructura social y amplió nacional y estatalmente las diferencias. Esos sectores medios no sólo ocuparon espacios sino que demandaron atención social y sobre todo política, lo que muy pronto puso a prueba la estructura de vigilancia gubernamental.[18] La Secretaría de Gobernación y sus titulares no pudieron reproducir los contactos personales de sus antecesores y requirieron de información más elaborada y detallada.[19]

CUADRO 11
SECRETARÍA DE GOBERNACIÓN
ESTRUCTURA INTERNA 1969-1970

1. Subsecretaría
Dirección General de Gobierno
Dirección General de Investigaciones Políticas y Sociales
Dirección General de Cinematografía
Dirección General de Información
Dirección Federal de Seguridad

2. Subsecretaría
Dirección General de Administración
Dirección General de Asuntos Jurídicos
Dirección General de Población
Departamento de Previsión Social
Dirección General Coordinadora de las Juntas de Mejoramiento Moral, Cívico y Material

Fuente: Secretaría de la Presidencia, *Manual de organización del gobierno federal, 1969-1970*, Comisión de Administración Pública, México, agosto de 1969.

[18] Soledad Loaeza, *Clases medias y política en México: la querella escolar, 1959-1963*, El Colegio de México, México, 1988; y José Calixto Rangel Contra, *La pequeña burguesía en la sociedad mexicana, 1895 a 1960*, IIS, UNAM, México, 1972.
[19] Entrevista a Manuel Bartlett.

Comenzó entonces el proceso de cambios frecuentes que intentaron adaptar la secretaría a la nueva realidad social. Pero los cambios que se introdujeron no fueron los más adecuados y, al parecer, no obedecieron a un proyecto bien delineado. Como se observa en el cuadro 12, en el sexenio de Luis Echeverría, cuando el titular de Gobernación era Mario Moya Palencia, hubo al menos dos modificaciones. Aunque mantuvo hasta el final una estructura sencilla de dos subsecretarías, en el primer momento reasignó las direcciones generales de tal manera que las tareas políticas se separaron del acopio de información y se les vinculó a los asuntos sociales (población, medios y bienestar). Por el contrario, las direcciones de Investigaciones Políticas y Federal de Seguridad se trasladaron al ámbito jurídico. La desconexión llevó a otro cambio casi al final del sexenio que resolvió a medias el problema. Investigaciones Políticas y Sociales regresó al área de gobierno, pero la Dirección Federal de Seguridad se mantuvo separada y, lo más grave, más vinculada a los asuntos jurídicos y delincuenciales.

La consecuencia no fue administrativa sino estratégica porque la información cambió su sentido y a largo plazo afectó severamente la capacidad de la secretaría para controlar los asuntos políticos, porque la Federal de Seguridad se volvió cada vez más policiaca y menos política.[20] No era del todo extraño el giro que tomaba la dependencia porque en esos años Fernando Gutiérrez Barrios, que había estado al frente de la Federal de Seguridad desde fines de los cincuenta, primero como subdirector y luego como director del organismo (1958-1964, 1964-1970), llegaría a ser subsecretario de Gobernación desde 1970 y hasta 1982. Acostumbrado a las tareas policiacas, Gutiérrez Barrios influiría para que su vieja institución tuviera más presencia y para que lo político estuviera subordinado a la vigilancia de los delitos.

---

[20] Entrevista a Manuel Bartlett.

Cuadro 12
Secretaría de Gobernación. Estructura interna 1973 y 1976

a) 1973
1. Subsecretaría
   Dirección General Coordinadora de las Juntas de Mejoramiento Moral, Cívico y Material
   Dirección General de Servicios Coordinados de Prevención y Readaptación Social
   Dirección General de Cinematografía
   Dirección General de Información
   Dirección General de Gobierno

2. Subsecretaría
   Dirección Federal de Seguridad
   Dirección General de Población
   Dirección General de Investigaciones Políticas y Sociales
   Dirección General de Asuntos Jurídicos

b) 1976
1. Subsecretaría
   Dirección General de Gobierno
   Dirección General de Investigaciones Políticas y Sociales
   Dirección General de Cinematografía
   Dirección General de Información
   Dirección General de Población
   Dirección General Coordinadora de las Juntas de Mejoramiento Moral, Cívico y Material

2. Subsecretaría
   Dirección General de Administración
   Dirección General de Asuntos Jurídicos
   Dirección Federal de Seguridad
   Dirección General de Servicios Coordinados de Prevención y Readaptación Social

Fuente: Secretaría de la Presidencia, *Manual de organización del gobierno federal, 1973 y 1976*, Dirección General de Asuntos Administrativos, México, marzo de 1973 y agosto de 1976.

La información fue de menor calidad e ineficiente para que la secretaría pudiera anticiparse a los problemas. Las limitaciones fueron de tal magnitud que Rodolfo González Guevara, quien fuera subsecretario de 1979 a 1982, junto con Gutiérrez Barrios en el tramo final del sexenio de López Portillo, se quejaba de que la información que Gutiérrez Barrios les presentaba a él y al secretario era de menor calidad que la que se obtenía de la prensa diaria.[21] En esas condiciones, Gobernación se vio obligada a concentrarse en los asuntos prioritarios. No hubo, en rigor, intentos serios para mejorar la eficiencia política de la secretaría y la perspectiva policiaca predominó en el terreno informativo. Los secretarios, desde 1970, vieron cada vez más restringida su capacidad para intervenir en una creciente y más activa vida política. Esa realidad llevó a un cambio esencial que incrementó el poder de los gobernadores porque ante la creciente rigidez política, en especial en los estados, Gobernación descentralizó las tareas de información y, poco después, de control político en los mandatarios. La secretaría, imposibilitada para atender por sí sola los diversos problemas nacionales, dejó de controlar la política en los estados para concentrarse en la coordinación.[22]

En los años ochenta, precisamente cuando tendría lugar la mayor competencia política, la estructura de Gobernación se debilitó notablemente. En el sexenio de Miguel de la Madrid se ampliaron y distribuyeron las áreas: lo político se concentró en una subsecretaría pero junto con los asuntos sociales, lo mismo de población y migración que jurídicos y delincuenciales. La investigación política, antes destinada a alimentar las acciones de gobierno, se relacionó con los medios de comunicación en una sola subsecretaría. La Federal de Seguridad se mantuvo junto a la vigilancia de radio, televisión y cine, y se creó una sola subsecretaría para ambas oficinas (cuadro 13). Los cambios son a simple vista poco claros, pero en el fondo revelan el giro importante en las tareas políticas.

La investigación, cada vez más limitada, se canalizó hacia la opinión pública, es decir, hacia la crítica, y no con las tareas políticas entre

---

[21] *Idem.*
[22] *Idem.*

estados y poderes. Y la Federal de Seguridad, que acentuó sus rasgos policiacos, se vinculó al control de los medios. Se trataba más que de coordinar y prevenir, de controlar. La tendencia se consolidaría en el régimen de De la Madrid cuando en 1985 el presidente decidiera sorpresivamente fusionar la Dirección General de Investigaciones Políticas y Sociales y la Dirección Federal de Seguridad para crear la Dirección General de Investigaciones y Seguridad Nacional como órgano desconcentrado de la secretaría y, en los hechos, dependiente directa de la presidencia. Se concentraron la vigilancia y el control político, pero no en Gobernación, que perdería una de sus funciones esenciales. Por otro lado, la fecha no parece casual, porque fue el año en que se presentaron varios de los desafíos electorales más agudos del sexenio.

CUADRO 13
SECRETARÍA DE GOBERNACIÓN. ESTRUCTURA INTERNA 1982

1. Subsecretaría
   Dirección General de Gobierno
   Dirección General de Asuntos Jurídicos
   Dirección General de Servicios Migratorios
   Dirección General del Registro Nacional de Población e Identificación Personal
   Dirección General de Servicios Coordinados de Prevención y Readaptación Social

2. Subsecretaría
   Dirección General de Información
   Dirección General de Investigaciones Políticas y Sociales

3. Subsecretaría
   Dirección Federal de Seguridad
   Dirección General de Radio, Televisión y Cinematografía

Fuente: Secretaría de la Presidencia, *Manual de organización del gobierno federal, 1982*, Dirección General de Asuntos Administrativos, México, febrero de 1982.

No sólo la información se definió claramente como policiaca, sino que la secretaría perdió los órganos para obtenerla. No hubo en su momento, ni menos aún en el futuro, intentos porque la secretaría recuperara aquellas funciones y sobre todo su carácter esencialmente político. Ya en los ochenta la sociedad era mucho más compleja, la participación política más amplia y activa, y la secretaría menos capaz de intervenir, en especial en los estados. Sería la realidad la que obligaría a Gobernación a ceder espacios y funciones a los mandatarios.[23]

Las restricciones continuarían en los años siguientes, debido al auge del pluralismo, pero también por el proceso de racionalización administrativa y modernización política que Salinas impuso al país. El pluralismo obligó a que Gobernación abriera al escrutinio público algunas de sus funciones y otras las desapareciera.[24] Así ocurriría con la atención a los derechos humanos y la libertad de expresión en los medios, en especial en la prensa. No sólo la secretaría se vio obligada a ser más cuidadosa en la solución de conflictos sino que no pudo imponer fácilmente interpretaciones públicas a sus acciones. A ello se añadió una importante medida que si bien se originó en la privatización, tuvo efectos políticos, como fue la desincorporación de la Productora e Importadora de Papel, S.A. (PIPSA).

Nacida en los años cuarenta a partir de una demanda de los propietarios de medios escritos con el fin de garantizar la importación, el aprovisionamiento y los precios del papel, PIPSA se convirtió en los años siguientes en el recurso más eficiente para controlar a la prensa y evitar presiones políticas. Pero hacia los años ochenta, como parte del proyecto de eliminar actividades al Estado que no le fueran propias, PIPSA fue modificada. Primero se permitió la importación de papel, con lo cual la empresa perdió el control directo de su aprovisionamiento, y en 1993 fue vendida y la importación de papel, como parte de la apertura comercial, fue liberada por completo. La modernización y el pluralismo hicieron que Gobernación también institucionalizara las relaciones con la Iglesia y, lo más importante, que ya no tuviera control alguno sobre las elecciones al crearse el IFE como organismo autónomo.

En 1989, al comenzar el sexenio de Salinas, se realizó el desprendimiento más importante cuando la Dirección General de Investigacio-

---

[23] *Idem.*
[24] Entrevista a Diódoro Carrasco.

nes y Seguridad Nacional se transformó en el Centro de Investigación y Seguridad Nacional (CISEN), que aunque se mantuvo formalmente como organismo desconcentrado de Gobernación, fue subordinado directamente al jefe del ejecutivo. El cambio sería decisivo no sólo para la secretaría sino para el sistema político priísta.[25] No fue de ninguna manera casual que el nuevo organismo naciera en 1989, a los pocos meses de las turbulentas elecciones de 1988, que se centrara en los asuntos de seguridad interna en un sentido más policiaco que político, y que estuviera bajo la autoridad presidencial. Se trataba de centralizar la operación política en el jefe del ejecutivo y desplazar por completo a Gobernación, que ya sin recursos para informarse ni medios para intervenir estaba obligada a la coordinación política y, sobre todo, a la habilidad de sus titulares (cuadro 14).

CUADRO 14
SECRETARÍA DE GOBERNACIÓN. ESTRUCTURA INTERNA 1989

1. Subsecretaría de Gobierno, Desarrollo Político y Derechos Humanos
   Dirección General de Gobierno
   Dirección General de Desarrollo Político
   Dirección General de Derechos Humanos

2. Subsecretaría de Población y Servicios Migratorios
   Dirección General del Registro Nacional de Población e Identificación Personal
   Dirección General de Servicios Migratorios

3. Subsecretaría de Protección Civil, Prevención y Readaptación Social
   Dirección General de Protección Civil
   Dirección General de Prevención y Readaptación Social
   Dirección General de Supervisión de los Servicios de Protección Ciudadana

Nota: Las Direcciones Generales de Asuntos Jurídicos, de Radio, Televisión y Cinematografía y de Comunicación Social eran dependientes de las tres subsecretarías.
Fuente: Presidencia de la República, *Diccionario biográfico del gobierno mexicano*, Diana, México, 1989.

[25] Entrevistas a Diódoro Carrasco y Dulce María Sauri.

Muy pronto fue visible la debilidad de la secretaría cuando se produjeron las manifestaciones más claras del pluralismo, primero en 1988 y luego en 1997, cuando el PRI perdió la mayoría del Congreso federal y Gobernación ya no pudo controlar a los legisladores ni las facultades de las Cámaras. El efecto fue inmediato porque las dificultades con las Cámaras y los conflictos estatales cobraron la cabeza de un secretario, en su momento reconocido como político experimentado e incluso ex gobernador del Estado de México, cuya élite ha tenido una larga tradición política. Emilio Chuayffet llegaría a Gobernación en 1995, pocos meses después de la desastrosa gestión de Esteban Moctezuma y de su fallido intento de remover al gobernador Madrazo. Bajo su encomienda ocurrió la derrota electoral del PRI en 1997 y Chuayffet se empeñó en evitar que la oposición en su conjunto desplazara al viejo partido de la dirección del Congreso.

A partir de entonces, el secretario no pudo establecer comunicación con los líderes de las bancadas del PRD y el PAN, que pronto lo descalificaron como interlocutor con el ejecutivo federal. A estos conflictos se sumaría un episodio sangriento en Chiapas. En diciembre de 1997, pocos meses después del enfrentamiento de Chuayffet con los partidos por la instalación de la LVII Legislatura, en Acteal fueron asesinados indígenas identificados con la guerrilla zapatista por grupos paramilitares. Ni el gobierno estatal ni Gobernación atendieron satisfactoriamente el problema y Chuayffet fue removido en enero de 1998.[26] Para entonces era claro que la secretaría estaba lejos del poder que tuvo en las décadas anteriores y que carecía de facultades si no para controlar como en el pasado, al menos para intermediar eficazmente.

[26] Aunque no se comprobó la intervención del gobierno estatal, era evidente que no tenía ninguna capacidad para controlar la política y, lo más significativo, a los grupos paramilitares, al servicio de los cafetaleros chiapanecos. Conviene recordar que el gobernador era Julio César Ruiz Ferro, que había sustituido al mandatario electo, Eduardo Robledo Rincón que, como se verá en otro capítulo, fue removido por Zedillo al comenzar su sexenio como parte de las negociaciones que el nuevo gobierno estableció con el PRD para que apoyara sus medidas. Además del gobernador de Chiapas, también estaba acordado que Roberto Madrazo, de Tabasco, fuera retirado.

Pero en lugar de intentar la reorganización de la secretaría, el ejecutivo federal profundizó su desmantelamiento. Gobernación perdió sus funciones sustantivas, sus instrumentos para intermediar y se limitó a tomar parte sólo en asuntos graves.[27] Lo más importante es que se concentró en la política nacional, no en la que tenía lugar en los estados y que plenamente descansaba ya en los gobernadores. Eso explica que los problemas graves fueran directamente tratados por el presidente, en especial en los años del salinismo, y que se resolvieran principalmente por la imposición, y que Gobernación fuera cada día más vulnerable a las resistencias de los mandatarios. Después del sexenio de De la Madrid, cuyo secretario de Gobernación sería el último en permanecer los seis años, los titulares apenas pudieron sostenerse en promedio dos años y casi siempre se vieron obligados a renunciar por conflictos políticos en los estados.

Una vez consumados los cambios en Gobernación, que en esencia significaron el desmantelamiento de sus funciones e instrumentos, la secretaría se convirtió, como se ve en el cuadro 15, en la oficina de fomento político, control migratorio y poblacional, y formalmente en la intermediaria con los poderes, gobernadores y las iglesias. La función de prevención y readaptación social que mantuvo por años, le fue retirada en 2000, cuando el presidente Vicente Fox estableció la nueva Secretaría de Seguridad Pública, que absorbió toda una subsecretaría de Gobernación. La política tendría desde los noventa múltiples y variados actores y el gobierno federal no contaría con fuentes adecuadas de información ni medios institucionales para intervenir. Por el contrario, serán los mandatarios los que cuenten con los instrumentos reales y eficientes para atender la política, pero una política fragmentada de acuerdo con la realidad de cada estado. Desde entonces, se perderá la perspectiva nacional para atender reclamos y necesidades particulares. Los gobernadores, a diferencia del ejecutivo federal, retendrán y, más aún, fortalecerán sus controles sobre sus secretarías de gobierno y, sobre todo, de las estructuras locales del PRI. Lo que el presidente ya no tuviera, se trasladaría a los mandatarios. Después del amenazador periodo de Carlos Salinas, cuando los impe-

---

[27] Entrevista a Diódoro Carrasco.

rativos presidenciales se impusieron sin discreción a los estados, con Ernesto Zedillo el poder presidencial declinará y los gobernadores surgirán como los actores principales de la política.

CUADRO 15
SECRETARÍA DE GOBERNACIÓN.
ESTRUCTURA INTERNA 1993-1994, 2001

a) 1993-1994
1. Subsecretaría de Gobierno
   Dirección General de Gobierno

2. Subsecretaría de Desarrollo Político
   Dirección General de Desarrollo Político
   Dirección General de Apoyo a Instituciones y Organizaciones Políticas

3. Subsecretaría de Población y Servicios Migratorios
   Dirección General del Registro Nacional de Población e Identificación Personal
   Dirección General de Servicios Migratorios

4. Subsecretaría de Protección Civil, Prevención y Readaptación Social
   Dirección General de Protección Civil
   Dirección General de Prevención y Readaptación Social
   Dirección General de Supervisión de los Servicios de Protección Ciudadana
   Dirección General de Prevención y Tratamiento de Menores *

b) 2001
1. Subsecretaría de Gobierno
   Dirección General de Asuntos Jurídicos
   Dirección General de Gobierno y Apoyo a Instituciones y Organizaciones Políticas, Sociales y Civiles

2. Subsecretaría de Desarrollo Político
   Dirección General de Desarrollo Político
   Dirección General de Enlace Político

3. Subsecretaría de Asuntos Religiosos
   Dirección General de Asuntos Religiosos

4. Subsecretaría de Población y Servicios Migratorios
   Dirección General del Registro Nacional de Población e Identificación Personal

5. Subsecretaría de Comunicación Social
   Dirección General de Radio, Televisión y Cinematografía
   Dirección General de Medios Impresos
   Dirección General de Comunicación Social Gubernamental

* Las Direcciones Generales de Asuntos Religiosos, de Asuntos Jurídicos, de Radio, Televisión y Cinematografía y de Comunicación Social eran dependientes de las cuatro subsecretarías.

Fuente: Presidencia de la República, *Diccionario biográfico del gobierno mexicano*, Addenda 1993, FCE, México, 1993, y Secretaría de Gobernación, *Primer informe de labores*, 1° de septiembre de 2001, México, 2001.

La modernización salinista

Al comenzar el sexenio de Carlos Salinas varios procesos coincidieron dramáticamente. Por un lado, una peculiar y muy consciente idea de modernización económica y política impulsada por la nueva generación tecnocrática, y por otro, la aguda competencia electoral que tendría su mayor alcance precisamente en los comicios presidenciales de 1988. Ambos procesos, en su origen independientes, pero recíprocamente condicionantes en su desarrollo, no sólo tuvieron efectos en la política nacional sino en particular en las relaciones tradicionales con los gobiernos locales, toda vez que éstos serán los que en mayor medida resientan la competencia y en consecuencia la necesidad presidencial de evitar conflictos. Sin embargo, para ese entonces las condiciones que tradicionalmente habían permitido la subordinación de los ejecutivos estatales al federal eran distintas y presentaron una mayor resistencia. Ante ellas, el nuevo presidente dispuso de todos los recursos a su alcance para imponer su proyecto y sobre todo su autoridad. El resultado fue un radical trastocamiento de la institucionalidad.

La nueva élite priísta que tomó el poder en 1982 estuvo condicionada por las crisis económicas y las medidas extremas que los gobiernos de Luis Echeverría y José López Portillo aplicaron para resolverlas. Para esa generación, como ya se analizó en el capítulo anterior, las crisis fueron originadas en el crecimiento irracional de tareas y del tamaño del Estado, y en el manejo irresponsable del gasto público, primero para atender las necesidades sociales y después para conseguir apoyo electoral. Además de provocar la crisis por el déficit público y la deuda, el gobierno fue ineficiente incluso para atender sus principales obligaciones sociales. Las medidas, bajo esta concepción, eran obvias: reducir el tamaño del gobierno y redefinir las tareas del Estado. Pero para Salinas, las soluciones no eran solamente financieras sino también políticas, porque el Estado fue dirigido por una élite que manejó la economía solamente para su beneficio político.[28]

Como lo diría reiteradas veces Salinas, esa vieja élite no aceptaría los cambios porque ello implicaba dañar sus intereses,[29] de ahí que fuera indispensable imponerlos desde la presidencia y remover a cualquiera que se opusiera al proyecto.[30] La firme convicción de que habría resistencias capaces de revertir o detener estos cambios, llevaron a una extrema e incluso contradictoria centralización del poder en manos del presidente y sobre todo a recurrir a medidas que en el pasado fueron extremas y que en ese sexenio se convirtieron en frecuentes. La manera en que Salinas ejerció el poder estuvo predeterminada por una concepción sobre la política y sin duda por una acentuada oposición a la élite priísta tradicional.

No obstante, una circunstancia reforzaría esa predisposición. Las elecciones de 1988 estuvieron enmarcadas por un agudo enfrentamiento entre la élite política priísta, seriamente afectada por el gobierno de De la Madrid. La selección del candidato dejó de ser una competencia entre grupos semejantes y se convirtió en una confron-

---

[28] Carlos Salinas, Discurso en la clausura de la XIV Asamblea Nacional del PRI, septiembre de 1990. En el mismo sentido, los discursos de Luis Donaldo Colosio ante el CEN y el presidente Salinas, *El Universal*, 7 de noviembre de 1990.

[29] Carlos Salinas, *México: un paso difícil a la modernidad*, Plaza y Janés, Barcelona, 2000.

[30] Entrevistas a César Camacho y Dulce María Sauri.

tación de proyectos políticos, tanto para el PRI como para el país. Ante los indicios de que Salinas sería el sucesor, dentro del partido gobernante se desarrolló una fuerte disidencia encabezada por Cuauhtémoc Cárdenas y Porfirio Muñoz Ledo que se oponía a Salinas por ser éste el heredero del proyecto económico y político. Ante el rechazo de De la Madrid, la Corriente Democrática fue expulsada y formó el Frente Democrático Nacional para competir abiertamente con el PRI por la presidencia de la República. Si bien el Frente Democrático Nacional estuvo integrado por variadas organizaciones y destacadamente por los partidos de izquierda, fueron los ex priístas los que marcaron el rumbo y la estrategia electoral. No sólo se llevaron consigo la experiencia política sino la tradicional ideología priísta basada en la intervención del Estado y la atención social que la nueva élite rechazaba.

Desde luego que no toda la élite tradicional emigró a la oposición, pero la que permaneció en el PRI colaboró muy poco en la campaña salinista. El resultado de esta combinación fue crítico porque el PRI, por primera vez en su larga historia, estuvo a punto de perder las elecciones. El manejo del proceso electoral y el apretado resultado alimentaron las sospechas de fraude, lo que provocó una pérdida de legitimidad del presidente que agudizó su natural rechazo a la vieja élite. La falta de legitimidad electoral llevó a Salinas a buscarla en su desempeño y para conseguirla no sólo fortaleció su proyecto político sino buscó el apoyo de la oposición panista, con la que negoció medidas e incluso posiciones políticas.[31] La coyuntura electoral y la necesidad de legitimarse coincidieron con un previo proyecto político que tenía como principio básico la concentración del poder en el presidente.

La concentración no fue institucional sino personal. Del mismo modo que Salinas manejó directamente el programa de Solidaridad, con el que buscaría el apoyo social al mismo tiempo que destruir las clientelas de los gobernadores y minar las bases sociales del PRI, también controló la política. La menguada influencia que para entonces tenía la Secretaría de Gobernación le impidió tomar parte activa en los conflictos y en los hechos ató las manos de su titular

---

[31] Entrevistas a Manuel Bartlett, Diódoro Carrasco y Dulce María Sauri.

Fernando Gutiérrez Barrios, que a pesar de su experiencia política y policiaca fue incapaz de enfrentar variados problemas que se presentaron.[32] Con su renuncia en enero de 1993 comenzaría el largo periodo de inestabilidad en ese cargo que probaría las limitaciones de la dependencia.

Pero a la ineficiencia de la secretaría se sumó el papel, del todo inédito en la política nacional, de José Córdoba como jefe de la Oficina de la Presidencia, asesor personal de Salinas y en la práctica verdadero responsable de la política. La creación de la oficina es una muestra más de cómo Salinas tenía el propósito de centralizar las decisiones a costa de las instituciones del sistema. El 7 de diciembre de 1988, a seis días de tomar posesión, Salinas decretó la creación de la Oficina de la Presidencia (entonces llamada oficina de coordinación) como órgano coordinador de los diferentes grupos de asesoría y apoyo técnico que existían en la presidencia y que formaban parte del cuerpo de seguimiento de los acuerdos alcanzados en las reuniones de gabinetes especializados en los años de López Portillo. Desde entonces y con algunas reformas posteriores, Salinas convirtió al titular en un poderoso funcionario que había dejado de ser un simple secretario técnico de acuerdos tomados por secretarios ante el presidente, para convertirse en el responsable del seguimiento a las decisiones, órdenes presidenciales y programas establecidos en los gabinetes especializados, así como de preparar las giras del mandatario junto con el Estado Mayor Presidencial.[33] Córdoba se erigió en un representante personal

[32] Uno de los más importantes enfrentamientos que pusieron de manifiesto la debilidad del secretario de Gobernación fue el conflicto postelectoral que vivió el estado de Guerrero, gobernado por el amigo de Salinas, José Francisco Ruiz Massieu, en diciembre de 1989. Como era usual, el PRD impugnó los resultados, tomó alcaldías y reclamó triunfos que no pudo probar. Gutiérrez Barrios negoció con el PRD y cuando parecía haber conseguido acuerdos, Ruiz Massieu los rechazó y pidió que el ejército desalojara a los perredistas. Salinas intervino tras tres meses de violencia y algunos manifestantes muertos, y obligó al gobernador a aceptar algunas derrotas. Gutiérrez Barrios quedó no sólo al margen de las negociaciones sino desautorizado por el gobernador y el propio presidente Salinas. Véase la prensa de la época, en especial las crónicas de Francisco Cárdenas Cruz, "Pulso político", y de Juan Bustillos, "Pasarela política", ambas en *El Universal*, diciembre de 1989 y febrero de 1990.

[33] *Diario Oficial de la Federación*, 7 de diciembre de 1988 y 5 de junio de 1992.

de Salinas que se colocaba por encima de los secretarios de Estado para supervisar su trabajo. Córdoba fue, en los hechos, un poderoso jefe de gabinete que intervino decisivamente en la política, más aún cuando la responsable formal, Gobernación, carecía ya de recursos para encargarse de los problemas.[34]

Sin atribuciones políticas formales, pero con el enorme poder que le daba el presidente, Córdoba intervino cuanto fue necesario al lado o por encima de Gobernación. La política, en especial la electoral y los conflictos que derivaban de ella, demandaron la intervención lo mismo de Gobernación que de Córdoba, que expresaba la voluntad presidencial.[35] Además de distorsionar la política institucional, afirmó la intervención del presidente y su propósito de imponer sus condiciones con independencia de los organismos formales y de la autonomía de los poderes. La combinación sería fatal por la falta de coordinación o, en los hechos, la duplicación de los contactos políticos, en particular en un sexenio que estuvo marcado por los conflictos de esa naturaleza.

La necesidad de legitimarse después de los cuestionados comicios impuso un ritmo y condiciones inesperadas al proyecto de modernización salinista. El proyecto, en realidad, nunca fue del todo claro más allá de la sustitución de la élite tradicional y la reducción de las tareas del Estado. Las medidas políticas que puso en práctica Salinas fueron en estricto sentido impulsadas por las elecciones para crear certidumbre y evitar nuevos cuestionamientos. Pero las reformas que pondría en marcha sólo intensificarían un proceso anterior que ya contaba con su propio impulso. Los conflictos políticos producidos a lo largo de su sexenio fueron la consecuencia de estas reformas, ya fuera porque ampliaron la competencia o porque llevaron a comicios cuyos resultados fueron cuestionados por principio por la oposición. Como ya había ocurrido en los años anteriores, la ampliación del pluralismo se dio principalmente en los estados y no en la política nacional, como lo prueba el que a un escaso año del cambio de gobierno el

---

[34] Con Zedillo la oficina disminuyó su perfil para regresar a su papel de secretariado técnico de acuerdos.
[35] Entrevistas a Dulce María Sauri y Enrique González Pedrero.

PAN alcanzara su primera gubernatura mientras que en las elecciones federales de 1991 el PRI prácticamente borrara a sus adversarios en el Congreso.

Estas circunstancias llevaron a una grave tensión entre los gobernadores y el presidente. Por un lado, los mandatarios reforzaron sus controles e influencia sobre las instituciones y el PRI locales, y por otro, enfrentaron cada vez más el avance de la oposición. Las elecciones se convirtieron no sólo en un desafío a su capacidad para mantener la estabilidad, sino en una fuente recurrente de conflictos que pondrían a prueba precisamente la necesidad de legitimidad de Salinas y su gobierno. La oposición muy pronto comprendió la debilidad del presidente por mantener la estabilidad y cuestionó constantemente los comicios, incluso antes de efectuarse, como una estrategia para conseguir triunfos negociados con el presidente y no ganados en las urnas.

Fue la predisposición de Salinas a dar soluciones fuera de la ley, más que las reformas electorales, lo que alentó a la oposición. Eso explica por qué aunque durante el sexenio se hicieron tres reformas electorales (1990, 1993 y 1994), dirigidas a crear el IFE, el Tribunal Electoral, contar con un padrón confiable, reconocer el voto a los habitantes del Distrito Federal y crear la representación plurinominal en el Senado, la tensión por los comicios nunca desapareció. Mientras las reformas buscaban certidumbre, los partidos dirigían sus esfuerzos a aumentar las sospechas de fraude convencidos de que el presidente respondería en contra del PRI y los gobernadores para evitar los conflictos. La probabilidad de que apareciera la violencia y con ella la ingobernabilidad en los estados, aumentó la tensión entre ejecutivos.[36] A la predisposición natural de Salinas en contra de la élite, se sumaría la imperiosa necesidad de evitar los conflictos. Salinas no dudaría en imponer cualquier medida que restaurara la estabilidad, incluido ceder posiciones políticas a la oposición.[37]

Las negociaciones fueron constantes durante el sexenio. Lo mismo se negociaron presidencias municipales (Culiacán y Mazatlán en

---

[36] Entrevistas a Diódoro Carrasco y Genaro Borrego.
[37] Entrevista a Gonzalo Martínez Corbalá.

1989, y Mérida en 1993), que gubernaturas (Guanajuato, San Luis Potosí y Michoacán, en 1991 y 1992), e incluso algunas medidas económicas gubernamentales, como los cambios en el presupuesto federal a los estados.[38] Las negociaciones, por principio, fueron con el PAN, dada la animadversión plenamente documentada de Salinas contra el PRD, y sin la participación de los gobernadores a los que ni siquiera se informaba de lo acordado.[39] La frecuencia con la que se hicieron las negociaciones, que representaban pérdidas reales para el PRI, llevaron a protestas públicas de los gobernadores, como las que se produjeron después del caso de Guanajuato, cuando Salinas no sólo aceptó remover al gobernador electo sino que fuera elegido como interino un panista, Carlos Medina Plascencia, ex alcalde de León. El disgusto sería tan fuerte, que Salinas se reuniría con los mandatarios y les prometería que no se repetiría la experiencia.[40] No volvería a imponer a un miembro de la oposición, pero no dejaría de remover gobernadores cuando lo creyera necesario. Cuando un año después cedió a los gobernadores Eduardo Villaseñor y Fausto Zapata en Michoacán y San Luis Potosí, Salinas tuvo que reconocer que lo había hecho porque eran "medidas extremas" para "eventos inesperados", que buscaban restaurar la paz pública.[41]

Las extremas circunstancias políticas de 1991 y 1992 llevaron al presidente a cometer errores graves. Después de Guanajuato, cuando sin precedente alguno permitió que un panista alcanzara la gubernatura, el fuerte reclamo de los priístas limitó sus intentos por repetir ese experimento, pero no otros. A los pocos meses se produjo la crisis de San Luis Potosí, cuando el movimiento navista, apoyado lo mismo por el PAN que por el PRD, calificó de fraude la elección de Fausto Zapata Loredo y demandó reponer el proceso. Tras quince días en que los navistas impidieron el ingreso del gobernador electo, Zapata fue retirado del cargo y Salinas, con la aceptación de Nava, designó a

---

[38] Entrevista a Manuel Bartlett.
[39] *Idem.*
[40] Entrevista a Dulce María Sauri.
[41] Desayuno con dirigentes del PRI, 21 de octubre de 1992, en *El gobierno mexicano*, presidencia de la República, octubre de 1992, y declaraciones de Fernando Ortiz Arana, presidente del PRI, *Excélsior*, 8 de mayo de 1993.

Martínez Corbalá.[42] El presidente, al parecer, hizo cuanto pudo para apoyar al nuevo mandatario, desde visitas frecuentes hasta recursos y asistencia de los secretarios de Estado.[43] No obstante, propició otra crisis al incitar al gobernador interino a postularse como candidato del PRI a las elecciones extraordinarias que el gobernador debía convocar y preparar.

Todo parece indicar que los apoyos sociales y políticos en el estado eran favorables a Martínez Corbalá, incluida su buena relación con Salvador Nava, pero la discutible interpretación constitucional y el tenso ambiente político del país, presentaban el intento como una reelección que, al decir del mismo Martínez Corbalá, llevaría a pensar que era un ensayo para la reelección presidencial, dada la cercanía entre ambos personajes.[44] Sea como fuere, lo cierto es que el presidente, por acción u omisión, propició un nuevo conflicto estatal que no sólo impidió una candidatura del PRI sino la propia operación del gobernador interino. Martínez Corbalá se separó de la gubernatura para ser candidato y a los pocos días, justo al cumplirse un año en el poder, renunció a la postulación para sumir al estado y al PRI en un nuevo conflicto al que, desde cualquier punto de vista, no estuvo ajeno el presidente.

Pero más allá de las coyunturas políticas, los gobernadores se convirtieron en el principal objetivo del presidente pues éste no sólo utilizó deliberadamente al Pronasol para debilitar sus bases de apoyo, sino que removió a quienes identificó como opositores. Como se observa en los cuadros 1 y 3, Salinas fue el presidente que removió a la mayor cantidad de gobernadores en toda la historia moderna del

---

[42] Entrevista a Gonzalo Martínez Corbalá.
[43] *Idem.*
[44] *Idem.* No es del todo claro el origen del intento. Para Martínez Corbalá era arriesgado pero el apoyo popular y político era sólido, y basado en ello, Salinas lo auspició. Para otros, fue el propio gobernador el que desoyó las advertencias, incluidas las del mismo Salinas. En medio de este embrollo permanecen las sospechas de que, en efecto, el presidente lo permitía para medir la aceptación popular a su proyecto reeleccionista (A. Amezcua *et al., Todos los gobernadores..., op. cit.,* pp. 147-152). En ese sentido, la respuesta tan contundente contra la reelección habría sido el motivo para retirar a Martínez Corbalá (Entrevista a Genaro Borrego).

sistema: a cinco los llevó al gobierno federal y a doce los retiró por motivos políticos. No sólo sobresale el número de mandatarios, sino la facilidad con la que Salinas recurrió al procedimiento para solucionar conflictos y eliminar resistencias, con lo que rompió un principio institucional fielmente observado por sus antecesores.

Como ya se ha señalado en páginas anteriores, el recurso de remover a gobernadores fue extraordinario y se utilizó en situaciones extremas. Siempre estaba de por medio un conflicto grave que ponía de manifiesto la incapacidad del gobernador para controlar los problemas. Eso explica que con excepción de Miguel Alemán (primer gobierno civil, con el que se inicia la etapa institucionalizada del sistema), el resto de los mandatarios hayan sido cuidadosos en el retiro de gobernadores, incluido el ejemplo de autoritarismo, Gustavo Díaz Ordaz. Pero Salinas rompería el esquema movido por sus urgencias políticas. Si se hacen a un lado los cinco gobernadores que fueron llevados a colaborar directamente con el presidente, en los doce restantes es difícil encontrar razones suficientes que, como en el pasado, justificaran las necesidades del retiro.

Existe la opinión de que las remociones de Martínez Villicaña en Michoacán, Leyva en Baja California y Beteta en el Estado de México, que claramente fueron motivadas por su fracaso en las elecciones federales de 1988, sí corresponden al viejo principio de corregir errores toda vez que la derrota priísta en sus estados revelaba falta de control político de los mandatarios.[45] Sin embargo, en ninguno de los tres casos hubo inestabilidad política, o peor aún, violencia que mostrara desorden en la política local. Más todavía, el hecho de que el primer despedido fuera Martínez Villicaña, gobernador de Michoacán, la tierra donde naciera la Corriente Democrática y donde la fuerza del cardenismo era indiscutible, sugiere que el presidente identificaba falta de habilidad política, pero también buscaba saldar un agravio político y, sin duda, personal. Más allá de la indiscutible incapacidad de los tres mandatarios para garantizar el triunfo del PRI, las tres derrotas fueron las más importantes,[46] y por ende centrales en

---

[45] Entrevistas a Genaro Borrego y Dulce María Sauri.
[46] Cuauhtémoc Cárdenas ganó en Michoacán con 395 000 votos, en Baja Cali-

la falta de legitimidad de su elección. Más aún, el Estado de México era una afrenta porque en la entidad se ha asentado una de las élites locales mejor preparadas del país y claramente identificadas con las épocas pujantes del priísmo que, por definición, garantizaban los votos al PRI. En todo caso, la corrección de errores fue limitada porque con excepción de ese estado, que sería recuperado eficazmente por el gobernador sustituto Ignacio Pichardo, en Baja California sería desastroso ya que meses después perdería el estado frente al PAN, y Michoacán sería sumido en una constante inestabilidad política que llevaría en 1992 a una nueva remoción del mandatario.

Otra interpretación apunta a la inestabilidad política de los estados, o en general a situaciones en extremo explosivas que justificarían los retiros.[47] Son los casos de Guanajuato, San Luis Potosí y Michoacán, donde hubo movilizaciones y presiones hacia al presidente. Sin embargo, en ninguno de los casos hubo pruebas del fraude, sino la repetición de una estrategia encaminada a presionar a Salinas. Aunque se terminó con la inestabilidad postelectoral, se hizo mediante la arbitrariedad. Salinas optó por retirar a los gobernadores electos para negociar a los gobernadores e incluso, como en Guanajuato, para aceptar a un panista como prueba de voluntad democrática. Con la única excepción de Elmar Zeltser, que demostraría una evidente pérdida de control político cuando apareció la guerrilla en Chiapas, el resto fueron retirados por diferencias con el presidente o por no aceptar sus imposiciones, básicamente negociar con el PAN los puestos y las victorias pactadas.[48]

El caso de Yucatán en 1993 es ejemplar del comportamiento salinista, tanto en sus propósitos como en la manera poco institucional de intervenir. Dulce María Sauri fue designada gobernadora sustituta tras la renuncia de Víctor Manzanilla en 1991. Como algunos otros mandatarios de la época, Sauri fue apoyada por Salinas porque compartían objetivos, como fue visible cuando el presidente respaldó diversas medidas económicas de la gobernadora, incluida su inter-

---

fornia con 154 000 y en el Estado de México con un millón 303 000. Secretaría de Gobernación, Comisión Federal Electoral, 1988.

[47] Entrevista a Gonzalo Martínez Corbalá.
[48] Entrevista a Genaro Borrego.

vención en los financiamientos del Pronasol. Sin embargo, las coincidencias terminaron en 1993 cuando se realizaron las elecciones locales para renovar alcaldías, Congreso y la misma gubernatura. El PAN aceptó los resultados en los que el PRI ganaba todas las posiciones con la única excepción de la capital, Mérida. La causa no fue una victoria comprobada, porque el PRI ganó la alcaldía por poco más de dos mil votos, sino un acuerdo previo entre el PAN, presidido por un yucateco, Carlos Castillo Peraza, y el presidente, en el que "no estaba previsto que el PRI ganara" Mérida.[49]

Con el recuento de votos por partido, el PRI reclamó las victorias desde la noche de los comicios y Sauri prometió confirmarlo si el Tribunal Electoral lo reconocía en el recuento oficial. En los dos días siguientes la gobernadora recibiría las llamadas del secretario de Gobernación, Patrocinio González Garrido (ex gobernador de Chiapas), para indicarle que el PAN había ganado y que no debía realizarse el cómputo oficial sino declarar la elección "viciada". No era posible hacer esa declaración porque tendrían igualmente que invalidarse los comicios o al menos la elección del gobernador, que el PAN reconocía válida. Sauri se negó a hacerlo y entonces fue Córdoba quien la llamó para exigir se entregara la capital o de lo contrario que la gobernadora asumiera la responsabilidad del conflicto. En esos tiempos esto no significaba otra cosa que ser removida por contravenir las decisiones presidenciales. Consciente del procedimiento, Sauri entregaría su renuncia al Congreso local el mismo día que se realizó el cómputo oficial que reconocía la ventaja del PRI.[50] La gobernadora no sólo se opuso a una decisión del presidente sino que renunció antes de que Salinas la destituyera, como era habitual. La actitud de Sauri tendría

---

[49] Entrevista a Dulce María Sauri.
[50] *Idem*. De todas formas las presiones continuaron. Gobernación insistió en que se declarara improcedente la votación y trató de que los magistrados del Tribunal Electoral de Yucatán rectificaran las cifras. No lo consiguió y el 17 de diciembre Orlando Paredes fue declarado alcalde de Mérida. González Garrido presionó entonces a los diputados para que anularan 32 casillas con lo cual el candidato del PAN ganaría sin tener que declarar viciadas las elecciones en su conjunto. Antes de que eso ocurriera, Paredes renunció. A. Amezcua *et al.*, *Todos los gobernadores...*, *op. cit.*, pp. 72-80.

repercusiones importantes porque sentó un precedente en cuanto a la resistencia a una arbitrariedad presidencial. Un año después en Tabasco, ese precedente sería retomado para evitar una nueva intervención federal y rompería para siempre con el tradicional sometimiento de los gobiernos locales al presidente.

Salinas no siguió ningún patrón en el retiro de los mandatarios. Lo hizo a lo largo de todo el sexenio y siempre cuando hubiera presiones poselectorales encabezadas por la oposición, preferentemente panista. Salinas no buscaba atender una urgencia democrática, sino resolver una necesidad de apoyo. La prueba se halla en que si bien hubo presiones del PRD, Salinas no cedió siempre a ellas mientras que las promovidas por el PAN fueron invariablemente aceptadas e incluso recompensadas en exceso. El presidente no observó ningún otro principio que no fuera evitar conflictos que dañaran su limitado margen de legitimidad y al hacerlo perjudicó gravemente las relaciones institucionales.

En estricto sentido, Salinas no se apropió de nuevas facultades ni acumuló más poder. Tan sólo utilizó las que estaban a disposición de la presidencia desde décadas atrás, pero sin ninguna previsión institucional. Salinas exacerbó una relación vertical, tradicional e histórica, inherente al sistema político, pero que había sido usada con particular cuidado por los presidentes.[51] Remover gobernadores fue, como ha sido explicado antes, una atribución no escrita del presidente que el sistema diseñó para corregir arbitrariedades de los mandatarios y restablecer los equilibrios y la estabilidad política ante la ausencia clara de un mecanismo jurídico que permitiera al ejecutivo intervenir. El cuidado, por lo tanto, provenía del reconocimiento que el presidente en turno debía a las instituciones como reguladoras del conflicto y, en ese sentido, al papel vital que las gubernaturas tenían como responsables de la paz interior de cada estado y como intermediarias con el ejecutivo federal. Un uso arbitrario de ese poder solamente terminaría por debilitar sus funciones y eliminar a un eficaz contenedor de problemas locales que sin su operación sobreexpondría al presidente a los conflictos.[52]

---

[51] Entrevista a Dulce María Sauri.
[52] Entrevistas a Fernando Silva Nieto y Dulce María Sauri.

El abuso presidencial no sólo se demuestra en el número y la frecuencia de gobernadores retirados sino en la liberalidad con la que lo hizo. Si el número de 17 mandatarios es sorprendente, más grave resulta descubrir que fueron 12 estados de la República los afectados y que 5 de ellos lo fueron en dos ocasiones. Resulta claro que los mandatarios perdieron toda credibilidad local y nacional para convertirse en funcionarios menores a la disposición del presidente y que éste se convirtió en el verdadero árbitro de los conflictos de la época.

No es exagerado suponer que Salinas consideró a los gobernadores como sujetos movibles a su antojo si se tiene presente que 12 lo fueron a petición de los partidos de oposición y 5 fueron retirados para ocupar puestos federales en el gabinete o en el PRI. Esto revela que también fueron considerados como una reserva política que si bien a los ojos de algunos era una recompensa personal y una valoración positiva de su desempeño,[53] no deja de mostrarse ante los ciudadanos que los eligieron como funcionarios sin autonomía y plenamente dependientes de la voluntad y de las necesidades del presidente. Si el presidencialismo llegó con Salinas a un extremo de arbitrariedad que hasta entonces había sido sólo potencial, para los estados significó una pérdida de autonomía y para el sistema una ruptura de sus equilibrios institucionales.[54]

La disputa por el control del PRI

Salinas llevó las relaciones a un punto sin retorno. La arbitrariedad presidencial mostró que el ejecutivo federal ya no contaba con eficaces recursos para mantener las relaciones con los gobernadores sin entrar en conflicto. Paulatinamente, y al parecer sin conciencia del proceso, el ejecutivo había debilitado sus controles y los mandatarios tenían cada vez más autonomía y poder. Durante los años de Salinas hubo resistencias que, sin embargo, no lograron detener a un presidente muy poderoso que controló las instituciones como

---

[53] Entrevista a Genaro Borrego.
[54] Entrevistas a Manuel Bartlett, Fernando Silva Nieto y Dulce María Sauri.

nunca antes y que empleó sus atribuciones, legales y políticas, sin pensar en el daño que hacía al precario equilibrio del sistema.[55] Si a pesar del poder acumulado por los gobernadores no hubo una oposición activa fue porque la presidencia, como lo demostró Salinas, tenía aún recursos importantes, pero también por un acentuado principio de respeto a la autoridad presidencial y, por último, porque los gobernadores priístas enfrentaban el doble desafío de contener a la oposición partidaria y enfrentar la creciente separación del presidente como líder de un proyecto común, mantenido por décadas.

Éste será, no obstante, el aspecto central que liberará por completo las ataduras de los ejecutivos locales priístas. Salinas afectó profundamente la relación con el PRI y propició que la militancia dirigiera su mirada hacia los gobernadores en busca del liderazgo perdido. Las negociaciones que Salinas estableció con la oposición panista no sólo vulneraron las autonomías locales y los mismos procesos electorales, sino que afectaron directamente al PRI en los estados en la medida que les cancelaba triunfos reales, algunos muy apretados pero que probaban el esfuerzo de militantes, estructuras locales y, por supuesto, la dirección de los gobernadores.[56] A medida que avanzó el sexenio y con él los conflictos poselectorales, Salinas se impuso cada vez más y fue obligando a gobernadores y PRI locales a aceptar sus decisiones. Fue claro que los intereses del ejecutivo federal iban en sentido opuesto no sólo a los de los mandatarios sino a los esfuerzos del PRI por mantener sus victorias. El resultado fue que la militancia local dejó de reconocer al presidente como líder histórico que dirigió el partido, a la élite y al país, y comenzó a ver a los mandatarios como líderes naturales que además de guiar la política local y ganar a la oposición, defendían al PRI de las arbitrariedades presidenciales.[57] La tradicional vinculación de gobernadores con las estructuras del partido se fortaleció en dos sentidos: ganar elecciones y defender sus triunfos ante el presidente.

---

[55] Entrevistas a César Camacho y Fernando Silva Nieto.
[56] Entrevista a Genaro Borrego.
[57] Entrevista a Manuel Bartlett.

Si al comenzar la octava década ya se habían liberado algunos controles en cuanto a la selección de candidatos, y los gobernadores habían logrado elegirlos y hacerlos ganar, las lealtades locales pronto cambiaron de sujeto. Pero al iniciarse la época de acuerdos y negociaciones con la oposición, el presidente perdió credibilidad y provocó que la militancia se separara de su proyecto. La tendencia se acentuó gravemente porque Salinas también incluyó al PRI en su proyecto modernizador. Después de las elecciones de 1988, cuando fue patente que el PRI había perdido eficacia electoral y, en especial, que las corporaciones ya no podían garantizarle los votos,[58] Salinas propuso al lado de Luis Donaldo Colosio una reforma al partido que buscaba formalmente adecuarlo a la nueva y compleja sociedad de la época para mejorar su imagen y recuperar al electorado que en ese año lo había castigado severamente. En el fondo, empero, el proyecto buscaba simplemente eliminar la influencia de las corporaciones en las decisiones internas y reafirmar el control presidencial.[59] Aunque el objetivo a simple vista era establecer nuevas condiciones para elegir candidatos adecuados para competir con la oposición, Salinas trataba también de reorientar al partido de acuerdo con su idea de modernización política, que desde luego pasaba por restarle poder a la vieja élite.

La reforma fue anunciada desde diciembre de 1988 y como era de esperar, generó resistencias internas que fueron agravándose conforme el salinismo negoció con la oposición los resultados electorales en los primeros años de su mandato. Al final, se anunció que la reforma se haría realidad en la XIV Asamblea Nacional de 1990. Los conflictos llevaron a Colosio y a Salinas a buscar apoyos en los gobernadores, los únicos que podían oponerse eficazmente a las corporaciones porque controlaban las estructuras directivas y podían influir en la selección de delegados. La estrategia funcionó parcialmente porque los mandatarios, si bien controlaron a los representantes e incluso

---

[58] Guadalupe Pacheco, "Los sectores del PRI en las elecciones de 1988", *Mexican Studies/Estudios mexicanos*, núm. 2, verano, 1991.
[59] R. Hernández Rodríguez, "La reforma interna y los conflictos en el PRI", *Foro Internacional*, núm. 126, octubre-diciembre, 1991.

personalmente encabezaron las delegaciones estatales y la asamblea, no se sometieron al proyecto salinista sino que aprovecharon la oportunidad para conseguir un poder que hasta entonces no tenían dentro del partido.

Durante los trabajos, los delegados propusieron reformas que eran distintas a las oficiales, y peor aún, llevaban el propósito de fortalecer la autonomía del partido. Fue ahí, por ejemplo, que se propuso por primera vez establecer condiciones de militancia para ser dirigente y candidato a puestos de elección, incluida la presidencial, tan estrictas que dejarían fuera a la nueva élite, y que fueran decididas mediante el voto directo de los militantes. Además, se propuso eliminar a los delegados generales y especiales que se mantenían en los estados, principalmente durante los procesos electorales.[60] Después de revueltas que retrasaron las votaciones, los dirigentes del PRI lograron rechazar la primera propuesta y negociaron las dos restantes. A cambio aceptaron una modificación estatutaria que alteraría radicalmente el control del PRI. El viejo Consejo Nacional, que tradicionalmente había sido controlado por las corporaciones, se transformó en Consejo Político Nacional (CPN), como órgano colegiado y representativo de la nueva composición del partido. Si bien se mantuvo la presencia de los sectores, su influencia se diluyó frente a lo que Colosio llamaba "estructura territorial" y que estaba formada por los comités directivos estatales y municipales, así como por legisladores locales y federales (cuadro 16). Como era bien conocido por los priístas, los dirigentes de los consejos directivos eran seleccionados por cada gobernador, de tal manera que respondían íntegramente a sus deseos y no a los del Comité Ejecutivo Nacional.

El cambio no fue sólo de estructura, también fue de facultades, pues el nuevo organismo asumió la vital responsabilidad de seleccionar al candidato a la presidencia así como establecer las modalidades para hacerlo, entre las cuales estaba el voto directo de la militancia. Ante el reclamo de los delegados por efectuarlo en asambleas, los diri-

---

[60] *Ibid.*, pp- 240-241; G. Pacheco, "La redefinición de las reglas internas de poder en el PRI, 1988-2001. De la XIV a la XVIII Asamblea Nacional", *Argumentos*, núm. 43, diciembre, 2002.

gentes nacionales sólo pudieron trasladarlo al CPN. El punto es que si bien Colosio y Salinas consiguieron anular la influencia corporativa, no la trasladaron al CEN ni menos aún a los militantes individuales. En las condiciones de 1990 este cambio significó darles a los mandatarios un poder de decisión en el partido que no tenía precedentes y que pocos años después terminaría por ahondar el distanciamiento con el presidente.

CUADRO 16
CONSEJO POLÍTICO NACIONAL
INTEGRACIÓN
XIV ASAMBLEA NACIONAL
1990

---

a) El presidente y secretario general del CEN.
b) Las organizaciones que integran cada sector de acuerdo con el número de sus agremiados.
c) La estructura territorial, integrada por:
   - Todos los comités directivos estatales y del Distrito Federal.
   - 16 presidentes de comités municipales.
   - 1 presidente de comité distritial del DF.
   - 5 senadores.
   - 10 diputados federales.
   - 1 diputado local por cada circunscripción plurinominal.
   - 1 representante de la Asamblea de Representantes del Distrito Federal.
d) 15 cuadros distinguidos.

Fuente: Partido Revolucionario Institucional, Estatutos, 1990.

El cambio fue radical y entregó el último recurso político a los gobernadores, encarnado en el control del PRI, ya no sólo en el terreno local, que siempre habían tenido, sino en el nacional. Desde entonces, el centro de la disputa sería la candidatura presidencial y ya no los puestos estatales, totalmente en sus manos. Si hasta entonces las autonomías locales se habían mantenido aún subordinadas al presidente, no era porque el gobierno federal contara con los recursos tradicionales para someterlos. Los gobernadores habían acumulado facultades administrativas, recursos económicos y múltiples instrumentos políticos, que significaban pérdidas netas para el ejecutivo. Los presidentes tenían ya muy pocos recursos, y como demostraría Salinas, el más efectivo era la remoción. Pero el excesivo uso de esta medida así como el contraste de intereses entre el presidente y los gobernadores, convirtieron la disputa por la presidencia en un asunto decisivo que pasaría inevitablemente por el control del partido. Bajo la presidencia de Salinas la oposición interna del priísmo fue muy localizada y circunscrita a los conflictos electorales. Estas circunstancias y el enorme poder que concentró el presidente y que se tradujo en la destitución indiscriminada de mandatarios, paralizó a los gobernadores.[61]

Hacia el final del sexenio, Salinas se vio obligado a preparar la sucesión y detuvo la reforma del PRI, aunque no las negociaciones ni su proyecto político. La coyuntura sucesoria y la perspectiva de que Luis Donaldo Colosio fuera el elegido, dieron un respiro a los conflictos internos. Más aún, el hecho de que Salinas hubiera preparado a Colosio para ser su sucesor, y la experiencia que el entonces senador había adquirido al dirigir el PRI, negociar con los mandatarios, con los sectores y su contacto con los asuntos electorales, lo presentaron ante la vieja élite y los gobernadores como una alternativa real que podría modificar la política y el programa de Salinas. En ese sentido, Colosio fue una oferta de reconciliación con el priísmo más tradicional.[62] Esto distendería las relaciones entre ejecutivos y abriría una puerta de reconciliación cuando las elecciones presidenciales confirmaran el triunfo de Colosio. Los acontecimientos fueron por un camino totalmente contrario. El traumático asesinato de Colosio y poco después el de José Francisco Ruiz Massieu, así como el levantamiento armado en Chiapas, cambiaron por completo las disputas.

Sería con Zedillo cuando las autonomías locales se expresaran nítidamente porque a diferencia de Colosio, que había tenido una experiencia política intensa en los años del salinismo, Zedillo se había mantenido dentro de la racionalidad económica. Al hacerse cargo de

[61] Entrevista a Manuel Bartlett.
[62] *Idem.*

la presidencia, Zedillo profundizaría el proyecto financiero y acentuaría aún más la separación política entre el ejecutivo federal, el PRI y los mandatarios. Fue entonces cuando los proyectos alternativos se pusieron en marcha. Por un lado, los partidos de oposición ganaron cada vez más espacios en los estados, incluidas las gubernaturas, lo que amplió considerablemente el margen de independencia respecto del gobierno federal. Pero por otro, los gobernadores priístas vieron la oportunidad de enfrentar a un presidencialismo debilitado, no sólo por la creciente carencia de atribuciones, sino por la renuncia voluntaria a las facultades del ejecutivo que el presidente Zedillo aplicó a su gobierno, convencido de que la intervención era sinónimo de autoritarismo.[63] El resultado fue que no solamente se presentaron proyectos alternativos, sino que se estableció una grave disputa dentro del priísmo por controlar al partido y, en el mediano plazo, la candidatura presidencial, para terminar definitivamente con el reinado de la tecnocracia. Los desafíos que tuvo que enfrentar la presidencia bajo el mandato de Zedillo demostraron con toda claridad que el ejecutivo federal ya no tenía los recursos suficientes para controlar no sólo proyectos distintos sino, como fue el caso, expresiones claramente caciquiles que durante largo tiempo se habían mantenido en los estados. Durante los años de Zedillo no sólo llegaría a su fin la prolongada hegemonía priísta, sino terminaría también la delicada relación de sometimiento de las gubernaturas al poder casi absoluto del presidente de la República.

[63] Zedillo lo dijo en múltiples oportunidades, pero se encuentra en el *Sexto informe de gobierno*, presidencia de la República, 2000.

V. LAS MANIFESTACIONES DEL CAMBIO. LOS PRIMEROS GOBIERNOS DE OPOSICIÓN

El pluralismo tendría una fuerte expansión durante la década de los noventa, cuando el PAN y el PRD sumaran a sus victorias en municipios y congresos locales varias gubernaturas. Este avance electoral coincide con el último gobierno priísta, encabezado por Ernesto Zedillo, que se caracterizaría por una notable debilidad o, desde otro punto de vista, por su decisión de no intervenir en los problemas locales en estricto apego a la ley. Aunque puede discutirse la voluntad personal del jefe del ejecutivo, lo cierto es que la presidencia ya no contaba con los recursos políticos que en el pasado le permitían intervenir indiscriminadamente. Estas limitaciones fueron claramente demostradas por el avance de los partidos de oposición que tuvieron como principal consecuencia terminar con la uniformidad política que garantizaba la subordinación natural de los gobernadores. Los mandatarios del PAN y el PRD no tuvieron ninguna motivación para reconocer la autoridad central del presidente ni aceptar sus indicaciones.

Pero lo importante de aquellos primeros años fue que no sólo los gobiernos salidos del PAN y el PRD actuaron con independencia del presidente, sino que los propios priístas utilizaron la autonomía conseguida para desafiar al ejecutivo, en una confrontación interna del PRI que buscaba tanto recuperar el control del partido como asegurarse la candidatura presidencial y desplazar por completo a la élite en ese entonces todavía gobernante. Todos los mandatarios, sin importar el partido de origen, utilizarán sus gobiernos para tratar de avanzar políticamente, pero solamente los priístas van a utilizar plenamente los recursos políticos debido a su larga experiencia. Por ello, serán los gobernadores priístas los que escenifiquen los conflictos más delicados con el ejecutivo federal y los que pongan a prueba su verdadero poder, para entonces sumamente mermado.

Aun cuando los asuntos gubernamentales han sido centrales para todos los mandatarios, no han existido diferencias sustanciales en las formas de manejar los asuntos públicos. Como se verá enseguida, existen variaciones dependiendo de los postulados de cada partido, pero no modifican las prácticas establecidas por los gobiernos priístas. Por el contrario, todos han incurrido, en menor o mayor medida, en prácticas clientelares e incluso en abiertos casos de corrupción que en nada se apartan de las experiencias priístas. Sobre todo en los primeros años, cuando aún el PRI controlaba el gobierno federal, los mandatarios del PAN y el PRD, gobernaron guiándose por la coyuntura electoral.

La obra pública fue manejada con propósitos de visibilidad política, con acciones de corto plazo que concitaban apoyo electoral y, por ende, mejoraban las posibilidades tanto de volver a ganar la gubernatura como, en especial, la presidencia de la República. Poco a poco esa práctica fue impulsada por los mismos mandatarios para fortalecer sus posiciones personales y sus aspiraciones nacionales. En parte por esa ventaja política pero también por las definiciones ideológicas de cada partido, el presupuesto y el gasto público fueron centrales en su desempeño. Mientras que para los panistas ha sido prioritaria la racionalidad administrativa, el control del gasto y la reducción de las tareas a cargo del gobierno, para los perredistas el gasto será el mejor recurso para solucionar problemas y necesidades sociales. Los primeros terminarán con políticas restrictivas y privatizaciones, mientras que los segundos darán paso a una significativa expansión del gasto y la deuda pública que les ha ganado el calificativo de populistas.

Podría pensarse que estas prácticas son distintivas de los priístas, pero la verdad es que por igual pueden aplicarse a la oposición, dependiendo del estilo personal y la generación a la que pertenece cada mandatario.[1] Durante esos años y conforme ha avanzado el pluralismo, lo mismo pueden encontrarse mandatarios que, como los panistas, controlan el gasto público, que otros que según la vieja práctica priísta, lo emplearon para atender las presiones sociales. En ese sentido, la forma de gobernar no fue y no ha sido un elemento que distinga o clasifique a los gobiernos estatales según el partido.

---

[1] P. M. Ward y V. Rodríguez, "The New Federalism...", *op. cit.*

Como se verá más adelante, los gobernadores panistas y perredistas introdujeron modificaciones políticas y sobre todo electorales que estimularon el pluralismo y la competencia. Se introdujeron formas de colaboración institucional o social para designar miembros del gabinete (en especial, los procuradores de justicia), comisiones de derechos humanos, nuevos reglamentos electorales, etc., pero tampoco en ello fueron innovadores.

En realidad, no sólo los priístas hicieron lo mismo sino que, lo más importante, el mismo gobierno federal los impulsaba. En estricto sentido, tanto la racionalidad administrativa como las reformas políticas estaban en plena correspondencia con los cambios promovidos desde la presidencia por la generación tecnocrática priísta. Si no hubo diferencias en la forma de gobernar, no hubo tampoco motivos para confrontarse con el gobierno federal. Con la única excepción de la controversia promovida por el primer gobernador panista (y de oposición, en general) Ernesto Ruffo, por el reparto presupuestal, que no alcanzó el grado de confrontación pero sí de fuerte cuestionamiento a los criterios federales, ningún otro mandatario tuvo diferencias sustantivas con el presidente o con el gobierno central. Los problemas fueron encabezados por gobernadores priístas que desafiaron abierta y públicamente la autoridad del ejecutivo.

No siempre, por supuesto, en las acciones de estos mandatarios pueden encontrarse auténticas opciones políticas. Por el contrario, al lado de éstas, y con más frecuencia, se han producido resistencias al gobierno federal en las que es fácil identificar la defensa de intereses personales y de grupo en manifestaciones claramente caciquiles. Solamente dos gobernadores lograron enfrentar exitosamente al presidente Zedillo y ofrecer sus opciones de gobierno y de partido a las impuestas en la época. Manuel Bartlett y Roberto Madrazo desarrollaron gobiernos en los que fortalecieron sus vínculos con el partido y las élites locales, uno para imponer una ley presupuestal que hasta ahora es un antecedente importante para la autonomía fiscal, y el otro para enfrentar la intervención federal en su estado. Ambos lo hicieron gracias a una estrecha relación con el priísmo local que los reconoció como líderes.

Como una manifestación de los peores vicios tolerados por el sistema bajo el dominio del PRI, hubo otros casos, como los de Guerrero y

Morelos, donde los gobernadores igualmente enfrentaron al presidente y resistieron sus presiones pero no para ofrecer una relación alternativa sino para defenderse de acusaciones penales. A diferencia de Bartlett y Madrazo, que lograron mantenerse en sus cargos, Jorge Carrillo Olea y Rubén Figueroa tuvieron que solicitar licencia para evadir la acción judicial. No constituyen ejemplos de oferta política plural, sino manifestaciones claras de cómo las autonomías locales pueden proteger prácticas caciquiles que en nada ayudan al desarrollo democrático.

La revisión de estas primeras experiencias es relevante no sólo como un testimonio de cómo se expresaron las gubernaturas al liberarse los controles tradicionales, sino porque se han mantenido como pautas generales de comportamiento. Lo mismo se han continuado las políticas de racionalidad administrativa y de control presupuestal en los gobiernos panistas y priístas, que se han profundizado los desequilibrios en el gasto en los encabezados por el PRD. Pero también han reaparecido los intentos por limitar aún más la participación del ejecutivo federal, como lo demuestran la creación de la Conferencia Nacional de Gobernadores (Conago) en los primeros años del nuevo siglo y, el más grave de los riesgos, la reaparición de liderazgos caciquiles que intentan preservar intereses de grupo o personales.

En este punto lo importante es que ya no se trata solamente de casos de gobernadores priístas sino de todos los signos ideológicos, como lo han sido Víctor Cervera (PRI, Yucatán, 1995-2001); Alfonso Sánchez Anaya (PRD, Tlaxcala, 1999-2005); Sergio Estrada Cajigal (PAN, Morelos, 2000-2006); Patricio Patrón Laviada (PAN, Yucatán, 2001-2007); Ulises Ruiz (PRI, Oaxaca, 2004-2010); y Mario Marín (PRI, Puebla, 2005-2011). Con diferencias importantes, pero todos los casos revelan las múltiples posibilidades de acción una vez que el control central sobre las gubernaturas y los gobernadores se ha perdido. Como podrá observarse en las páginas siguientes, el cambio no ha tenido una sola dirección ni sus consecuencias han sido siempre positivas. La autonomía sin controles institucionales puede adquirir manifestaciones contradictorias.[2]

---

[2] Conviene tener presente que los casos que se analizan enseguida no pretenden ser una revisión pormenorizada y exhaustiva de todas las experiencias de cada par-

La gestión privada del gobierno

El PAN nació en 1939 para oponerse, primero, al régimen de Lázaro Cárdenas y luego, al dominio priísta. En rigor, nunca pretendió transformar el sistema o las instituciones básicas sino corregir su funcionamiento para evitar las arbitrariedades y los dispendios. En lo político, el PAN intervino en los comicios plenamente convencido de que no ganaría pero que sí podría educar cívicamente a la población. Las críticas fundamentales fueron sobre el desempeño administrativo, la ineficiencia en la aplicación de los recursos y el uso discrecional que facilitaba la corrupción. El centralismo y la falta de equidad en la competencia electoral completaron las críticas constantes al sistema.[3] Los argumentos cobraron cada vez más claridad en la medida en que los principales triunfos panistas fueron en municipios no muy grandes ni significativos, pero sí urbanos y con presencia de clases medias. Para el panismo que pudo desempeñarse en los ayuntamientos, fue relativamente fácil comprobar las carencias de recursos, la necesidad de obras básicas y el centralismo de todo tipo que se ejercía jerárquicamente en los gobiernos federal y estatal. No fue sorprendente que fuera el panismo el que hiciera de la modernización administrativa una bandera en la que incluía tanto recursos como honestidad y eficiencia.

Pero no todo fue ideología y tradición en esta manera de proceder. Hacia los años ochenta del siglo pasado, se produjo un profundo descontento empresarial debido a los conflictos entre el sector privado y los gobiernos de Echeverría y López Portillo que además de acusaciones y amenazas, incluyeron expropiaciones de tierras y la controvertida nacionalización bancaria de 1982. Fue entonces cuando un grupo de empresarios, ubicado sobre todo en el comercio, las pequeñas y medianas empresas y en el campo, decidió abandonar su tradicional marginamiento político y buscar abiertamente los cargos de elección. Los empresarios más decididos, entre los cuales se con-

---

tido, menos aún pretenden ser una crónica de labores. Se trata tan sólo de destacar los principales aspectos que podrían configurar una tendencia de actuación gubernamental de acuerdo con el origen partidario. De cualquier forma, la selección trata de destacar únicamente los casos relevantes.

[3] Soledad Loaeza, *El Partido Acción Nacional...*, *op. cit.*

taba Manuel J. Clouthier, tuvieron el acierto de sumar a la crítica al gobierno por sus medidas económicas y el centralismo político, la falta de competencia electoral que, en su juicio elemental, impedían la alternancia y con ella la aplicación de medidas eficientes.

La coincidencia sería obligada por ideología y ubicación social. Empresarios y panismo se encontraron participando del mismo propósito: ganar elecciones, desplazar al PRI y poner en práctica sus ideas sobre el funcionamiento gubernamental. Desde entonces, los principales desafíos electorales al priísmo, ya no en los municipios sino en las gubernaturas (como sucediera entre 1983 y 1985 en Chihuahua, Sonora, Sinaloa y Nuevo León), van a tener a empresarios como candidatos del PAN. Al final, serán ellos y no panistas tradicionales, los que hagan realidad el pluralismo en los gobiernos estatales.

La coincidencia de empresarios, habituados a la gestión privada, y la tradición panista de criticar el dispendio gubernamental, hará del control presupuestal y la racionalización administrativa los principales objetivos de los gobiernos panistas en los estados. Para estos mandatarios los gobiernos debían ser eficientes, lo que obligaba a establecer principios surgidos del control administrativo, introducir criterios de calidad propios de la gestión privada y, como parte central de esta estrategia, controlar el gasto público para conseguir el equilibrio presupuestal.[4] Los objetivos llevaron tanto a eliminar lo que en su criterio no eran tareas propias o prioritarias del gobierno, como a privilegiar programas públicos redituables que, por principio, no eran los sociales.[5] Desde luego que una tarea central fue reducir la planta laboral y controlar los salarios en el gobierno del estado. Todos, en mayor o menor medida, establecieron planes para despedir empleados y congelar plazas. El efecto, sin embargo, fue poco exitoso porque no dejaron de contratar personal sino sólo cambiaron el tipo de puesto al establecer contratos por tiempo determinado, lo que si

---

[4] Magali Modoux, *Démocratie et fédéralisme au Mexique (1989-2000)*, Karthala, París, 2006, pp. 80 y 88.

[5] Irma Campuzano Montoya, *Baja California en tiempos del PAN*, La Jornada, México, 1995, pp. 68-69; V. E. Rodríguez y P. M. Ward, *Political Change in Baja California. Democracy in the Making?*, Center for US-Mexican Studies, University of California, San Diego, 1994, pp. 58-59; y M. Modoux, *ibid.*, cap. 5.

bien evitó la antigüedad y redujo los pagos por jubilaciones, no eliminó el número de empleados ni el gasto. Por otro lado, estas medidas fueron mal recibidas por algunos sectores sociales que vieron aumentar el desempleo y la reducción de los niveles de vida.

Aunque en cada caso hubo énfasis diferentes, prácticamente todos los gobernadores panistas cubrieron los mismos aspectos, desde la revisión de la estructura de gobierno, desapareciendo organismos, fusionando otros e incluso simplemente cambiando de nombre, hasta la creación de mecanismos para supervisar el uso y la aplicación de los recursos públicos, lo que incluyó en algunos casos concesionar servicios a la iniciativa privada, como fue la recolección de basura, y descentralizar funciones hacia los ayuntamientos. En cierto modo, la modernización administrativa se facilitó porque a pesar de que desde el inicio de los años ochenta se había comenzado la puesta al día de la administración pública, en especial transformando las tradicionales direcciones generales en secretarías, el cambio fue tardío en los estados más alejados del centro político nacional, precisamente los primeros que fue ganando el PAN.

Así, por ejemplo, Francisco Barrio, cuando llegó a la gubernatura de Chihuahua en 1992, pudo iniciar su administración con una rápida modernización que convirtió en secretarías las pocas direcciones existentes. Por supuesto que aprovechó la oportunidad para rediseñarlas y asignarles nuevas tareas, como sucedió con la anterior Dirección General de Desarrollo Social, que atendía educación, cultura, salud y deporte. Con ellas creó dos áreas, una de Educación y Cultura y otra de Fomento Social. También fusionó las anteriores de Finanzas y Administración.[6]

Otro aspecto atendido, en especial por el gobierno de Ernesto Ruffo en Baja California, fue la autonomía municipal. Además de ser una crítica tradicional del panismo, el tema tenía antecedentes importantes. Por un lado, estaban las modificaciones constitucionales iniciadas por el presidente Miguel de la Madrid durante su mandato, y por otro, la experiencia del propio Ruffo como alcalde

---

[6] A. Aziz, *Territorios de alternancia. El primer gobierno de oposición en Chihuahua*, Triana, México, 1996, p. 57.

de Ensenada, inmediatamente antes de convertirse en gobernador, lo mismo que las administraciones municipales de Barrio en Ciudad Juárez y Luis H. Álvarez en Chihuahua, que ya habían propuesto revisar las atribuciones de los ayuntamientos para hacer realidad su autonomía.[7] Con un marco jurídico que los respaldaba, los gobernadores de oposición pudieron iniciar transferencias de responsabilidades hacia los ayuntamientos. Para Ruffo, la descentralización estatal debía contar antes con la modernización técnica y administrativa de la estructura del gobierno municipal, de tal manera que no provocara problemas en su desarrollo y aplicación. Para lograrlo puso en marcha el Programa de Descentralización para el Fortalecimiento Municipal que paralelamente a las correcciones administrativas, comprendía la transferencia de tareas claramente de responsabilidad municipal, como propiedad, permisos de construcción, planeación urbana, control de tránsito, mantenimiento de agua potable y de caminos rurales, construcción de escuelas y regularización ejidal.

A pesar de que este proceso fue exitoso administrativamente gracias a la facilidad que significaba contar solamente con cuatro municipios, tres de ellos urbanos y con buen desarrollo económico, su alcance económico y social fue limitado porque Ruffo no proporcionó los recursos necesarios.[8] Aunque es verdad que las partidas presupuestales no crecieron significativamente, ya estaban en marcha los procesos de autonomía para entregar más recursos directamente a los ayuntamientos, sólo que intermediados por el gobernador. Y en esto ocurrió un fenómeno normal en política: el alcalde crítico no fue el gobernador dispuesto a hacerlo realidad. Ruffo, cuando fue alcalde de Ensenada, ganó popularidad gracias a un enfrentamiento con el gobierno priísta de Óscar Baylón, al que presionó para que entregara más recursos, incluso saliendo personalmente a barrer las calles, hasta que logró que la legislatura local aceptara aumentar las partidas. Esa

---

[7] V. E. Rodríguez y P. M. Ward, *Policymaking, Politics, and Urban Governance in Chihuahua*, US-Mexican Policy Report, núm. 3, LBJ School of Public Affairs, The University of Texas at Austin, 1992.

[8] V. E. Rodríguez y P. M. Ward, *Political Change...*, *op. cit.*, pp. 104-109. Los mismos autores señalan que Ruffo no aceptó entregarles las inversiones públicas ni los programas culturales y educativos.

normatividad estaba vigente cuando Ruffo se convirtió en gobernador, pero una de sus primeras y más costosas medidas fue cancelarla alegando que no tenía recursos para pagar salarios.[9] El resultado fue que amplió las responsabilidades municipales pero también los apremios y los incumplimientos por falta de recursos económicos.

Para las administraciones panistas la eficiencia en la aplicación de recursos era prioritaria por diversos motivos. El primero era conseguir ahorros, al evitar dispendios y gastos innecesarios para mejorar la prestación de servicios sociales y administrativos, pero también como medio para controlar la corrupción. Para ellos, esta tarea sería la mejor prueba de que el PAN ofrecía una auténtica alternativa al priísmo, es decir, que la nueva forma de gobierno, basada en racionalizar la administración, atraería simpatías electorales. Sobre esa premisa impulsaron el adelgazamiento burocrático y desarrollaron mecanismos de control y vigilancia del gasto público. Barrio fue el más decidido en esta materia, lo que, dicho sea de paso, lo llevó a descuidar otros aspectos relevantes como el fortalecimiento municipal o las demandas por mayor presupuesto federal.

Barrio se propuso sanear las finanzas públicas y eliminar los apoyos discrecionales que el gobierno proporcionaba al partido o a otras actividades. Además de fortalecer el control interno (a lo cual respondía la fusión de las áreas de Administración y Finanzas, por ejemplo) que le permitiría vigilar la aplicación del gasto, reforzó la Contraloría interna del gobierno al convertir en subprocuraduría la oficina de Asuntos Internos. En rigor, Barrio trataba de corregir desde la gubernatura lo que él y Alvarez habían atestiguado como alcaldes años antes, bajo los gobiernos priístas.[10] Barrio prestaría una atención desmedida a los asuntos de control y vigilancia en el gobierno, dirigida a evitar la corrupción, a tal grado que cuando Vicente Fox llegó a la presidencia lo designó secretario de la Contraloría.

[9] Tonatiuh Guillén, *Baja California, 1989-1992. Alternancia política y transición democrática*, Colfron/CIIH, UNAM, México, p. 107; y Víctor Alejandro Espinoza Valle, *Alternancia política y gestión pública. El PAN en el gobierno de Baja California*, El Colegio de la Frontera Norte, México, 1998, p. 78.

[10] A. Aziz, *Territorios de alternancia...*, op. cit., p. 63; y V. E. Rodríguez y P. M. Ward, *Policymaking...*, op. cit., pp. 51-56.

A diferencia de Barrio, Ruffo no desarrolló mecanismos de control a pesar de haber convertido la corrupción en una bandera de gobierno. Ruffo se preocupó más por encontrar faltas que comprobaran el uso indebido de recursos y su malversación, que en crear procedimientos preventivos y de control. En parte por ser el primer gobierno de oposición, pero también por haber enfrentado una competencia que él y su partido calificaron de desigual por los apoyos gubernamentales, Ruffo desperdició los primeros años de su gestión en buscar irregularidades y desvíos de fondos. El resultado no fue del todo benéfico porque nunca logró comprobar faltas importantes que afectaran a funcionarios de alto nivel o que probaran que el gobierno había proporcionado ayudas millonarias. La falla la compensó con actividades sociales, como un programa de vivienda que comprendió la regularización de la tenencia del suelo, la introducción de servicios públicos y la entrega de lotes para construir viviendas, así como la construcción de escuelas.[11]

La racionalización administrativa y la búsqueda de la eficiencia tuvieron dos efectos importantes. Uno fue privilegiar obras inmediatas, de infraestructura urbana básica y dirigidas al mantenimiento más que a la creación o ampliación de la existente. En rigor, esta estrategia respondía al criterio panista de que la eficiencia demostraría por sí misma las ventajas de votar por el PAN, pero también que lo electoral obligaba a los mandatarios a realizar obras de corto plazo, inmediatas y visibles que demostraran a la población la diferencia de tener en el gobierno a otro partido y por ende se tradujeran en apoyo partidario.[12] El otro efecto, contrapuesto a este propósito electoral, fue marginar los programas sociales porque no eran redituables en términos financieros y porque suelen convertirse en fuertes sangrías presupuestales. En parte para compensarlo, fue que los mandatarios panistas

[11] I. Campuzano Montoya, *Baja California en tiempos...*, *op. cit.*, pp. 77-78; T. Guillén, *Baja California, 1989-1992...*, *op. cit.*, p. 106; y V. E. Rodríguez y P. M. Ward, *Political Change...*, *op. cit.*, p. 65.

[12] A. Aziz, *Territorios de alternancia...*, *op. cit.*, p. 63; y V. E. Rodríguez y P. M. Ward, *Political Change...*, *op. cit.*, p. 73; y de los mismos autores, *Opposition Government in Mexico*, University of New Mexico Press, Alburquerque, 1995; y M. Modoux, *Démocratie et fédéralisme...*, *op. cit.*, p. 152.

aumentaron el gasto en las áreas de educación y salud, pero siempre en los límites de los programas públicos. La desatención social y la extrema confianza en que la eficiencia administrativa concitaría el apoyo electoral provocaron con frecuencia problemas a los gobiernos panistas, en especial en las zonas menos urbanas y empobrecidas. De ahí que a pesar de sus críticas al viejo priísmo, recurrieran a algunos programas de apoyo selectivo que, en rigor, reprodujeron las prácticas clientelares autoritarias.[13]

Los gobernadores panistas también promovieron reformas políticas, básicamente dirigidas al terreno electoral. En plena consonancia con las reformas que se producían en la política nacional, los panistas introdujeron cambios que buscaban mejorar la competencia y terminar con los apoyos indebidos. Fue en este aspecto donde los mandatarios de ese partido promovieron reformas comunes, pero en otros ámbitos las propuestas fueron particulares. Como fue la introducción de figuras típicas de la democracia directa, como establecer el plebiscito, el referéndum e incluso la presentación ciudadana de iniciativas de ley. Sin embargo, los cambios dependieron básicamente de los mandatarios, no de un programa general. Lo que explica que mientras Jalisco y Baja California parcialmente los introdujeran, ni Medina Plascencia y menos aún Fox los desarrollaran en Guanajuato.[14] Además de ser iniciativas particulares, las figuras contaron con limitaciones importantes pues las consultas sólo se aplicaban a asuntos de desarrollo urbano y municipal. Del mismo modo que con las obras públicas, diseñadas para ganar apoyos inmediatos, la introducción de figuras de la democracia directa buscaban nuevas fuentes de legitimidad, como mecanismos que justificaran decisiones comunitarias pero que en la práctica no cedían a la sociedad ninguna decisión importante.

La manifestación más importante de la autonomía institucional alcanzada por el panismo fueron sus intentos por revisar los términos del federalismo fiscal. Lo más paradójico, sin embargo, fue que su mayor avance se convirtió en uno de sus más severos fracasos. Elabo-

---

[13] M. Modoux, *Démocratie et fédéralisme...*, *op. cit.*, p. 328.
[14] *Ibid.*, cuadro 6, 141, y 137.

rada durante años, la crítica panista al control presupuestal fue puesta a prueba en varios gobiernos municipales, como los de Ruffo, Barrio, Álvarez, y años después por el de Carlos Medina Plascencia en León, Guanajuato. Pero la manera en que Ruffo la trató de resolver y más tarde algunos alcaldes panistas intentaron volver a plantear, fue desastrosa porque no sólo exhibió la inexperiencia política del panismo sino también una sorprendente limitación técnica. Contra lo que podía esperarse, los avances en cuanto al presupuesto no provinieron del panismo sino de los gobiernos priístas, como lo demostraría, durante los años de Zedillo, el gobernador Bartlett, y más recientemente, en plena alternancia democrática, la asociación de mandatarios del PRD y el PRI. Incluso la más exitosa propuesta panista, puesta en práctica por Fox en Guanajuato, fue opacada por su propia militancia política que la hizo aparecer como un recurso electoral.

Tras algunas críticas en los primeros dos años, en 1991 Ruffo comenzó a presionar al gobierno federal para que revisara el sistema no sólo del reparto de las partidas presupuestales sino de las facultades para recaudar impuestos por los estados. De acuerdo con sus cálculos, Baja California apenas recibía 50% de lo que la federación recaudaba en el estado, lo que equivalía a una constante sangría que sólo beneficiaba al gobierno federal. La Secretaría de Hacienda respondería que en realidad el estado recibía 70% de lo recaudado y que el resto formaba parte del fondo general que apoyaba a las demás entidades.[15] Ruffo argumentaba que el ingreso real sólo lo conocía Hacienda debido a que no permitía a los gobiernos estatales recaudar los impuestos, de ahí que su primera demanda fue modificar la ley para que fuera posible la recaudación directa.

Más tarde amenazó con retirarse de la coordinación fiscal, a lo que Hacienda respondió favorablemente toda vez que la participación es voluntaria, pero, como lo sabía Ruffo, separarse de la coordinación fiscal suponía recibir solamente participaciones de los

---

[15] Los pormenores de este conflicto se encuentran en el trabajo de Irma Campuzano, *Baja California en tiempos..., op. cit.*, pp. 214-220; y en Eduardo Zepeda y David Castro, "El gasto público en Baja California. Los vaivenes de la descentralización y el control político", en Jaime Sempere (comp.), *Federalismo fiscal..., op. cit.*

impuestos especiales reservados a la federación, y no recursos del fondo general, de tal manera que los ingresos estatales se desplomarían. La única manera de compensar la pérdida consistiría en que el gobierno estatal tuviera su propia política fiscal. Hacienda invitó a Ruffo a hacerlo pero sin sustituir a la federal, lo que equivalía a que duplicara los impuestos.[16] A mediados de 1991 Ruffo pidió que de la recaudación total del estado, antes de pasar al fondo general, se le entregara un porcentaje fijo así como una proporción de otros impuestos federales, como el de la gasolina. La respuesta de Hacienda fue que los montos entregados al estado habían aumentado en términos reales en 12%, por lo que Ruffo había recibido más de lo recaudado en la entidad.

Para el gobernador, Hacienda mentía y se escudaba en el procedimiento para calcular tanto lo recaudado como las cantidades a repartir. Ruffo poco a poco centró el problema en un asunto técnico en el que el contenido realmente importante (el mejoramiento de la equidad en la distribución de recursos) se fue perdiendo hasta diluirse en la discusión. No sólo se perdía lo sustantivo del asunto fiscal sino que Ruffo se colocaba en un terreno sumamente riesgoso porque debía demostrar tanto la capacidad técnica de su equipo como la deliberada inequidad del gobierno federal. Fue exactamente en lo que sería más vulnerable. Al final, Carlos Salinas y Ruffo acordaron revisar el sistema para probar quién estaba en lo correcto. En 1993, tras varios intentos fallidos por encontrar economistas y académicos que estuvieran dispuestos a hacer el papel de árbitros, cuyos resultados podrían disgustar al panismo y, por extensión, a los críticos del sistema que creían en los juicios de Ruffo, se formó una comisión que revisaría los datos tanto del gobierno federal como del estatal para averiguar si el procedimiento técnico era correcto y si realmente, como decía el gobernador, su gobierno recibía menores recursos.

En junio de ese año la comisión entregó sus conclusiones, de acuerdo con las cuales Baja California había recibido más recursos

---

[16] Una explicación comprensible de este tema nada sencillo, se encuentra en Grupo Financiero Bancomer, *Los ingresos estatales y municipales…, op. cit.*

de lo que por sí mismo habría recaudado e incluso retenido del IVA. La comisión, aunque nunca se pronunció en cuanto a los detalles de los datos entregados, sí concluyó que el gobierno estatal no había podido demostrar la inequidad de las entregas ni tampoco la mala fe en los procedimientos técnicos federales.

El fracaso fue rotundo. El primer gobernador de oposición y panista, con experiencia como alcalde y con una larga tradición crítica contra la política fiscal del gobierno federal, que había obligado por primera vez al ejecutivo a revisar objetivamente el sistema de participaciones, demostró una sorprendente incapacidad para probar sus juicios en el terreno que él mismo había elegido. Al final, no sólo invalidó la crítica al federalismo sino que puso en serias dudas la objetividad del PAN para revisar asuntos sustantivos de la administración pública. En realidad, éste no fue el único fracaso de Ruffo en la materia, pues durante el año de 1991 su gobierno no ejerció 400 000 millones de pesos de su presupuesto simplemente por no tener proyectos en qué invertirlos.[17] Era obvio que ese primer gobierno de oposición tenía serios problemas para desarrollar los asuntos administrativos y financieros. La esperanza política que había despertado su victoria sufrió una fuerte desilusión al exhibir más capacidad para criticar que para gobernar con eficacia.

Habría otras oportunidades para que el PAN volviera al tema fiscal y no siempre con acierto, como ocurrió en 1995 con el alcalde de Ciudad Juárez, Francisco Villarreal, que decidió nuevamente obligar a la federación a revisar el asunto expulsando a las autoridades federales de los pasos fronterizos con Estados Unidos y cobrar por su cuenta las cuotas. Esos puentes son considerados por la ley como espacios federales y por tanto los ingresos sólo puede recaudarlos la Secretaría de Hacienda, por lo que el alcalde incurrió en un delito castigado con la cárcel. Aunque la medida fue por iniciativa propia del alcalde, lo cierto es que muy poco antes el gobernador Barrio había organizado un foro de discusión sobre federalismo en el que habían proliferado las críticas al gobierno federal. Villarreal, por su cuenta, pero estimulado por las discusiones previas y la publicidad del foro, decidió ac-

[17] I. Campuzano Montoya, *Baja california en tiempos...*, *op. cit.*, p. 209.

tuar al margen de la ley.[18] Si Ruffo exhibió incapacidad para probar la inequidad, Villarreal no dudó en provocar a la justicia con una acción aparentemente válida. Al final, ninguno de los involucrados fue capaz de producir una alternativa al esquema federal y, por el contrario, pusieron en duda las verdaderas intenciones del panismo, además de su habilidad política y financiera.

Quizá el único caso que se salió de este esquema fue el de Vicente Fox como gobernador de Guanajuato. Dentro de su proyecto de gobierno, Fox recuperó la crítica al federalismo fiscal y también revisó los errores cometidos por sus compañeros de partido. Aunque no dejó de criticar el programa federal, Fox dirigió sus argumentos a la atadura que significaba entregar los recursos con objetivos precisos y bajo criterios que en la práctica cancelaban la autonomía de los gobiernos estatales. No cuestionaba los propósitos de equidad económica ni de desarrollo sino solamente la libertad de decisión del mandatario. En consecuencia, expidió una ley local, avalada por el Congreso, que le permitía reordenar los criterios de asignación federal así como las proporciones que determinaban las entregas (pobreza, población, recaudación) para que el gobierno local las redistribuyera de acuerdo con las prioridades que fijara. Como la ley no contravenía sustantivamente la federal de Coordinación Fiscal y ni siquiera los criterios generales, sino que recuperaba la capacidad del gobierno estatal para emplearlas, no provocó un conflicto con la federación y por lo tanto perdió espectacularidad. No obstante que su propuesta fue importante, ni Fox ni el PAN pudieron capitalizarla más allá de los propósitos inmediatos. A Fox lo que le interesaba era mostrar capacidad política y de paso allegarse simpatizantes en sectores populares al emplear los recursos para obras y atención social, y no mostrar una alternativa nacional. Por otras razones muy distintas a los fracasos y errores de Ruffo, Barrio o Villarreal, Fox y el PAN no pudieron mostrar ese programa como una opción política efectiva.

A pesar del fracaso panista por replantear el esquema federal de los recursos fiscales, no hay duda que tuvo impacto político porque por primera vez los mandatarios de los estados se habían enfrentado

[18] A. Aziz, *Territorios de alternancia...*, *op. cit.*, p. 84.

al presidente y a las decisiones federales en un terreno particularmente delicado. Fue, quizá, la más importante demostración de lo que podían hacer los gobernadores una vez que la autoridad del jefe del ejecutivo ya no dependía de su función como líder del partido. Es de subrayar, sin embargo, que estos intentos desaparecerían por completo del esquema panista. No sólo los gobernadores de este partido no volverían a plantear el asunto fiscal sino que se opondrían a reconsiderarlo cuando los del PRI y el PRD, reunidos en la Conago, lo hicieron ante el presidente Fox.

Pero si en las formas de gobernar no hubo grandes diferencias, los panistas sí inauguraron un patrón de comportamiento que se reproduciría a partir de entonces, incluso en el PRD, y que se originó en la independencia que consiguieron los gobernadores de sus propios partidos. Como ya se indicó páginas atrás, el éxito electoral del PAN dependió en buena medida de la presencia de empresarios que desplazaron a los tradicionales militantes. Todos los gobernadores del PAN, al menos en los primeros periodos, procedían del sector privado y aunque tuvieron alguna experiencia en gobiernos municipales, no tenían militancia partidaria real. Como hombres de negocios, los nuevos mandatarios integraron gabinetes con un notorio predominio de empresarios y gerentes de empresas.

Como se ve en el cuadro 17, la presencia de hombres de negocios en los gabinetes de gobiernos panistas era abrumadora, aunque también destacaba la dispersión de actividades. Frente al 53% de gerentes y empresarios, y 30% de panistas y amigos de los mandatarios, sólo 17% tenía alguna experiencia en el sector público. Se trataba de equipos sin inexperiencia política, convencidos de la superioridad y, sobre todo, aplicabilidad de la gestión privada al sector público. Era obvio que la visión técnica y administrativa predominara en el ejercicio de los gobiernos, con total independencia de las propuestas sociales o políticas. Ello también explica la falta de sensibilidad política para desarrollar tareas, o como lo deseaban sus simpatizantes originales, proyectos alternativos a los priístas.

Cuadro 17
Gabinetes de gobiernos estatales del pan.
Trayectorias de funcionarios*

Entidad	Sector público	Sector privado	PAN	Otros	nd	Total
Baja California 1989-1995	1	6	1	0	0	8
Chihuahua 1992-1998	2	5	1	1	0	9
Jalisco 1994-2000	1	7	1	0	2	11
Guanajuato 1995-2001	4	4	1	0	0	9
Querétaro 1997-2003	2	2	2	2	2	10
Nuevo León 1997-2003	0	6	1	1	2	10
Total	10	30	7	4	6	57

* Se presentan solamente los gabinetes cuya información fue posible completar.
Fuente: Prensa estatal y nacional.

Los gobernadores los seleccionaron convencidos de que sus trayectorias como gerentes eran las más adecuadas para cumplir con sus objetivos de racionalidad y eficiencia administrativa. Pero también porque constituían equipos personales, leales y comprometidos con el gobernador y no con el partido que los había postulado. Como era usual, los gobernadores habían construido apoyos propios con los que ganaban las posiciones en el PAN y, finalmente, la candidatura. Las campañas, aunque formalmente manejadas por el partido, en realidad descansaban en sus equipos cerrados. La integración de los gabinetes, por lo tanto, respondía tanto a la necesidad de garantizarse el desarrollo de sus programas como a la de recompensar apoyos personales y políticos, al margen del PAN.[19] Los gobernadores no intentaron construir relaciones duraderas y sólidas con el partido sino fortalecer sus grupos de apoyo.

Una evidencia de esta autonomía respecto del partido se encuentra en que los gobernadores llevaban consigo a un buen número de colaboradores previos. Ruffo, Barrio y Alberto Cárdenas Jiménez, que antes habían sido alcaldes, designaron como integrantes de sus gobiernos estatales a anteriores funcionarios en sus ayuntamientos, y Fox hizo lo mismo al llegar a la presidencia, en cuyo gabinete incluyó a anteriores colaboradores en su gobierno en Guanajuato. Fueron equipos propios, que sólo habían respondido a los intereses del mandatario y líder del grupo, sin que el partido tuviera alguna intervención ni menos aún posibilidad de controlar algún exceso. Esa independencia fue la que dominó la gestión de Fox en Guanajuato y que constituye la primera evidencia de que los mandatarios panistas aprendieron a utilizar los recursos políticos de la gubernatura, algo que hasta entonces sólo sabían hacer los priístas.

Al igual que sus colegas de partido que eran gobernadores, Fox también había sido un próspero empresario que ingresara al PAN en los años ochenta, más por su antipriísmo que por su identidad panista. Tras un primer intento por conseguir la gubernatura en 1992, finalmente ganó las elecciones tres años después para construir desde la gubernatura su candidatura presidencial. Gobernó el estado con el claro propósito político de tener una base real que le sirviera para obtener la candidatura por parte del PAN y luego competir por la presidencia. En ese sentido, y a diferencia por completo de las experiencias anteriores, Fox puso énfasis en los aspectos políticos y no en los administrativos, y para ello utilizó todos los recursos que le ofrecía la operación gubernamental, como fue, por ejemplo, la Coordinación para la Promoción del Comercio Exterior, creada por Medina Plascencia años antes. Medina estableció el organismo para organizar los esfuerzos privados y públicos para exportar productos locales, pero

---

[19] M. Modoux, *Démocratie et fédéralisme...*, op. cit., p. 128.

Fox la empleó para su promoción política, amparado en las acciones comerciales. Estableció representaciones en las principales ciudades de Estados Unidos, en algunas europeas e incluso en Hong Kong, y bajo el pretexto de promover personalmente la producción del estado, utilizó la red (y los recursos públicos asociados a ella) para hacer constantes giras internacionales y a otros estados de México.[20] Igualmente utilizó la obra pública para ganarse adeptos, pues recorría constantemente el estado y entregaba cada obra que se terminaba. El activismo político de Fox tuvo una diferencia importante. Contrario a lo que hacían los priístas, Fox no se apoyó en la estructura local o nacional de su partido, sino que diseñó una organización paralela que le atrajera simpatizantes y recursos económicos con diferentes grupos empresariales y de clases medias. El esquema fue exitoso porque antes de concluir su periodo constitucional ya contaba con una organización propia, los Amigos de Fox, y con una bien preparada campaña nacional e internacional que le daba la suficiente visibilidad y fuerza para ganar la candidatura panista.

Fox demostró que los gobernadores, independientemente del partido de origen, podían emplear eficazmente los recursos políticos para su promoción personal, al margen incluso del partido. Y esto constituye el principal riesgo de la autonomía alcanzada porque ha fortalecido, como nunca antes, los poderes personales de los mandatarios. La carencia de militancia partidaria de los gobernadores del PAN y la construcción de grupos personales, los asemeja a los viejos grupos caciquiles que construían los priístas. Con la diferencia enorme de que ahora no pueden ser controlados por el presidente ni tampoco por el partido al que pertenecen. La autonomía política, administrativa y financiera de las gubernaturas puede ser empleada para realizar proyectos personales, como bien lo demostró Fox.

---

[20] *Ibid.*, p. 153. Fue tan intensa la actividad fuera del estado, que Fox fue conocido por permanecer menos tiempo del debido en la entidad.

El regreso del Estado benefactor

El PRD alcanzaría su primera gubernatura hasta 1997, cuando su líder fundador y por tres ocasiones candidato a la presidencia, Cuauhtémoc Cárdenas, ganara la jefatura de gobierno del Distrito Federal. Las siguientes victorias tendrían lugar en 1998, cuando ganara Zacatecas y Tlaxcala, y en 1999 Baja California Sur.[21] Ya en el 2000, pero en alianza con el PAN, obtendría Nayarit y Chiapas.[22] Los triunfos son muy tardíos si se considera que el PAN había ganado desde 1989 cada año una gubernatura hasta acumular seis en 1997 (cuadro 8). Desde luego que una razón de ese lento avance se encuentra en la juventud del PRD, apenas formado en 1989, y a su accidentado desarrollo en los años del salinismo.[23] Más aún, a la luz de los antecedentes, bien podría pensarse que los triunfos revelan fortaleza interna, pero en realidad la evaluación es otra. Más que fortaleza y consolidación interna y electoral, los triunfos del PRD en las gubernaturas se inscriben en el conflicto del PRI con el presidente de la República y la élite tecnocrática.

Todos los candidatos postulados por el PRD fueron priístas que a pesar de contar con sólidas bases locales, no fueron seleccionados por el PRI. Todos se mantuvieron dentro del viejo partido hasta que la postulación se decidió y sólo entonces lo abandonaron para aceptar

---

[21] Constitucionalmente, el Distrito Federal no es una entidad federativa con plenos poderes debido a que no ha logrado resolverse el problema jurídico y político que representa el asentamiento de los poderes federales. Con todo, para los fines de este trabajo, su ejecutivo será considerado como un gobernador.

[22] En Nayarit y Chiapas ambos partidos postularon a los ex priístas Antonio Echavarría y Pablo Salazar Mendiguchía. El primero se afilió al PAN después de las elecciones y el segundo se mantuvo como independiente, lo que no ayudó al PRD a incrementar su representación en los estados.

[23] Kathleen Bruhn, *Taking on Goliath: The Emergence of a New Cardenista Party and The Struggle for Democracy in Mexico*, Pennsylvania State University, University Park, 1996; Víctor Hugo Martínez González, *Fisiones y fusiones, divorcios y reconciliaciones: la dirigencia del Partido de la Revolución Democrática, PRD, 1989-2004*, UNAM/Flacso, México, 2005; y Adriana Borjas Benavente, *Partido de la Revolución Democrática: estructura, organización interna y desempeño público, 1989-2003*, Gernika, México, 2003.

la cobertura del PRD. Cada uno era un líder local reconocido, con seguidores y con el apoyo de buena parte de la estructura local del PRI, de tal manera que también se llevaron consigo esos apoyos y gracias a ellos lograron ganar los comicios. Eso explica que sin tener real presencia en Zacatecas, Tlaxcala y Baja California Sur, el PRD sorpresivamente venciera al PRI y, aún más, prácticamente lo borrara del mercado electoral. A diferencia del Distrito Federal, donde el PRD desde 1988 conquistó un mercado electoral fuerte y perdurable,[24] en el resto de los estados, donde más tarde ganaría, no tenían presencia significativa.

En Zacatecas, tanto en las elecciones federales como locales, el PRD se mantuvo entre 0.79 y 8.7% de los votos, frente a un promedio de 60% del PRI. Pero en 1998, con Ricardo Monreal como candidato, el PRD obtuvo 43% ante el 37% del PRI. Aunque no tan pequeña su presencia, en Baja California también era insuficiente hasta que postuló a Leonel Cota. En las elecciones de 1993 el PRI ganó la gubernatura con 52% de los sufragios, pero en 1989 obtuvo el triunfo con 56% de los votos.[25] En rigor, los triunfos revelan que la base priísta fue trasladada al PRD gracias al liderazgo de los candidatos. En esas entidades, no es que el PRD creciera sorpresivamente, sino que sustituyó al PRI con sus mismas bases.

Esto constituye una evidencia de que el PRD no avanzó en esos años porque fuese una alternativa para el electorado sino porque acogió a un sector con bases propias del PRI. A diferencia del PAN, que ganara convenciendo de que era una opción distinta al PRI, el PRD simplemente aprovechó el descontento de priístas que ya contaban con el apoyo electoral y que igual hubieran ganado si el PRI no hubiera cometido el error de rechazarlos.[26] Una evidencia adicional de esta debilidad perredista se encuentra en el hecho de que sistemáticamente el PRD postuló como candidatos a todas las gubernaturas casi

---

[24] Hasta 1997 los habitantes de la capital del país no pudieron elegir gobernantes. Los únicos datos disponibles para comparar preferencias electorales corresponden a las elecciones para diputados federales y siempre mostraron una enorme fuerza priísta y en algunas zonas panista. Sin embargo, en 1988 el Frente Democrático Nacional tuvo un triunfo arrollador en la capital de la República.
[25] M. Modoux, *Démocratie et fédéralisme...*, *op. cit.*, pp. 274-275.
[26] *Ibid.*, p. 180.

siempre a ajenos al partido y en especial a ex priístas.[27] No se trataba solamente de una estrategia muy pragmática, que sacrificara principios y militancia al avance electoral, sino a una circunstancia histórica ajena a la evolución del partido pero que desde su nacimiento lo ha influido decisivamente: los conflictos en la élite priísta.

Del mismo modo que el principal impulso para el nacimiento del PRD se encuentra en la disidencia interna de 1987 de la Corriente Democrática, los triunfos en las gubernaturas se deben al agudo enfrentamiento de la élite tradicional priísta con los presidentes Salinas y sobre todo con Zedillo. Como será detallado en el capítulo siguiente, en el sexenio de Zedillo tuvieron lugar los más graves conflictos entre gobernadores, líderes del PRI y potenciales candidatos, con la dirección del partido y con el presidente. Más aún, como consecuencia final de ese largo enfrentamiento, el PRI impondría las condiciones para seleccionar candidatos, en especial a la presidencia, y obligaría a ensayar las elecciones primarias. Ese intenso conflicto convertiría cada periodo electoral, incluido en primer lugar las postulaciones a las gubernaturas, en batallas entre los grupos priístas para ganar espacios y desplazar a la élite tecnocrática.

De ese enfrentamiento, que terminaría debilitando severamente al PRI, el principal beneficiario sería el PRD. Por afinidad ideológica fue el partido fundado por Cárdenas el que atrajo a los disidentes priístas, y no el PAN, definido claramente a la derecha y contrario a los principios del viejo partido. El PRD, desde su nacimiento, unió al priísmo más tradicional, convencido de la intervención del Estado para solucionar problemas sociales y que desde 1987 se opuso al cambio liberal de la tecnocracia, con la vieja izquierda, encabezada por los restos del PCM, y que coincidía por completo con esa visión intervencionista de los priístas. En los años finales del siglo pasado, tras tres periodos dominados por la tecnocracia, los priístas más desilusionados pero con fuertes bases sociales, abandonaron el partido y se trasladaron al PRD llevándose consigo esos apoyos institucionales.

Lo mismo Monreal que Cota se convirtieron al perredismo luego que no lograron las candidaturas del PRI. Monreal, con larga ex-

[27] A. Borjas Benavente, *Partido...*, *op. cit.*, pp. 209 y 220.

periencia política local y federal, desde 1979 había construido una fuerte base como dirigente agrario en el estado, tanto en las ligas de comunidades agrarias como en la CNC. En 1991 llegaría a ser presidente del PRI en el estado, lo que le daba una amplia base de apoyo. De ahí que en 1998 fuera candidato natural a la gubernatura. Como un claro ejemplo de la autonomía que habían alcanzado los mandatarios en esa época, el gobernador Arturo Romo decidió al candidato sin que el PRI nacional y menos el presidente tuvieran alguna intervención, y con el único propósito de garantizar su influencia. Monreal, a pesar de los signos en contra, se mantuvo en el PRI hasta que se realizaron las primarias y ganó el candidato de Romo. Fue entonces que aprovechó sus apoyos sociales y partidarios para competir por la gubernatura.

La estrategia de Monreal y su decisión exitosa de postularse por el PRD marcó el camino para los siguientes aspirantes. Cota, por ejemplo, siguió de cerca la experiencia de Monreal. Como alcalde de La Paz, Cota había ganado no sólo simpatías entre la población sino que había construido un grupo disidente propio que enfrentó al gobernador y con el cual participó en las elecciones primarias que, sin embargo, ganaría el candidato oficial. Al igual que Monreal, Cota se trasladó al PRD con el equipo y los apoyos priístas que había construido. El PRD fue en los hechos solamente el que ofreció el marco legal para la postulación, y para los priístas descontentos la única opción disponible para desarrollar sus proyectos.

Si esta migración explica los sorpresivos triunfos del PRD, también explica el manejo político y electoral de los recursos a disposición de los gobiernos estatales, incluido en primer lugar el gasto público. Debido a que los gobernadores contaban con grupos y apoyos propios, su independencia del nuevo partido fue absoluta. Cota y sobre todo Monreal, se encargaron de la dirección de sus campañas sin que el partido interviniera, y en el caso del zacatecano, incluso con la plena anuencia del dirigente nacional Andrés Manuel López Obrador.[28] Como en el caso de los panistas, los perredistas también crearon gabinetes de compromiso o de leales miembros de su grupo

---

[28] *Ibid.*, p. 211.

político. Más aún, como lo hiciera Cota, incorporó a familiares sin que nadie interviniera para impedirlo. En cualquier caso, lo hicieron para fortalecer su posición y, desde luego, su futuro político.

Como los panistas, también incorporaron a ajenos a sus grupos políticos, pero introdujeron una variante que demuestra su experiencia política para conseguirse apoyos sociales y corporativos. Ambos propusieron que algunos secretarios fueran designados por "la sociedad", pero en los hechos fueron sindicatos y corporaciones privadas. Monreal, por ejemplo, liberó a los secretarios de Finanzas, Educación y Trabajo, así como al procurador de justicia, pero los propusieron las asociaciones patronales, el SNTE, el Sindicato de Trabajadores de la Construcción y las asociaciones de abogados, respectivamente. Cota, por su parte, permitió que asociaciones afines designaran a los secretarios de Educación, Salud y Cultura.[29] Bajo la formalidad de que "la sociedad" interviniera, ambos comprometieron a sectores corporativos con el gobierno y, en consecuencia, legitimaron sus decisiones. Nadie podría criticarlos y en última instancia, los responsables serían los grupos involucrados, no los gobernadores.

Pero también respondieron a las características de su partido, atravesado desde su nacimiento por el permanente enfrentamiento de los grupos internos. Todos, en menor o mayor medida, han entregado puestos a miembros de los grupos para corresponder a los apoyos, pero sobre todo para mantener los equilibrios internos. Sin duda que existe una razón muy pragmática para conceder lugares y responsabilidades por el solo principio de la representación equitativa y no por el conocimiento y la experiencia, pero también porque de esa manera se aseguran los líderes el papel de árbitro en los conflictos, más aún cuando se han convertido en gobernadores. El ejemplo extremo es el de Cuauhtémoc Cárdenas cuando se hizo cargo del gobierno del Distrito Federal.

Elegido por una mayoría indiscutible y ungido en ese entonces por una legitimidad en el PRD fuera de duda, Cárdenas habría podido designar a quien quisiera en su equipo cercano. Prefirió, sin embargo, repartir cargos por su experiencia priísta y perredista, pero sobre todo

---

[29] M. Modoux, *Démocratie et fédéralisme...*, *op. cit.*, pp. 281-283.

porque preparaba los apoyos para su tercera candidatura presidencial. Como lo han demostrado Modoux y Borjas Benavente, tanto en el gabinete como en el equipo ampliado, Cárdenas se reservó algunos puestos para antiguos y probados colaboradores, pero destinó el resto a cubrir cuotas para los múltiples grupos que lo habían auxiliado y que necesitaba mantener a su lado. La mejor prueba de este propósito se encuentra en las designaciones de Rosario Robles, militante de la izquierda universitaria radical, como secretaria General de Gobierno, y René Bejarano, líder de las principales organizaciones populares en el Distrito Federal, como director General de Gobierno, para nada cercanos a Cárdenas, pero sin duda, como demostrarían con creces, principales actores para movilizar apoyos electorales.[30]

La búsqueda de legitimidad y apoyos se complementó con la liberalidad en el manejo del gasto público. En clara y muchas veces deliberada contraposición al panismo, los gobernadores del PRD no sólo no se preocuparon por la racionalidad administrativa y el equilibrio presupuestal, sino que se declararon abiertamente partidarios de que el gasto fuera utilizado para resolver problemas y necesidades sociales. Nada extraño si se piensa en los orígenes priístas e incluso generacionales de los mandatarios. Amén de su militancia recién abandonada, todos fueron formados en la tradición más intervencionista del Estado mexicano, exactamente lo que sería condenado por la tecnocracia y cuyo rechazo sería determinante en las rupturas siguientes.

El gasto se dirigió a la atención social, no necesariamente urgente, pero sí fácilmente observable, como educación, salud, recreación, infraestructura urbana. Además de resolver demandas reales, la estrategia sirvió para reproducir la vieja práctica priísta de los subsidios para crear clientelas políticas y electorales. Monreal, por ejemplo, conocedor del campo y en especial del zacatecano, donde había surgido el movimiento de El Barzón a raíz de la crisis financiera de 1994, aumentó los créditos y apoyos directos a los campesinos productores.

[30] *ibid.*, pp. 244-245. Borjas Benavente (*Partido...*, *op. cit.*) presenta la clasificación de funciones y grupos internos en las notas de pie de página 342 a 345, pp. 165-166.

No resolvió las causas de la crisis agraria ni menos aún eliminó a El Barzón, pero sí obtuvo su apoyo como movimiento organizado,[31] vale subrayar, dirigido a él como líder político y no al PRD. Muy pronto se demostraría este propósito cuando Monreal, a pesar de contar con recursos federales superiores a los de sus antecesores debido a los cambios introducidos por Zedillo, reclamó más fondos e incluso encabezó una marcha hacia la ciudad de México. Desde luego que tanto en las críticas como en las marchas figuraba en primera línea El Barzón.[32]

De todas las acciones de los gobernadores perredistas, la más riesgosa radica en el uso discrecional del gasto, que del apoyo social pasa fácilmente al dispendio y al populismo. Aunque todos los mandatarios de ese partido han incurrido en esas prácticas, han sido los de la capital del país los que mejor las expresan. Desde 1997 la Ciudad de México ha sido gobernada por el PRD y de él se han encargado ex priístas, como Cuauhtémoc Cárdenas, López Obrador y desde el 2006, Marcelo Ebrard, hasta izquierdistas radicales como Rosario Robles, o moderados, como Alejandro Encinas. Gracias a la continuidad, ellos han podido desarrollar con más claridad que ninguno otro las políticas de gasto abierto y sus consecuencias. Pero también revelan cómo las circunstancias electorales inmediatas han determinado su comportamiento y decisiones en dos sentidos: desarrollar obras públicas de corto plazo y utilizar el gasto público para promover clientelas electorales.

[31] M. Modoux, *Démocratie et fédéralisme...*, *op. cit.*, pp. 290-291.
[32] Esta medida demostró que los apoyos que construyó tenían propósitos principalmente políticos. En agosto de 2000, después de demandar más presupuesto, Monreal exigió que el gobierno federal terminara dos carreteras cuya construcción había sido detenida. Así se había hecho porque la Cámara de Diputados había disminuido fondos a la Secretaría de Comunicaciones y Transportes. Los tramos carreteros no estaban en construcción, sino eran ampliaciones que no eran prioritarias ni afectaban la comunicación. Monreal lo sabía pero utilizó la protesta para criticar al gobierno, sus compromisos con el FMI y al presidente Zedillo. Monreal planeó la caminata de tal manera que llegara al Distrito Federal antes del informe presidencial, lo que le daría más visibilidad, y llamó a su movilización *La marcha de Zacatecas*, nombre de una popular pieza musical que recuerda una batalla de Francisco Villa durante la Revolución. Véase *El Universal*, del 24 de agosto al 1 de septiembre de 2000.

Como lo reconociera Cuauhtémoc Cárdenas en una entrevista, su gobierno estuvo marcado desde el principio por la sucesión presidencial del 2000, en la que se postularía por tercera vez.[33] Él establecería la pauta de comportamiento porque desde entonces todos sus sucesores han gobernado en función de las elecciones presidenciales. Cárdenas, por ejemplo, ocupó los escasos dos años que estuvo al frente del gobierno capitalino (en septiembre de 1999 renunció para postularse a la presidencia) para "limpiar y poner en orden la casa", lo que significó buscar casos de corrupción y demostrar que se podía gobernar con honestidad. Cárdenas actuó así sin duda por convicción, pero también porque sabía que no permanecería en el cargo. Desde 1997 en el PRD se tenía el proyecto de ganar el gobierno capitalino, postular más tarde a Cárdenas a la presidencia y que Robles lo sucediera para desarrollar una administración cuyas obras sirvieran tanto para fortalecer la campaña de Cárdenas como para retener la capital con el candidato que resultó ser López Obrador. Que era un proyecto bien diseñado por el partido desde 1997, lo confesaría la misma Robles al tomar posesión como nueva titular, sustituta del caudillo perredista, en octubre de 1999.[34] Una vez determinado el objetivo, Robles empleó los recursos económicos, institucionales y políticos del gobierno capitalino para promover a su partido.

Robles centró sus actividades en obras públicas inmediatas, básicamente de mantenimiento, y en la extrema publicidad en medios de comunicación. Aunque insistió en que había ampliado el gasto en educación, salud, vivienda y seguridad, en realidad los datos muestran caídas pronunciadas, pues el presupuesto para esas tareas pasó de 71.1% en 1997, a 68.2% en 2000.[35] Más aún, al finalizar la gestión de

[33] Entrevista de Cuauhtémoc Cárdenas con A. Borjas Benavente, *Partido...*, *op. cit.*, p. 423.

[34] Inmediatamente después de recibir el cargo, Robles reconoció que fue seleccionada como secretaria General de Gobierno para sustituir a Cárdenas, y que actuaría en el Distrito Federal para convencer a los electores, consciente de que lo que hiciera "redundaría favorablemente para el PRD y la candidatura de Cárdenas, así como para mantener el gobierno del Distrito Federal en el 2000". *El Universal*, 1° de octubre de 1999.

[35] M. Modoux, *Démocratie et fédéralisme...*, *op. cit.*, p. 252.

Robles, quedó un saldo de seis mil millones de pesos, autorizados por el Congreso para atender necesidades de transporte e infraestructura, que no se ejercieron.[36] La prioridad fue la promoción política. Tan sólo en 1999 el área de comunicación social gastó 701 millones 900 000 pesos, lo que si bien es importante, resulta más delicado porque la Asamblea Legislativa había autorizado únicamente 282 millones 210 000 pesos, lo que representó un excedente de 420 millones, cifra casi seis veces superior a la que gastó Óscar Espinosa Villarreal en su último año de gobierno como regente y que fue de 77 millones de pesos.[37]

Las cifras crecieron, como era de esperarse, en el ejercicio del 2000, el año de las elecciones federales y locales en el Distrito Federal. Como denunciaría la diputación del PAN, más tarde apoyada por el PRI, a Robles se le autorizaron 275 millones 238 000 pesos pero ella los aumentó a 699 millones 884 000, es decir, 154% más;[38] de tal manera que en un año y dos meses, Robles gastó poco más de 844 millones de pesos adicionales para promover a su gobierno y al PRD, en plena temporada electoral. Al final, el gasto en publicidad creció en los tres años del primer gobierno perredista en la capital 400%.[39] El exceso del gasto fue un constante objeto de críticas e incluso de acusaciones de corrupción que, no obstante, no prosperaron.[40] Como era

[36] Declaraciones de Armando López, secretario de Finanzas del gobierno capitalino, *El Universal*, 9 de noviembre 2000.
[37] *El Universal*, 5 y 25 de enero de 2000 y 29 de mayo de 2001.
[38] *El Universal*, 12 de junio de 2001.
[39] M. Modoux, *idem.*, p. 242.
[40] Hubo un caso ampliamente publicitado, el de los contratos entregados a la empresa Publicorp sin mediar concurso público y a precios muy por arriba de las cotizaciones de mercado. La empresa era poco conocida en el medio de la publicidad, pero estaban relacionados con ella algunos perredistas. Publicorp cobró 55 millones de pesos, cuatro veces el valor real de los trabajos, de acuerdo con las acusaciones del PAN. La empresa facturó debidamente el pago con el propósito de legalizar la operación en la contabilidad del gobierno, pero se sospechaba que no fue utilizado por Publicorp sino que sirvió para crear un fondo de reserva electoral que incluso eventualmente serviría a la propia Robles cuando abandonara el cargo. Aunque el PAN presentó la denuncia, Robles fue exculpada por la Procuraduría perredista al considerar el precio ajustado al mercado de la publicidad. Véase la cobertura que el periódico *Reforma* le dio al tema desde fines de mayo y hasta junio de 2001.

de esperar, el presupuesto fue deficitario y la deuda pública creció en más de 100% al pasar de 12 millones de dólares en 1997 a 30 millones de dólares en 2000.[41]

El éxito electoral fue parcial pues si bien López Obrador mantuvo el gobierno capitalino, Cárdenas fracasó nuevamente en su búsqueda de la presidencia. Pero los condicionamientos políticos continuaron y López Obrador profundizó las prácticas clientelares con miras a los comicios de 2006. López Obrador desarrolló tres líneas de acción: desarrollar obras de infraestructura básica, un costoso programa de becas y apoyos económicos a los sectores populares, y consultar a los ciudadanos cada vez que debía tomar una decisión administrativa cuestionable.[42] Como ya lo habían hecho los otros gobernadores perredistas, López Obrador dirigió el gasto público al mantenimiento de la infraestructura básica, sin que se ampliaran los servicios, y a la construcción de obras viales, de discutible utilidad pero de gran visibilidad, en especial para la clase media capitalina, proclive electoralmente al panismo.

Como lo hicieran algunos mandatarios panistas, López Obrador también introdujo la figura de las consultas ciudadanas para ciertas decisiones gubernamentales. Aunque nunca se precisó su aplicación en algún reglamento, el tabasqueño las empleó para legitimar decisiones polémicas que podían restarle apoyos de aplicarlas como autoridad, o para demostrar su popularidad. De cualquier forma, fue peculiar la manera de consultar porque lo hizo mediante el teléfono y con encuestas o votaciones que duraban días para lograr acumular votos. Así, puso a consulta una legislación sobre marchas populares (cuyas simpatías personales eran más que obvias pero que no podía seguir permitiendo como autoridad capitalina), el aumento a las tarifas

---

[41] M. Modoux, *Démocratie et fédéralisme...*, op. cit., p. 241.

[42] En realidad hubo una cuarta que expresaba mejor que las otras su estrategia política, y que consistió en criticar constantemente al gobierno de Vicente Fox con el propósito de subrayar las diferencias ideológicas. Aunque es un tema importante, no es el propósito de este estudio ocuparse de la disputa de López Obrador con Fox y el PAN, que desembocaría en los críticos comicios de 2006. El objetivo es destacar las formas de gobierno que se desarrollaron a partir del cambio en la relación federal, por lo que solamente se desarrollarán los tres aspectos señalados.

del Metro (que presupuestalmente eran necesarias pero que adoptarlas tendría repercusiones electorales), y su polémico y costoso proyecto de construir segundos niveles en dos vías rápidas del Distrito Federal.[43]

Los resultados fueron sumamente limitados pues en todas las consultas participó un promedio de 5% del padrón electoral, cercano a los 6.5 millones. La única excepción fue la encuesta que hizo a fines de 2002 para preguntar si continuaba o no al frente del gobierno. En esa ocasión opinaron 691 619 personas, poco más del 10% del padrón, de los cuales 95.3% votó por su permanencia.[44] A pesar de la escasa participación y la poca relevancia de los asuntos consultados, el recurso le dio legitimidad a sus decisiones y ayudó a su imagen de gobernante responsable.

Pero el verdadero manejo político fue su programa de atención social. López Obrador, desde su toma de posesión en diciembre de 2000, estableció la entrega de becas (a discapacitados, desempleados, para capacitación del trabajo y escolares), pagos asistenciales (servicios médicos, para compra de medicamentos y aparatos ortopédicos y, en general, a las personas mayores de 65 años) y programas de apoyo económico (a pequeñas y medianas empresas del Distrito Federal, de mantenimiento inmobiliario, reactivación económica) que han significado cada año alrededor de 6 600 millones de pesos del presupuesto oficial.

Junto a las becas asistenciales, puso en marcha un ambicioso proyecto de educación media superior y superior que consistió en la construcción de dieciséis preparatorias, una por delegación, y la Uni-

---

[43] Hubo otra consulta sobre la aplicación del horario de verano que se convirtió en un episodio patético. López Obrador se oponía a establecerlo en el Distrito Federal, primero porque afectaba la salud de los capitalinos y luego porque era "un compromiso de los tecnócratas con los grupos financieros internacionales", sólo porque se había advertido que eso provocaría que la Bolsa Mexicana de Valores abriría una hora después que la de Nueva York, con el consiguiente retraso en las operaciones. Aunque en la consulta participaron cerca de 318 000 ciudadanos, López Obrador decretó la no aplicación del horario de verano porque el 75% así lo había decidido en su encuesta. El gobierno federal presentó una controversia constitucional y la Suprema Corte de Justicia le concedió la razón. *El Universal*, 28 de febrero y 1° de marzo de 2001.

[44] *El Universal*, 26 de septiembre y 9 de diciembre de 2002.

versidad de la Ciudad de México. Aunque la medida parece correcta, debido a la creciente demanda de educación en la capital del país, las intenciones políticas y electorales se encuentran en el sistema que se propuso desarrollar. De acuerdo con el jefe de gobierno y sus asesores (la mayoría universitarios de izquierda ampliamente conocidos desde los años setenta del siglo pasado por su defensa de la universidad de masas, gratuita y militante), la necesidad de estas instituciones no era la de atender la demanda escolar de los capitalinos sino la de impartir educación distinta al modelo contemporáneo, calificado de "industrial decimonónico" y "tecnocrático y neoliberal". El modelo alternativo implicaría eliminar calificaciones, admitir libremente a estudiantes que aprobaran exámenes elementales y promover la "participación en el conocimiento". Al final, los estudiantes de bachillerato son elegidos por sorteo, sin ningún examen de por medio, y los universitarios no tienen ningún otro requisito que haber terminado el ciclo anterior.

De acuerdo con Manuel Pérez Rocha, principal promotor de la idea y finalmente rector de la Universidad, las aprobaciones y los grados se basarían "en la apreciación que el educador tenga sobre si alguno entendió o no lo que [el profesor] le enseñó". Aún así, su pretensión era que el 10% de los estudiantes aprendiera y que un porcentaje "modestamente mayor" aprobara. Naturalmente, la nueva institución concedería las aprobaciones y los grados, con absoluta independencia de la SEP, la UNAM o cualquier otro organismo de educación superior.[45] El modelo, como puede fácilmente apreciarse, se funda en valoraciones ideológicas sobre la educación y facilita el acceso y la obtención de grados universitarios pero con mínimas exigencias en el conocimiento, de tal manera que sólo formalmente resuelve el acceso a la educación. Pero como es esperable, la medida atrae simpatías en un sector altamente sensible a la crítica social.[46]

Como pudo comprobarse en 2005, cuando López Obrador se convirtió en candidato a la presidencia, el manejo tanto del gasto público como del conjunto de recursos políticos que ofrece el aparato

---

[45] Declaraciones de Manuel Pérez Rocha, *El Universal*, 11 de enero de 2001.

[46] Una descripción detallada del programa social de López Obrador se encuentra en A. Borjas Benavente, *Partido...*, *op. cit.*, p. 525.

gubernamental, fue utilizado para la promoción personal del mandatario. No ha sido el único, por supuesto. Monreal ha sido otro exitoso gobernador que aprovechó todas las oportunidades que ofreció el cargo para desarrollar una intensa actividad política que no encontró límites ni en el partido que lo recibió ni en el gobierno federal. Además, como ya se señaló antes, de formular reclamos constantes a la federación por supuestas inequidades en el presupuesto, que nunca prosperaron pero sí le dieron visibilidad nacional, Monreal fue uno de los más activos participantes en la Asociación Nacional de Gobernadores, primera asociación de mandatarios promovida por el PRD. Y aunque podría advertirse en estas acciones un propósito partidario, hubo otros que indicaban poco compromiso de ese tipo y, por el contrario, un proyecto más personal.

Por ejemplo, cuando en los primeros meses del 2000 la candidatura presidencial de Vicente Fox cobraba fuerza y descendía la de Cárdenas, hubo múltiples voces que demandaron al líder perredista ceder la postulación a Fox. Cárdenas se negó permanentemente y fue Monreal, dentro del PRD, quien le demandó públicamente ceder ante el panista con el único argumento de que no garantizaba la derrota del PRI. Para él, como para la mayoría de los que le exigían declinar, lo importante era vencer al PRI, no desarrollar un programa específico, alternativo al priísta. No fue el único caso, pues pocos meses antes, cuando Roberto Madrazo perdió la candidatura del PRI frente a Francisco Labastida, en unas elecciones internas tan discutidas que se habló de una nueva escisión en el partido oficial, Monreal se reunió con Madrazo para proponerle la creación de un partido encabezado por ambos.[47] El activismo de Monreal no parecía responder a ningún proyecto institucional sino personal, para fortalecer su imagen y, acaso, sus aspiraciones en el futuro. Nada extraño, si se tiene en cuenta que construyó bajo su gubernatura una sólida base de apoyo que ha provocado múltiples problemas a su sucesora, también perredista, Amalia García, hasta poner en riesgo las elecciones locales de 2007.[48]

---

[47] M. Modoux, *Démocratie et fédéralisme...*, op. cit., pp. 307-308.

[48] Seguidores de Monreal, que controlaban posiciones del partido en Zacatecas, hicieron cuanto fue posible para ganar las candidaturas al Congreso local y los ayun-

Casos como el de Monreal, López Obrador y Fox demuestran que la libertad que han conseguido los gobernadores no sólo puede servir para la promoción política sino para fortalecer cacicazgos en los estados sin que ninguna institución pueda, como en el pasado, controlarlos. Si en este terreno han destacado los mandatarios del PRD se debe solamente a su origen priísta, que les garantiza apoyos grupales, y a la larga experiencia política que les enseña cómo utilizar los recursos y negociar compromisos electorales. En el fondo, sin embargo, se encuentran condiciones que son propias de la autonomía gubernamental y que, por ende, atraviesan a los partidos políticos.

El pluralismo que se consiguió desde 1989 en el terreno federal, no ha propiciado cambios estructurales en el aparato gubernamental ni menos aún formas distintas de gobernar. En rigor, ha servido para profundizar dos tendencias que dividieron a la élite priísta desde los ochenta y que se caracterizan por un riguroso control del gasto o su utilización para atender demandas sociales. En ambos casos, sin embargo, no se ha eliminado la tendencia a crear y fortalecer clientelas que pueden hacer la diferencia en los comicios.

En la relación federal, como en otros muchos aspectos del sistema político, el pluralismo y la alternancia no han cambiado las instituciones y en general sus facultades tradicionales. Tan sólo han eliminado las relaciones y prácticas políticas que antes garantizaban los equilibrios. Más allá de la necesidad de cambiar instituciones o revisar sus atribuciones, lo importante en cuanto a la relación entre ejecutivos es que han desaparecido los mecanismos informales que permitieron al sistema corregir abusos locales e impedir la formación de cacicazgos, sin que se hayan construido en su lugar nuevos recursos legales o institucionales. La autonomía gubernamental, en manos de la antigua oposición, sin duda que ha restituido la soberanía a los ciudadanos, pero no ha impedido los abusos de los mandatarios. Desde luego que en este esquema los gobernadores priístas han presentado los mejores ejemplos, tanto al ofrecer proyectos alternativos como al defender cacicazgos tradicionales.

---

tamientos. García hizo lo mismo y el enfrentamiento provocó un serio debilitamiento del PRD que aprovechó, sorprendentemente, el PAN. Véase la prensa en los meses de junio y julio de 2007.

VI. LOS DESAFÍOS POLÍTICOS

La actuación de los gobernadores del PRI no estuvo determinada por el pluralismo. La competencia electoral y el respeto que mostraron los presidentes Carlos Salinas y Ernesto Zedillo a los triunfos de la oposición, sólo llevaron a que cada mandatario reforzara sus controles internos, en especial con las estructuras locales del partido, para enfrentar a sus adversarios. El aspecto realmente decisivo fue la disputa por el partido y, en los años finales del siglo pasado, cuando aún el PRI se encontraba en la presidencia, por el poder. Como ya ha sido señalado en los capítulos anteriores, la disputa era antigua y se remontaba a los años ochenta, cuando la generación tecnocrática había logrado desplazar a la tradicional, pero hacia 1994 el enfrentamiento se había recrudecido.

Si Salinas intentó someter al PRI a sus proyectos, Zedillo simplemente lo marginó de la política. El distanciamiento entre partido y presidente fue cada vez más grande y eso, junto con el avance del pluralismo, estrechó los vínculos entre gobernadores y partido.[1] Salinas, con más instinto político, intentó resolver la tensión con Luis Donaldo Colosio, a quien lenta pero constantemente lo preparó en todos los ámbitos de la formación política para romper con la formalidad tecnocrática que él y De la Madrid habían tenido y que los había enfrentado a los viejos políticos. Colosio pasó de puestos menores en la administración pública al Congreso, como diputado federal y senador; al PRI, como jefe de campaña de Salinas y como su dirigente nacional, y después como secretario de la Sedesol. Aunque la preparación fue intensa y en breve plazo (apenas los seis años del salinismo), Colosio pudo acercarse a la militancia priísta, conocer a

---

[1] Entrevistas a Manuel Bartlett y César Camacho.

los líderes de las organizaciones y negociar con los gobernadores que para esa época, y sobre todo después de la xiv Asamblea Nacional, fueron centrales en el control del partido. Colosio era una opción real para resolver las pugnas en el PRI.

Pero su asesinato frustró el proyecto y abrió la puerta para que otro miembro de la tecnocracia, Ernesto Zedillo, se hiciera del poder. Zedillo fue la mejor muestra del agotamiento de esa élite, pues no sólo tuvo una carrera puramente administrativa sino apresurada y su breve paso por la política fue accidentado. Comenzó su carrera en 1982, exactamente al comenzar la administración de De la Madrid, como director de un fideicomiso en el Banco de México. Hacia el final del sexenio fue nombrado, sin mediar puesto alguno, subsecretario en Programación y Presupuesto. Al comenzar el gobierno de Salinas, Zedillo sería nombrado titular de esa importante secretaría, encargado de desaparecerla, y al terminar la encomienda se convertiría, sin experiencia alguna, en secretario de Educación Pública. De ahí saldría para convertirse en coordinador de la campaña de Colosio en 1993.

Llegaría a ese relevante puesto, que demandaba experiencia y habilidad política, solamente porque Salinas no aceptó que Carlos Rojas, secretario de la Sedesol y responsable del programa estrella de Salinas, el Pronasol, ocupara la coordinación, tal como Colosio deseaba.[2] Su rígida trayectoria pronto lo convertiría en protagonista de conflictos con el PRI e incluso con el equipo cercano del candidato.[3] Con esta atropellada trayectoria, Zedillo ocuparía el lugar de Colosio y desde la campaña mostraría su distanciamiento con el PRI.[4]

Por eso es que desde 1994 las batallas dentro del PRI y con el presidente fueron intensas. Se trataba, finalmente, de decidir el control del partido y la posibilidad real de impedir que fuese postulado otro candidato presidencial con un perfil similar al de Zedillo. Por eso la xvii Asamblea Nacional, donde los gobernadores impusieron las con-

---

[2] C. Salinas, *México...*, *op. cit.*, p. 889, y Jorge G. Castañeda, *La herencia*, Alfaguara, México, 1989, p. 468.
[3] C. Salinas, *ibid.*, p. 919, y J. G. Castañeda, *ibid.*, pp. 492-495.
[4] La tensa relación de Zedillo con el PRI a lo largo de toda la campaña presidencial, se encuentra detallada en Ignacio Pichardo, *Triunfos y traiciones*, Océano, México, 2001.

diciones para elegir al candidato para el 2000, marcó la ruptura con el presidente y, por supuesto, el reconocimiento de que el PRI había pasado a las manos de sus reales líderes, los gobernadores.[5]

Los gobernadores priístas fortalecieron sus relaciones locales para vencer a la oposición, pero más importante fue para ellos emplearlas en su enfrentamiento con el presidente, a quien por primera vez en varias décadas no lo consideraban como su líder nacional. Como los mandatarios del PAN y del PRD, utilizaron los aparatos gubernamentales para ganar apoyos locales, pero gracias a su experiencia, nunca perdieron de vista que podían usarlos con fines políticos y electorales. Mientras que para panistas y perredistas el fin era puramente electoral, para los priístas fue también una manera de ganar liderazgo en el PRI. Por eso sus acciones tuvieron repercusiones en la política nacional y siempre enfrentaron tanto al jefe del ejecutivo como al gobierno federal en su conjunto.

La formación de Zedillo no sólo lo alejó del partido sino que lo llevó a cometer errores graves por su evidente inexperiencia política.[6] En general, tenía una concepción poco realista del comportamiento político que lo hacía confiar en la normatividad, en las reglas escritas, y en las atribuciones formales. Confiaba en que todos compartían esa visión y en que la presidencia no debía intervenir, al igual que los mandatarios. Y cuando lo quiso hacer, no supo cómo operar las decisiones simplemente porque no sabía cómo funcionaban las instituciones y porque no contó con funcionarios experimentados, al menos en los primeros y decisivos momentos.[7]

Zedillo creía en la democracia y que en ella solamente debía importar la competencia, sin más reglas que las leyes electorales. Desde luego que los partidos, grupos, líderes y candidatos debían conducirse de acuerdo con esa misma idea. Bajo esa concepción, Zedillo hacía que la presidencia se mantuviera a la expectativa, y al final, dejaba espacios vacíos que las reales fuerzas políticas ocupaban.[8] Como parte

[5] Entrevista a Manuel Bartlett.
[6] Entrevistas a Diódoro Carrasco, César Camacho, Fernando Silva Nieto y Enrique González Pedrero.
[7] Entrevista a Diódoro Carrasco.
[8] Idem.

de esa percepción, Zedillo estaba empeñado en que el PRI se democratizara, sin importar los costos inmediatos, y para ello impulsó las consultas a la base y las elecciones internas. La medida fue para muchos, y en especial para Zedillo, sorprendentemente bien recibida por la mayoría de los priístas. La razón era simple y mostraba con claridad tanto el desconocimiento del presidente sobre el funcionamiento del partido, como la experiencia política de los líderes y sobre todo de los gobernadores. Sin otro árbitro real que el presidente, el PRI no tenía (y no tiene aún) un órgano reconocido y aceptado que normara y regulara la competencia interna. Al promover las elecciones internas, Zedillo simplemente estaba permitiendo que las fuerzas políticas más influyentes determinaran los resultados.

Desde luego que no todos en el gabinete pensaban igual. Tras el sonoro fracaso de 1994, cuando Gobernación no logró consumar la separación de Roberto Madrazo en Tabasco, Zedillo confió su titularidad a ex gobernadores. Sin conocimiento del medio, reconoció que los mandatarios sí eran políticos que habían demostrado capacidad y experiencia, y que por ello podían encargarse de la política nacional desde la Secretaría de Gobernación.[9] Después de Esteban Moctezuma, Zedillo designó a Emilio Chuayffet, en ese momento gobernador del Estado de México, y a su salida después del caso Acteal en 1998, a Francisco Labastida, ex gobernador de Sinaloa. A diferencia de Chuayffet, que centralizó las decisiones en su oficina, Labastida llevó a otros ex mandatarios a las subsecretarías. Paulatinamente integraría a Ausencio Chávez, ex gobernador de Michoacán; Rafael Rodríguez Barrera, de Campeche; Guillermo Jiménez Morales, de Puebla; Jesús Murillo Karam, de Hidalgo, y a Diódoro Carrasco, de Oaxaca, quien lo sustituiría en 1999 cuando Labastida buscara la candidatura presidencial.

Para ellos era claro que la competencia libre no existía y que los gobernadores, sin nadie que los controlara, decidirían a los sucesores y los resultados. Zedillo fue advertido de ello pero sólo acertó a convocar a los mandatarios en cuyas entidades habría sucesión, para pedirles que no intervinieran. Todos, como era previsible, se compro-

---

[9] Entrevistas a Enrique González Pedrero, Diódoro Carrasco y Genaro Borrego.

metían a hacerlo. Zedillo quedaba convencido de la imparcialidad mientras que los gobernadores regresaban a sus entidades para manejar la selección interna.[10] Sucedió en casi todos los estados donde hubo cambio de mandatarios, en especial donde el gobernador era fuerte, como en el Estado de México y Tabasco, donde el control del aparato partidario era directo.

En 1999 tendría lugar la sucesión en el Estado de México, cuya élite ha sido un ejemplo de homogeneidad y de que cuando tiene la oportunidad, selecciona libremente al gobernador sucesor. A diferencia de lo que había ocurrido en el pasado, cuando los precandidatos presidenciales conocían de los preparativos en el estado dada la cercanía en las fechas de los comicios, y el presidente en funciones decidía al gobernador para respaldar a su candidato a sucederlo, con Zedillo fue imposible la comunicación. Quien conoció los preparativos fue Colosio y cuando Zedillo ocupó su lugar, simplemente ignoraba las trayectorias y los compromisos. Más aún, Zedillo había llevado al gobernador en funciones, Chuayffet, a Gobernación convencido de sus capacidades. Al acercarse la renovación en el ejecutivo local, Gobernación indicó a Zedillo que el mandatario haría ganar a Arturo Montiel si se aplicaba una elección interna, dado el control que ejercía sobre la política local y al hecho de que Montiel no sólo era el candidato del gobernador, sino el presidente del PRI en el estado. Pese a todo, Zedillo se rehusó a intervenir y ante las advertencias de su secretario, convocó a César Camacho para pedirle mantenerse al margen del proceso.[11] Por supuesto, el gobernador aceptó pero Montiel ganó abrumadoramente en las primarias del estado a uno de los políticos más experimentados y con mayor apoyo dentro del priísmo local, como era Humberto Lira Mora.[12]

Tabasco, con Madrazo, es un ejemplo singular. En 1999 Madrazo pidió licencia temporal para presentarse a las elecciones internas por la candidatura presidencial. Gobernación había propuesto que

---

10 Entrevista a Diódoro Carrasco.
11 Entrevista a Diódoro Carrasco.
12 La historia del proceso se encuentra en R. Hernández Rodríguez, "Arturo Montiel, el agotamiento de una élite", en J. Zepeda (comp.), *Los suspirantes, op. cit.*

si perdía, Madrazo no regresara a la gubernatura para impedir que construyera desde ahí una oposición al ejecutivo que pasaba, desde luego, por la selección del gobernador sucesor. Para Gobernación fue un asunto vital que encontró serias resistencias locales.[13] Con todo, el principal obstáculo a la propuesta fue el mismo Zedillo que rechazó impedirle a Madrazo regresar.[14]

Ante el inminente manejo del proceso electoral por el ejecutivo local, el secretario de Gobernación negoció un acuerdo mediante el cual Arturo Núñez sería el candidato y a cambio ambos tendrían un senador y dos diputados federales. El acuerdo, si bien daba cierta influencia al gobernador saliente, no le permitía elegir al sucesor, lo que era vital en plena campaña presidencial y cuando no había desaparecido aún el disgusto de Madrazo y sus seguidores por la abrumadora victoria de Labastida. Pero a pesar de que Madrazo había aceptado, de las recomendaciones de Gobernación y de que Zedillo conocía los recursos del gobernador después de haberlo enfrentado dos veces, se empeñó en un proceso que sin duda ganaría Madrazo. Zedillo rechazó el acuerdo y pidió elecciones internas. Gobernación se retiró y, como era previsible, triunfó el candidato de Madrazo.[15] Núñez desconocería el resultado y, como otros priístas, abandonaría el PRI.

Era comprensible que Gobernación temiera la intervención de Madrazo porque para entonces era conocido el distanciamiento entre él y Núñez, aunque al decir de los enterados, no siempre había sido así. Ambos habían mantenido buenas relaciones debido a que habían desarrollado carreras paralelas y en más de una ocasión, coincidentes. En los años finales de su gobierno Madrazo veía con simpatía que Núñez lo sucediera, como lo prueba el que no objetara que un hombre tan cercano a él como Manuel Andrade trabajara con Núñez en su campaña. Los problemas se presentaron cuando Madrazo decidió buscar la candidatura presidencial. Núñez, en ese momento líder de la bancada del PRI en la Cámara de Diputados, prometió mantenerse neutral porque estaba convencido de que el gobierno federal impondría

---

[13] Entrevista a Manuel Andrade.
[14] Entrevista a Diódoro Carrasco.
[15] *Idem.*

a Labastida y no quería enemistarse con Madrazo. A los pocos días, sin embargo, sus comités de campaña en Tabasco se convirtieron en comités de apoyo a Labastida.[16] Después de eso, era difícil que Madrazo aceptara de buena gana dejar a Núñez como su sucesor.

Zedillo, por convicción o por pragmatismo, se mantuvo fuera de la política en los estados.[17] Como lo prueban los ejemplos de Tabasco y el Estado de México, conoció los riesgos e incluso comprobó los resultados, pero a pesar de ello no cambió su actitud. El resultado fue el fortalecimiento imparable de los gobernadores que ocuparon el espacio que consciente y deliberadamente Zedillo abandonó. El liderazgo que estaba en manos del presidente en turno, si bien se debilitó con Salinas, todavía con él fue ejercido sin contemplaciones, y como se vio en otro apartado, incluso con arbitrariedad. Por las razones que fuesen, Zedillo no quiso ni supo cómo intervenir en la política local. Los gobernadores, con autonomía y el poder que habían alcanzado en los años previos, se apoderaron de ese liderazgo perdido.

Pero no pudieron ejercerlo en conjunto. En realidad, los gobernadores han logrado controles absolutos en sus estados pero no han sido capaces de concertar acuerdos que construyan un programa nacional. En aquellos años cada gobernador fortaleció sus posiciones, pero con miras a desarrollar proyectos propios que pasaban, antes que nada, por el control del partido y de la candidatura presidencial. El espacio libre se aprovechó para construir proyectos alternativos, pero en la medida en que no tuvo más restricciones que la voluntad de cada mandatario, se dirigió hacia cualquier tipo de aspiraciones, incluida la preservación de cacicazgos. Madrazo, Bartlett, Figueroa y Carrillo Olea desafiaron al presidente, para aspirar al poder los primeros, o para proteger sus arbitrariedades los segundos. En cualquier caso, sin embargo, se mostró claramente la debilidad presidencial y el agotamiento de los recursos tradicionales que en el pasado habían permitido la subordinación de los mandatarios al presidente. Después de estos enfrentamientos, en los que el ejecutivo salió mal librado, los gobernadores disputaron la candidatura presidencial en condiciones

---

[16] Entrevista a Manuel Andrade.
[17] Entrevista a César Camacho.

ventajosas pero aún insuficientes para imponerse. Es necesario revisar estos casos en detalle para apreciar cómo los mandatarios aprendieron a manejar el poder que habían conseguido, tanto que al final del periodo el propio Zedillo descansó en ellos para hacer ganar a su candidato.

Las opciones políticas

Tabasco, una prueba de fuerza

El conflicto de Tabasco, en el que Roberto Madrazo enfrentó al presidente Zedillo, normalmente ha sido considerado como una muestra de incapacidad presidencial no para imponer orden o reestablecer la estabilidad política, sino para destituir a un gobernador calificado, por principio, de indeseable y representante de la oposición a la democracia. El juicio, en consecuencia, parte de una valoración ideológica según la cual todo recurso para destituirlo era legítimo por más que no fuera legal ni políticamente correcto. En el caso de Madrazo lo que se lamenta es que Zedillo no haya sido capaz de expulsarlo al margen de la soberanía estatal o, con más precisión, de si había justificaciones para hacerlo más allá del desagrado personal. Para los que mantienen esta posición, Zedillo debió continuar el ejemplo de Salinas de destituir mandatarios que obstaculizaran el cambio político pero con alguna formalidad legal. Aunque se reconoce que algunas remociones fueron (al igual que la que se pretendió hacer con Madrazo) negociaciones fuera de la ley y los comicios, se justifica el intento de Tabasco sólo porque el negociador era el PRD y porque se acusaba a Madrazo de haber cometido fraude.[18] Pero más allá de lo deseable, lo importante es que si el gobernador pudo resistir el

---

[18] Wayne A. Cornelius, "Subnational Politics and Democratization in Mexico: Tensions between, Center and Periphery in the Mexican Political System", p. 9; y Todd A. Eisenstadt, "Electoral Federalism or Abdication of Presidential Authority? Gubernational Elections in Tabasco", *passim.*, ambos en W. A. Cornelius *et al.* (eds.), *Subnational Politics and Democratization in Mexico*, Center for US-Mexican Studies, University of California, San Diego, 1999.

intento presidencial fue, entre otros factores, porque era una evidente intromisión en los asuntos locales que contaba con antecedentes graves en el salinismo.

El conflicto con Madrazo tiene antecedentes importantes. En rigor, no sólo el PRD y López Obrador no querían a Madrazo en Tabasco sino que el propio Zedillo, como candidato sustituto, trató de impedirlo. Como lo reconocerían varios personajes, incluido Madrazo, en 1994, cuando el PRI local preparaba la postulación al gobierno, el secretario general del CEN, José Francisco Ruiz Massieu, comunicó a los dirigentes locales que no se admitiría la candidatura de Madrazo porque temían conflictos que empañaran la elección presidencial.[19]

Al parecer, no había animadversión personal de Zedillo contra Madrazo pues hasta entonces habían mantenido buenas relaciones políticas, como lo sugiere el que Zedillo, como secretario de Educación Pública, apoyara a Madrazo como presidente de la Comisión de Educación en la recién integrada Cámara de Diputados.[20] El temor del candidato presidencial y del PRI era explicable porque López Obrador, el aspirante al gobierno de Tabasco, había encabezado innumerables conflictos en el estado, en especial por motivos electorales. No sólo había bloqueado carreteras, instalaciones petroleras y llevado a manifestantes al Distrito Federal, sino que en 1992 había provocado la caída del gobernador Salvador Neme cuando exigió alcaldías no ganadas en las urnas a cambio de no volver a ocupar el Zócalo capitalino. Salinas, que por entonces había negociado otros cargos, incluidas algunas gubernaturas, aceptó la transacción.[21] Era

[19] Entrevista a Manuel Andrade. Entrevista de Roberto Madrazo, *Enfoque*, suplemento de *Reforma*, 11 de julio de 1999, y declaraciones de Pedro Jiménez León, líder del Congreso local, a T. A. Eisenstadt, "Electoral Federalism...", *op. cit.*, p. 279.
[20] Entrevista a Manuel Andrade.
[21] J. F. Prud'homme, "State Electoral Conflicts and National Interparty Relations in Mexico, 1988-1994", en W. A. Cornelius *et al.* (eds.), *Subnational Politics...*, *op. cit.*; y T. A. Eisenstadt, "Electoral Federalism...", *op. cit.*, pp. 278-279. En la caída del gobernador tabasqueño hubo otros ingredientes locales, como el disgusto que causó en la élite local la integración de su gabinete con familiares y amigos, lo que a la postre lo aisló en el momento de las protestas. Cirilo A. Guzmán, *La élite gubernamental en Tabasco. Formación y trayectoria, 1971-2002*, tesis de maestría en Estudios Sociales, UAM-Ixtapalapa, México, 2004.

natural que Zedillo temiera una reacción similar, más aún cuando López Obrador era el candidato del PRD al gobierno local.

Ésa fue la razón principal para que el PRI considerara sacrificar a Madrazo. Poco después de la reunión con dirigentes locales, Ruiz Massieu afirmaría que el PRI haría cualquier cosa con tal de asegurar y no empañar la elección presidencial. Ante tal objetivo, ni Madrazo ni ganar los comicios locales era importante.[22] Tanto, que el PRI ya pensaba en dos opciones. La primera era postular a un candidato débil que no atrajera el voto, que allanara el camino a López Obrador y que con su derrota diera pruebas de la voluntad democrática de Zedillo en su propia elección.[23] Pero la otra, más pragmática, contemplaba aliarse con el propio PRD para postular en conjunto a López Obrador.[24] Las prioridades de Zedillo no tenían en cuenta ningún triunfo de Madrazo y sí, por el contrario, la tranquilidad del PRD.

Ante tal voluntad del PRI, sorprende que el proyecto no se aplicara. Las razones son al menos dos. La primera es que la candidatura de Madrazo se había construido con mucha anticipación y con el apoyo del entonces candidato presidencial Luis Donaldo Colosio, con quien Madrazo había colaborado desde los años en que el sonorense era presidente del PRI y Madrazo secretario de Organización en el Comité Ejecutivo Nacional. Su postulación fue hecha por el priísmo local debido a la larga historia de candidatos sin arraigo local que favorecían el fortalecimiento del PRD. El PRI local encontró en Madrazo a un candidato capaz de enfrentar a la oposición. La segunda fue el temprano y abierto anuncio de Ruiz Massieu acerca de sus propósitos, que dio enormes posibilidades al priísmo del estado de fortalecer la candidatura y, sobre todo, de prevenir futuras acciones. Si algo estaba claro desde el principio, era que Tabasco y Madrazo eran monedas de cambio en la política del nuevo presidente.

Como era de suponerse, el PRI tabasqueño y Madrazo construyeron una sólida relación desde la campaña misma que les ayudaría tanto a conseguir la gubernatura como a sostenerse en ella ante el

---

22 Entrevista a Manuel Andrade.
23 T. A. Eisenstadt, "Electoral Federalism...", *op. cit.*, p. 280.
24 Entrevista a Manuel Andrade.

rechazo del PRD y el presidente. En estricto sentido, los sucesos de 1995 en los cuales el PRI local resistió la intervención del ejecutivo federal, fueron previstos con sobrada anticipación. Por ejemplo, ante las protestas poselectorales Zedillo no asistió a la toma de posesión del gobernador, lo cual agregó advertencias al priísmo local. Al decir de Madrazo, esa ausencia fue un claro indicador de que el presidente solicitaría su renuncia, más cuando López Obrador y el PRD habían iniciado las protestas y las denuncias de fraude.[25] La remoción era una amenaza demasiado real para no tomarla en cuenta por un priísmo que había actuado contra la voluntad presidencial y que tenía muy frescos los recuerdos del salinismo.

Bajo esas circunstancias se desarrollaron los acontecimientos de 1995 que marcarían el resto del sexenio en cuanto a la relación entre ejecutivos. El presidente Zedillo tomó posesión el primero de diciembre de 1994, pero Madrazo un mes después, lo que le dio tiempo a Zedillo para negociar su continuidad ante las presiones del PRD. Como era habitual tanto por el PRD como por el PAN, y más tarde perfeccionado por Salvador Nava en 1991 al impedir que Fausto Zapata pudiera despachar en sus oficinas, López Obrador bloqueó los accesos de los tres poderes y en especial de la Quinta Grijalva, con el propósito de que Madrazo no ejerciera formalmente el cargo. Paralelamente, inundó el Tribunal Electoral con inconformidades en casi todas las casillas y distritos.[26]

Las presiones del PRD se basaban en un compromiso entre el presidente Zedillo y la dirección del PRD, encabezada por Porfirio

[25] Entrevista con Roberto Madrazo, *Enfoque*, suplemento de *Reforma*, 10 de mayo de 1998.

[26] Las quejas que presentaba el PRD en realidad eran una misma, repetida en formatos diferentes e incluso en copias al carbón. El PRD lo hizo sistemáticamente porque los tribunales electorales apenas funcionaban, y aunque en el partido sabían que serían desechadas por improcedentes, mientras eso ocurría le servían para publicitar "innumerables irregularidades" en los procesos electorales y, de paso, para desprestigiar a los tribunales. Cuando el mecanismo comenzó a perder espectacularidad, el PRD lo justificó diciendo que no era deliberado sino resultado de que los oficios los llenaban campesinos analfabetos. Un análisis de este y otros problemas jurídicos, se encuentra en T. A. Eisenstadt, *Cortejando a la democracia en México: estrategias partidarias e instituciones electorales*, El Colegio de México, México, 2004.

Muñoz Ledo, mediante el cual serían retirados los gobernadores de Tabasco y Chiapas, Roberto Madrazo y Eduardo Robledo Rincón, y se le entregarían algunas alcaldías de Veracruz, a cambio de que el PRD firmara el Acuerdo Político Nacional (que incluía la importante reforma al IFE que le concedería plena independencia del ejecutivo) y apoyaran al nuevo gobierno.[27] El compromiso era bilateral y privado, y nunca había formado parte de las negociaciones por el Acuerdo Político Nacional entre el gobierno federal y los partidos políticos, como lo reconocerían María de los Ángeles Moreno, líder del PRI; Carlos Castillo Peraza y Felipe Calderón, presidente y secretario general del PAN, respectivamente; los senadores del PRD, Héctor Sánchez y Auldárico Hernández, y el coordinador de los diputados perredistas, Jesús Ortega.[28]

Ante lo que parecía un inminente desenlace, Madrazo puso en marcha una estrategia que revelaba el control político que ejercía en el estado. Intentó negociar en la Secretaría de Gobernación ofreciendo cargos en su gabinete al PRD, incluida la Secretaría General de Gobierno, pero López Obrador y Muñoz Ledo los rechazaron porque demandaban el cumplimiento del acuerdo por parte del secretario Moctezuma.[29] Pero mientras Madrazo negociaba, en Villahermosa el PRI organizaba una protesta social. Madrazo cambió la sede del gobierno a un lugar alejado del centro de la ciudad, con lo cual contrarrestó los efectos del bloqueo, que en San Luis Potosí había sido tan exitoso. El sector privado, contrariamente a lo que había hecho en otras entidades, demandó respetar la soberanía estatal y el resultado de los comicios y se ofreció como intermediario con el PRD. Finalmente, el PRI organizó una marcha que encabezó el gobernador, en la que aseguró que no renunciaría al cargo.

No obstante, el 19 de enero de 1995 el retiro de Madrazo era un hecho aceptado por el gobierno federal e incluso por el propio gobernador. Gobernación lo había llamado al Distrito Federal y lo

---

[27] Entrevista a Dulce María Sauri. Declaraciones de María de los Ángeles Moreno y Porfirio Muñoz Ledo, *El Universal*, 4 y 20 de enero de 1995 y Andrés Manuel López Obrador, *Tabasco Hoy*, 2 de enero de 1995.
[28] *El Universal*, 20, 21, 22, 26 y 27 de enero de 1995.
[29] *Tabasco Hoy*, 5 y 7 de enero de 1995, *El Universal*, 8 y 10 de enero de 1995.

había retenido todo el día, primero en Bucareli y luego en Los Pinos, donde se había firmado la renuncia y se le había nombrado secretario de Educación Pública. La decisión se conocería cuando el gobierno estatal pasara a manos de Luis Priego Ortiz, ya designado gobernador interino.[30] Pero mientras Madrazo se reunía con Beatriz Paredes, subsecretaria de Gobernación, y Juan Gabriel Valencia, asesor del secretario, para ultimar los detalles de la entrega del gobierno, el PRI local organizó manifestaciones, tomas de carreteras y estaciones de radio mientras que la iniciativa privada tabasqueña realizaba un paro de actividades económicas que terminaron con el desalojo de los perredistas y la entrada de Madrazo a la Quinta Grijalva.[31] Cuando Madrazo llegó a Villahermosa acompañado de Paredes y Valencia, rechazó los acuerdos y retiró su renuncia.[32]

Madrazo había evitado ser removido por el presidente, lo que nadie había logrado en toda la historia del dominio priísta. El éxito se debía a varios elementos decisivos. El primero era el enorme control que Madrazo mantenía en el estado que le permitía, aun sin estar presente en Villahermosa, preparar las protestas y conducir a los actores políticos locales en su defensa.[33] La segunda eran las experiencias previas que había dejado el salinismo. Se conocían los casos de 1991 y 1992, demasiado cercanos para olvidarse, cuando las presiones sobre el presidente habían terminado con la remoción de los gobernadores de Michoacán, Guanajuato y San Luis Potosí, pero también estaba presente la experiencia de Yucatán en 1993, cuando la gobernadora se había opuesto con cierto éxito a la imposición del presidente para entregar la alcaldía

[30] Entrevistas a Manuel Andrade, Dulce María Sauri y Diódoro Carrasco. Entrevista con Roberto Madrazo, *El Universal*, 22 de enero de 2001. Se habían mencionado también los nombres de Humberto Mayans, diputado federal que años después se afiliaría al PRD, y de Arturo Núñez, entonces subsecretario de Gobernación, que seis años después buscaría la candidatura al mismo gobierno y también se afiliaría al PRD. El elegido, Luis Priego Ortiz, era un priísta cercano al PRD, lo que garantizaba su anuencia, en especial porque debía convocar a nuevas elecciones que ese partido confiaba ganar. *Tabasco Hoy*, 18 de enero de 1995, y *El Universal*, 20 de enero de 1995.
[31] La crónica detallada aparece en *Novedades de Tabasco*, 20 de enero de 1995.
[32] Entrevista a Manuel Andrade.
[33] Entrevistas a Dulce María Sauri y Genaro Borrego.

de Mérida al panismo, sin haberla ganado en las urnas. Ese episodio había abierto una brecha en la que la organización local y el liderazgo del mandatario podían resistir una presión indebida.[34]

Las experiencias habían lastimado seriamente al priísmo, además de que habían despertado una mayor sensibilidad sobre la soberanía local, amenazada por arbitrariedades presidenciales. Eran pruebas de que el poder ejecutivo podía aplicarse injustamente. En esas condiciones y con el liderazgo de Madrazo, era fácil despertar la defensa de la soberanía estatal entre los ciudadanos ante una medida arbitraria.[35] Con instituciones fuertes y un liderazgo real, el priísmo podía enfrentar al presidente. El mismo episodio de 1995 demostró la relevancia de este factor pues mientras Tabasco y Madrazo resultaron airosos, en Chiapas el gobierno federal pudo retirar sin contratiempos ni protestas al mandatario, pues las instituciones estaban debilitadas por la aparición de la guerrilla y el frecuente cambio de gobernadores que se había presentado en apenas dos años. Simplemente no había liderazgo ni estructura que se opusiera a la presión federal.[36]

El tercer elemento fue la inexperiencia del presidente y de su secretario de Gobernación. No hay nadie que no identifique como principal responsable de la derrota presidencial a Esteban Moctezuma. Inexperto en política, sin conocimiento de la Secretaría de Gobernación y sin ningún antecedente en las negociaciones, Moctezuma echó por la borda el acuerdo conseguido. En rigor, la noche del 19 de enero Madrazo estaba vencido, pero Gobernación fue incapaz de completar la medida.[37] En lugar de trasladarse inmediatamente a Villahermosa y convocar al Congreso local, Moctezuma envió a Paredes y Valencia a negociar con Madrazo en su habitación de hotel en el Distrito Federal. El tiempo que pasaron ahí, deliberadamente alargado por Madrazo, fue vital para preparar la resistencia.[38] La inexperiencia de Moctezuma se extendió a sus colaboradores que no esperaban una reacción de esa naturaleza.

---

34 Entrevista a Dulce María Sauri.
35 Entrevistas a Genaro Borrego y Enrique González Pedrero.
36 Entrevista a Dulce María Sauri.
37 Entrevistas a Manuel Andrade, Diódoro Carrasco y Dulce María Sauri.
38 Entrevista a Manuel Andrade.

Nadie consideraba que la decisión presidencial fuera contravenida por un gobernador, como cándidamente lo reconocería el director General de Gobierno, Luis Maldonado que estuvo al tanto de los detalles del caso y que aceptaría que efectivamente Madrazo fue negociado por Moctezuma y que en Gobernación creían que bastaba la orden del secretario para que el gobernador obedeciera, más aún cuando el presidente Zedillo, con unas elecciones legítimas, acababa de tomar posesión. El funcionario admitía que la negativa de Madrazo y la rebelión priísta los sorprendió por inesperada.[39] Si bien Zedillo no contaba con la experiencia suficiente y, peor aún, tenía una concepción formal del comportamiento político, fue la incompetencia de Moctezuma el factor que facilitó la operación de Madrazo.[40]

Es verdad que Gobernación no tenía los recursos que en el pasado la habían hecho poderosa, pero la habilidad del secretario era esencial para compensarla. Tabasco mismo ofrece un ejemplo de esta circunstancia. En 1992 Salvador Neme fue removido por conflictos políticos con el PRD y con el mismo PRI, cuando hizo ganar la presidencia local del partido a un allegado, contrario a Colosio. Neme intentó mantenerse pero Gutiérrez Barrios, titular de Gobernación, llamó a Bucareli a los diputados locales para que firmaran el acuerdo donde se aceptaba la licencia de Neme. Asistió la mayoría, y para recabar las restantes, el secretario envió a Villahermosa a un funcionario que simplemente les mostró las firmas para que asentaran las suyas.[41] Aun sin los recursos del pasado, un secretario experimentado hubiera materializado el retiro de Madrazo; desde luego, no Moctezuma.

El último determinante a considerar, al final del análisis sólo para destacarlo en su justa dimensión, fue la abierta y sorprendente intervención de María de los Ángeles Moreno que, como líder del PRI, se enfrentó al presidente Zedillo, defendió a Madrazo e hizo pública su oposición.[42] La intervención de Moreno fue inmediata y de absoluto compromiso con Madrazo y en más de una ocasión fue determinante.

[39] Entrevista de Joy Langston con Luis Maldonado, director General de Gobierno en 1995, J. Langston, *The PRI...*, *op. cit.*, cita de pie de página número 22, pp. 6-7.
[40] Entrevistas a César Camacho y Enrique González Pedrero.
[41] Entrevista a Manuel Andrade.
[42] Entrevistas a Fernando Silva Nieto y Dulce María Sauri.

Por ejemplo, cuando el 18 de enero de 1995 el rumor de que Madrazo renunciaría se extendió en el Distrito Federal y Villahermosa, Moreno y el CEN del PRI rechazaron públicamente y ante Moctezuma, la remoción. Apenas se conoció la posición de Moreno, el Congreso de Tabasco anunció que rechazaría la renuncia si le era presentada. Al día siguiente se reunió con los senadores del PRI y obtuvo el apoyo de la bancada.[43]

La firme actitud de Moreno revelaba las consecuencias de los años salinistas porque, como lo declararía cuando la calma comenzó a restaurarse en Tabasco, no podían permitirse más negociaciones de los resultados electorales como había sido habitual en el pasado reciente, y que la rebelión de los tabasqueños era una respuesta a la arbitrariedad.[44] La actuación de Moreno marcó el quiebre definitivo de las relaciones entre el PRI y el presidente, no sólo porque ningún dirigente se había atrevido a contrariar al ejecutivo, sino porque mostró que el PRI tenía un liderazgo y dirección propias. La oposición de Moreno contribuyó decisivamente a la permanencia de Madrazo porque denunció la arbitrariedad presidencial al negociar a un gobernador y le dio legitimidad a la causa tabasqueña. Pero también porque le cercenó el segundo brazo político que le había permitido al presidente aplicar las remociones. Como se ha señalado en otro apartado, las relaciones con los mandatarios las conducía la Secretaría de Gobernación con el apoyo del PRI. En 1995, con un secretario inexperto y una secretaría debilitada por los cambios institucionales, la oposición del PRI fue esencial para que Zedillo no tuviera con que retirar a Madrazo de la gubernatura. Zedillo podría, en parte, enderezar la secretaría cuando renunciara Moctezuma y colocara a los ex gobernadores, pero en el PRI no sería tan fácil. Provocaría cambios, pero la frecuencia con que lo hizo revela que no había un campo propicio para la obediencia.

Con Madrazo, Zedillo inauguraría un procedimiento formal para justificar sus decisiones entre los gobernadores. Para evitar que se le considerara arbitrario, Zedillo intentó legalizar el retiro de Madra-

---

[43] *El Universal*, 19 y 20 de enero de 1995.
[44] Entrevista con María de los Angeles Moreno, *El Universal*, 30 de enero de 1995.

zo con una recomendación sobre "irregularidades electorales", para lo cual sirvieron tanto las quejas presentadas por el PRD como el informe que Santiago Creel y José Agustín Ortiz Pinchetti, ambos consejeros del IFE, presentarían después de una investigación que expresamente les solicitara López Obrador. La investigación se basó en el análisis general de 439 urnas y en el particular de 63, en las que sólo se encontraron fallas menores, como cambios de funcionarios y en las cifras reportadas por la casilla y el distrito, ninguna de las cuales invalidaba legalmente la elección. Creel reconocería que no había ninguna irregularidad sustantiva o violatoria de la ley pero que debía darse una "solución política" porque "nadie debía acatar leyes injustas".[45] La medida fue inútil porque no consiguió ninguna evidencia formal y, por el contrario, reveló que la remoción era un compromiso político injustificado legalmente. Pero sí sirvió para dañar al IFE que, sin facultades para intervenir, se prestaba a una negociación política.[46]

---

[45] *El Universal*, 26 de enero de 1995. Más tarde Creel se lo repetiría a Eisenstadt en una entrevista ("Electoral Federalism...", *op. cit.*, pp. 283-284). No deja de ser llamativo que ambos consejeros del IFE, que solícitamente participaron en esta intromisión, desde diciembre de 2000 han tenido puestos políticos destacados en los gobiernos de Fox (Creel, secretario de Gobernación) y López Obrador (Ortiz Pinchetti, secretario general de gobierno).

[46] El caso tuvo secuelas. En junio de 1995 aparecieron en el campamento de López Obrador en el Zócalo capitalino, unas cajas con documentos que, se suponía, probaban el fraude electoral de Madrazo. Pero el asunto de las cajas está envuelto en múltiples sospechas y errores legales. El primero es el de su procedencia, debido a que existían documentos originales que sólo el PRI local o nacional podían tener. Nadie creía que fuera el mismo PRI quien los hubiera entregado, pero todos suponían, incluidos los perredistas, que una institución federal los había preparado y que ella no podía ser otra que Gobernación, tanto por el acceso a los documentos como por la derrota que acaba de sufrir por el priísmo tabasqueño. Por otro lado, la información que aparecía en ellos no era probatoria del delito, pero sí exhibía irregularidades, sobre todo pagos a curas, líderes políticos e incluso, al decir de Demetrio Sodi de la Tijera, destacado perredista, a candidatos de otros partidos, como el del PAN (*El Universal*, 10 de junio de 1995). La denuncia la presentó López Obrador en la Procuraduría General de la República, la que turnó el caso a la Procuraduría Fiscal de la Federación que exoneró a Madrazo. El PRD impugnó ante la Suprema Corte de Justicia que ratificó la decisión, lo que hizo que el PRD la llevara a un Tribunal Colegiado

El experimento de Tabasco fue decisivo para las futuras relaciones del recién comenzado gobierno de Zedillo y los gobernadores. En especial para estos últimos, quedó claro que el presidente no tenía ya el poder que en el pasado lo hiciera capaz de imponer su voluntad. Pero también demostró que los mandatarios habían alcanzado un fortalecimiento sin control. Todos, en menor o mayor medida, lo aprovecharían para sus proyectos. Madrazo lo haría con creces, pues después de su victoria en 1995 fortaleció sus apoyos locales para lograr una presencia nacional dentro del PRI, suficiente para aspirar a la candidatura presidencial.

Puebla, presupuesto y elecciones

Menos espectacular políticamente pero relevante por el cambio producido y los efectos de largo plazo de su medida, fue la reforma presupuestal preparada y desarrollada por Manuel Bartlett en Puebla. La Ley del Federalismo Hacendario, pronto conocida como Ley Bartlett, fue considerada por el panismo como una simple medida electoral que ayudaba al PRI y fortalecía la influencia del gobernador, primero en el estado y luego frente a su partido, en vista de las elecciones presidenciales. La oposición del PAN era comprensible porque como se verá inmediatamente afectaba a los municipios en su poder, pero la ley tampoco fue del agrado del gobierno federal porque alteraba sustantivamente los términos del reparto fiscal a los estados. Para Zedillo y la Secretaría de Hacienda, Bartlett contravenía una decisión económica que buscaba el desarrollo de las zonas urbanas pero también un acuerdo político con el PAN, toda vez que la reforma a la Ley de Coordinación Fiscal había contado con la participación de ese partido en un claro intercambio de apoyo al gobierno federal.

Desde 1990 las participaciones federales definieron el criterio de la población como el principal para asignar los recursos a los estados, de tal manera que siempre las entidades y los municipios urbanizados

---

con el mismo resultado. La PGR retomó el caso sólo para declararse incompetente y trasladarlo a la Procuraduría de Tabasco, que obviamente exculpó a Madrazo.

y más desarrollados contaban con más presupuesto que los rurales, más atrasados y con población indígena. En aquellos años la compensación provenía de los recursos discrecionales del Pronasol, que eran canalizados sin criterio único y de acuerdo solamente con las peticiones y la voluntad presidencial. Zedillo, al desaparecer ese programa y trasladar los recursos al sistema de participaciones, reconoció la inequidad de los criterios y aceptó la incorporación de la pobreza, marginación y rezago, pero sin desechar el de la población como principal determinante. Cuando Zedillo inició la desaparición del Pronasol y aumentó el porcentaje del Fondo General de Participaciones, a principios de su gobierno, el PAN intervino para que el criterio poblacional se mantuviera como determinante en el reparto federal.[47] La razón era comprensible porque a mediados de los noventa la presencia panista en los ayuntamientos de las ciudades urbanizadas era mucho más importante que en los años anteriores, de tal manera que también tenía efectos electorales altamente favorables al partido que, por supuesto, estuvieron presentes a la hora de aprobar el cambio.

Había pruebas de este beneficio. En Guanajuato, por ejemplo, el gobernador Enrique Velasco Ibarra, sin cuestionar los apoyos federales, expidió en 1982 una ley que llamó de Vigorización Municipal, destinada a proporcionar más recursos a los municipios. La ley, si bien contemplaba presupuestos proporcionales a la recaudación que lograra cada municipio, con el propósito de estimular la eficiencia fiscal, fue lo menos importante debido a las limitaciones tradicionales de los ayuntamientos. No obstante, se preveía que el gobierno del estado financiara la totalidad de las obras propuestas por cada municipio y más tarde las cobrara a los ciudadanos. Como era previsible, los municipios que más se beneficiaron de la oferta fueron los urbanizados, como León, que lograron construir costosas obras industriales y de infraestructura que se adjudicaban los alcaldes. Sobre esa base se desarrolló el ascenso del panismo que explotaría con eficacia Carlos Medina Plascencia pocos años después.[48]

---

[47] Entrevista a Manuel Bartlett.
[48] Los pormenores de la ley y el desempeño político de Medina Plascencia se encuentran en Guadalupe Valencia García, "La administración panista del muni-

Era obvio que había motivos políticos y electorales en la disputa por el presupuesto, pero también el cumplimiento de los propósitos sociales de los fondos federales y la autonomía local para canalizarlos. El panismo, como se vio con anterioridad, enfocó el problema como un asunto técnico y solamente Fox pudo avanzar en la recuperación del control de las decisiones, pero sin atender el tema de la eficiencia y equidad de los recursos. Ésta fue la ventaja de Bartlett, pues desde el principio la ley poblana centró su necesidad en los criterios de la asignación del ramo 33 y en general de las participaciones federales. Para el gobernador y el Congreso local, dominado por el PRI, los criterios de población distorsionaban los objetivos pues se dirigían a los urbanos mientras que los rurales, menos poblados pero más pobres, recibían menos recursos. La atención a la pobreza no podría cumplirse si el gobierno local no tenía control sobre la aplicación del presupuesto. Objetivos, pero sobre todo la facultad de cada estado para reorientar los recursos de acuerdo con sus propias necesidades, constituían el punto de discordia. La ley federal aprobada para el ejercicio de 1998, cuando Bartlett propuso la suya, aumentaba en 200% las partidas a las zonas urbanas y disminuía en 90% las correspondientes a las más pobres.[49]

La ley no proponía que la federación modificara sus criterios, sino que el gobernador, mediante dos nuevas instituciones, un Consejo de Planeación y Desarrollo y el Consejo de Planeación Municipal, reasignara la totalidad de los recursos recibidos, tanto los provenientes de las participaciones como de las aportaciones, de tal manera que garantizaran recursos equitativos a todos los municipios y se combatiera la pobreza en los más pobres.[50] El secretario estatal de Finanzas, Luis Antonio Godina, aseguraba que con la ley los 217 municipios recibirían partidas suficientes y nunca por abajo de las ejercidas el año anterior, pero sin favorecer a los más desarrollados. Como prueba de la objetividad de la ley, informaba que la ciudad de Puebla, en manos del PAN, recibiría recursos por 709 millones de pesos, muy

---

cipio de León, Guanajuato (1989-1991)", en Alicia Ziccardi (comp.), *La tarea de gobernar: gobiernos locales y demandas ciudadanas*, IIS, UNAM/Miguel Ángel Porrúa, México, 1996.

[49] *El Sol de Puebla*, 22 y 23 de enero de 1998.
[50] Declaraciones de Manuel Bartlett, *Excélsior*, 29 de enero de 1998.

superiores a su promedio histórico. Más tarde diría que los veintiún ayuntamientos gobernados por el mismo partido recibirían más recursos que los determinados por la Ley de Coordinación Fiscal, de tal manera que no había ninguna pérdida real sino simplemente se corregirían errores de distribución.[51]

Pero los argumentos técnicos y las cifras poco fueron atendidas por el panismo que subrayó desde el principio los efectos electorales de la ley, y como era usual, dirigió las presiones hacia el Distrito Federal y el presidente. Recién aprobada la ley por el Congreso local, los veintiún alcaldes del PAN, acompañados de diputados y militantes, amenazaron con realizar una marcha a la capital del país para demandar la derogación de la ley y la renuncia del gobernador, mientras que el PAN nacional anunciaba la presentación de una controversia constitucional. El disgusto del panismo era, por supuesto, el efecto político de la medida, no tanto porque, como ellos decían, tenía un principio clientelar y electoral, sino porque al tiempo que les restaba recursos a ellos, al gobernador le permitía combatir con mayor eficiencia la pobreza. Como lo señalara con oportunidad Vanderbush,[52] la ley, al rectificar el criterio poblacional y sustituirlo por indicadores de marginación y pobreza, reorientaba las asignaciones y hacía posible atender realmente a los municipios más pobres.

El problema de fondo es que los criterios federales reducen en los hechos la ayuda a los sectores marginados por más que las cantidades sean en apariencia elevadas. El indicador poblacional predetermina que la mayor cantidad de recursos quede en las zonas urbanas, ya que son polos naturales de atracción social y económica. En rigor, el criterio poblacional crea un círculo vicioso al beneficiar consistentemente a las zonas y sectores desarrollados y sólo destinar recursos residuales a las áreas menos pobladas, normalmente las más pobres. Éste es uno de los problemas esenciales del reparto federal que ningún panista había atendido no sólo por inexperiencia, sino porque al rectificarla

---

[51] *El Sol de Puebla*, 25 y 29 de enero de 1998.

[52] Walt Vanderbush, "Assessing Democracy in Puebla: the Opposition Takes Charge of Municipal Government", *Journal of Interamerican Studies and World Affairs*, issue 2, verano de 1999.

sus alcaldes perderían recursos y, por ende, capacidad para crear obra y proporcionar servicios que, de acuerdo con su visión política, convencerían a la población de cambiar sus preferencias electorales. El efecto político de la medida del gobernador Bartlett se derivaba del efecto social y económico al recuperar el viejo principio priísta de que la legitimidad se alcanzaba con el beneficio real a la población.

Si para el PAN era un golpe directo, para el presidente era una molestia porque Bartlett demostraba que los recursos, siempre escasos, podían verdaderamente ser eficaces con sólo modificar el criterio del reparto. Y lo más molesto es que el gobernador no pretendía modificar los criterios federales sino que, aceptándolos, podría rectificarlos una vez que recibiera las partidas presupuestales. Naturalmente, estaba demostrando en los hechos que las cosas podrían ser diferentes. Y esto no era un asunto técnico sino político porque ofrecía una prueba de que el priísmo sí era capaz de administrar la economía y al mismo tiempo resolver las carencias sociales. Adicionalmente, demostraba que el gobernador poseía la suficiente visión política para erigirse en líder del priísmo sin cuestionar, como lo hiciera el panismo diez años atrás, los razonamientos federales ni menos aún sus atribuciones para establecer los criterios y procedimientos.

La medida, aunque importante, tuvo poco impacto nacional. En principio porque si bien fue reconocida como adecuada debido a que recuperaba para el gobernador el control del presupuesto, fue considerada desde el principio como una medida que formaba parte de la estrategia de Bartlett para la candidatura presidencial.[53] Si para el PAN era electoral porque le restaría votos en el estado, para los mandatarios priístas era un logro que se abonaría al liderazgo de Bartlett. De ahí que aunque se reconocía su avance, no tuvo apoyo de otros mandatarios a pesar de que el gobernador poblano les pidiera su respaldo, ya fuera por no contribuir al proyecto del gobernador, o simplemente porque tenían buenas relaciones con el presidente y los secretarios de Estado y podían conseguir recursos adicionales sin involucrarse en un cambio presupuestal.[54]

---

[53] Entrevista a Diódoro Carrasco y Genaro Borrego.
[54] Entrevista a Diódoro Carrasco.

Por su parte, Zedillo, aunque no le agradaba la medida, no se opuso a ella ni trató de derogarla. Pragmático y convencido de la importancia de la ley como norma, dejó que la disputa pasara a los tribunales para no convertir el diferendo en un asunto político que desgastara su gobierno y alentara las aspiraciones del mandatario.[55] El PAN presentó demandas que llegaron a convertirse en una controversia constitucional ante la Suprema Corte de Justicia. Como parte del proceso, los magistrados pidieron a la Secretaría de Hacienda su opinión acerca de si la ley poblana contravenía la normatividad y la legislación fiscal federal. Esta fue la mejor defensa de la Ley Bartlett porque Hacienda reconoció que la distribución de los recursos que entregaba la federación correspondía a los gobiernos estatales y que en ello el ejecutivo no tenía facultades para intervenir.[56]

Otro aspecto fundamental fue que el gobernador cumplió puntualmente con los procedimientos, de tal manera que la ley no fue decretada por el ejecutivo sino discutida y aprobada por el Congreso local, lo cual le daba todo el respaldo jurídico tanto en lo estatal como en lo federal.[57] Meses después, incluso cuando Bartlett ya había concluido su periodo, la Suprema Corte reconoció la potestad del gobierno estatal para distribuir recursos federales de acuerdo con sus propios criterios y sólo demandó revisar y en su caso anular las atribuciones de los consejos de planeación para no contravenir la autoridad municipal.

Bartlett, sin incurrir en un enfrentamiento formal con el presidente que lo hubiera perjudicado, logró imponer una ley que al mismo tiempo que beneficiaba al PRI, y por extensión perjudicaba al PAN, corregía favorablemente los criterios generales para atender de mejor manera las necesidades de los sectores marginados. El efecto fue profundo porque poco a poco se supo que otros estados también reorientaban los recursos federales aunque la mayoría, como el de Oaxaca bajo el gobierno de Diódoro Carrasco, solamente cambiaba los porcentajes pero no los criterios de población y pobreza.[58] Los propios

---

[55] Entrevistas a Diódoro Carrasco, César Camacho y Genaro Borrego.
[56] *Excélsior*, 15 de febrero de 1998.
[57] P. M. Ward y V. E. Rodríguez, "New Federalism...", *op. cit.*, p. 690.
[58] *Ibid.*, p. 698.

gobernadores panistas tuvieron que reconocer que los términos de la Ley de Coordinación Fiscal sobreestimaban el factor poblacional, lo que llevaba a desatender la pobreza.[59] Si Bartlett logró capitalizar su propuesta fue gracias a la experiencia política y a su estrecha relación con la élite política local y su partido. Mientras la mayoría de los gobernadores panistas había equivocado su estrategia al enfrentar al gobierno federal en los aspectos técnicos sin ofrecer a cambio una propuesta convincente, Bartlett recuperó la autoridad estatal para reorientar, política y económicamente, las partidas federales, sin solicitar su cambio. Al final, era obvio que el procedimiento mostraba un camino alternativo y sentaba un precedente de autonomía que no podría evitar el presidente por más que le disgustara.

Más allá de que la ley tenía un propósito político en cuanto a la previsible campaña de Bartlett, la medida en sí misma revela los amplios márgenes de acción de los mandatarios para promover reformas sustantivas. Del mismo modo que hiciera Bartlett, Carrasco en Oaxaca introdujo una sugerente ley indígena que terminó con los recurrentes conflictos electorales en las amplias zonas indígenas del estado. Con el antecedente de que la educación ya tenía contenidos indígenas, y que las comunidades elegían representantes mediante sus usos y costumbres, el gobierno estatal negoció con los partidos para que no presentaran candidatos en las zonas y respetaran la selección de la comunidad. La ley reconoce a las comunidades personalidad incluso política para postular representantes, pero lo importante es que terminó con los conflictos electorales que con regularidad amenazaban la estabilidad del estado. La reforma no fue consultada por el gobernador con el gobierno federal, simplemente se procedió a negociarla con el Congreso local y los partidos. Zedillo no se opuso a ellas a pesar de que hubo especialistas que la criticaron por contravenir algunas disposiciones constitucionales y a que se elaboraba en medio de las protestas de la guerrilla chiapaneca que demandaba, entre otras cosas, autonomía para las comunidades indígenas.[60]

[59] Así lo reconocieron en una reunión con Zedillo en la que Bartlett explicó su ley. *Excélsior*, 5 de febrero de 1998.
[60] Entrevista a Diódoro Carrasco. P. M. Ward y V. Rodriguez, "New Federalism...", *op. cit*. Los riesgos dependen del tradicionalismo de los usos y costumbres, por ejemplo, que en algunas comunidades las mujeres no puedan desempeñar cargos

La ley indígena de Oaxaca, como la presupuestal de Puebla, son ejemplos de que los gobernadores podían actuar libremente siempre que no provocaran un conflicto político, o como ocurrió más adelante en Morelos y Guerrero, se cometieran violaciones legales que concitaran la movilización popular. Si las medidas perseguían fines políticos personales o de grupo, no necesariamente invalidaban sus contenidos y su efecto social o económico. El margen de maniobra se había ampliado considerablemente y sólo bastaba que el gobernador se decidiera a usarlo sin incurrir en faltas legales que debilitaran la alternativa.[61] Había otras condiciones pero también otros recursos políticos a disposición de los mandatarios.

En busca de la impunidad

Guerrero

La autonomía estatal no ha servido siempre para defender la soberanía ante intromisiones federales o para recuperar la autoridad local para desarrollar programas o aplicar recursos. Como ocurriera en otros periodos de la historia nacional cuando el poder presidencial se debilitó, la autonomía también ha servido para defender intereses personales o grupales que lo mismo han convertido la política estatal en un asunto caciquil, que han auspiciado actos criminales que buscan la impunidad. Durante el último gobierno priísta no sólo surgieron los desafíos de Bartlett y Madrazo que defendieron proyectos y acciones distintas a las federales, también se presentaron casos en los que los gobernadores se ampararon en la formalidad legal, tan apreciada por Zedillo, para intentar permanecer en el cargo a pesar de las presiones sociales. Fueron abiertas provocaciones al poder presidencial que demostró su incapacidad para intervenir como en el pasado. Los casos de los go-

---

políticos, lo que contradice los criterios de igualdad y no discriminación de las democracias modernas.

[61] Bartlett no recibió presiones significativas del gobierno federal por la ley local, pero sí las hubo cuando se negó a entregar Huejotzingo al PAN, incluso con amenazas de desaparición de poderes. Entrevista a Manuel Bartlett.

bernadores Rubén Figueroa y Jorge Carrillo Olea fueron las primeras demostraciones de que la autonomía local también podía estimular, como en el pasado, que los hombres fuertes trataran de gobernar al margen de la ley.

Los efectos de ambos episodios van a ser profundos en la política local y en la autoridad del presidente, toda vez que en la búsqueda de razones jurídicas que pudieran justificar la intervención federal, se produjeron errores legales e institucionales que alimentaron peligrosamente la inestabilidad política de los estados al mismo tiempo que la figura presidencial se exponía a las críticas y, en particular, renunciaba a intervenir directamente. Quizá como en ningún otro caso, los conflictos de Guerrero y Morelos hicieron que Zedillo perdiera la capacidad institucional de garantizar la estabilidad política. Ambos casos comparten tanto las acusaciones y sospechas sobre la responsabilidad penal de los mandatarios, como el mismo patrón de defensa formal, apegado al rigorismo jurídico auspiciado por el propio presidente Zedillo.

El 28 de junio de 1995 una manifestación de campesinos guerrerenses que se encaminaba a la capital del estado fue atacada por la fuerza pública en un lugar conocido como Aguas Blancas, con un saldo de diecisiete muertos. A pesar de que la policía justificó la agresión acusando a los manifestantes de haber disparado primero, las circunstancias y los cuerpos mostraban una desmedida agresión que pronto motivó las protestas y demandas de castigo a los responsables una vez que se conocieran los detalles. A principios de julio, la policía judicial del estado detuvo a dos comandantes y ocho agentes de la policía motorizada como presuntos responsables de los asesinatos, y el gobernador Figueroa presentó ante el Congreso local un informe de los hechos.[62] A pesar de ello, la Comisión Nacional de Derechos Humanos (CNDH) inició una averiguación que concluyó que las autoridades policiacas eran responsables de agredir con exceso de fuerza, de negligencia, ineficiencia y abuso de autoridad. También responsabilizó a las autoridades políticas de manipular las evidencias, colocar armas en las manos de campesinos muertos y alterar el informe final.

---

62 *El Universal*, 2 y 13 de julio de 1995.

En consecuencia, pidió al gobernador aprehender a varios funcionarios importantes, empezando por el secretario General de Gobierno y el procurador de Justicia, así como a otros funcionarios de menor rango y varios responsables policiacos.[63] Transcurridos dos meses de los hechos, si bien aparecían autoridades involucradas, no se encontraba entre ellas el mandatario. Ante lo que parecía falta de castigo, los partidos de oposición (destacadamente el PRD) y varias organizaciones sociales demandaron la renuncia del gobernador. Figueroa, mientras tanto, procedió formalmente. Hacia septiembre, el Congreso del estado creó una fiscalía especial y la policía judicial federal aprehendió a varios ex funcionarios, algunos ya señalados por el informe de la CNDH y otros que fueron acusados más tarde. En enero de 1996, la propia CNDH reconocería que no encontró ninguna evidencia que involucrara al gobernador y que sería el fiscal especial quien determinaría la posible culpabilidad. Fue hasta febrero de 1996 cuando el fiscal cerró el caso, al responsabilizar únicamente a policías y comandantes y exonerar tanto a Figueroa como a los ex funcionarios previamente inculpados por la CNDH.[64] Éste fue el momento decisivo en el conflicto porque al no existir ninguna prueba jurídica el asunto se convirtió en puramente político y por lo tanto demandaba una solución de ese tipo, sólo aplicable por el presidente de la República.

El primero en entenderlo fue el gobernador Figueroa que declaró su disposición a aplicar la ley pero no a renunciar porque no existía razón alguna para ello. La presidencia se había mantenido al margen y, fiel a su convicción normativa, dejó que el conflicto fuera tratado legalmente. Pero después de ocho meses en que todas las autoridades involucradas no encontraban culpabilidad del mandatario, recurrió a la Suprema Corte de Justicia, como máxima autoridad jurídica, pero en especial como medio para respaldar la necesaria intervención de la presidencia, para retirar al gobernador del cargo.[65] De nuevo Zedillo se refugió en una licencia legal.

[63] *El Universal*, 15 de agosto de 1995.
[64] *El Universal*, 28 de febrero de 1996.
[65] *El Universal*, 5 y 6 de marzo de 1996.

El artículo 97 constitucional prevé la posibilidad de que la Suprema Corte, por su libre cuenta o a petición del presidente, el Congreso federal o algún gobernador, "únicamente... averigüe algún hecho o hechos que constituyan una grave violación de alguna garantía constitucional". Aunque la posible falta no derivaba necesariamente en la figura de la desaparición de poderes, sí podría configurar causales de delito suficientes para proceder al juicio político o a la solicitud de licencia del gobernador, con lo cual Zedillo habría podido resolver fácilmente el problema político. De todas maneras la petición era riesgosa porque para empezar, como no había reglamentación del artículo, los magistrados sólo rendirían un informe que apegado a la ley tendría que ser presentado al solicitante para que procediera en consecuencia. No obstante, el problema era que no había la certeza de que en realidad el gobernador fuera responsable de algún delito pues hasta ese momento ninguna instancia legal había podido encontrar siquiera sospechas.

La intervención fue desastrosa porque mientras Zedillo esperaba que la Corte fincara responsabilidades que autorizaran su intervención, los magistrados no encontraron ninguna prueba que inculpara al mandatario y entregaron el informe a Zedillo sólo después de una conferencia de prensa en la que anunciaron que únicamente existían supuestos de culpabilidad.[66] La crisis se resolvió antes de que la Suprema Corte presentara sus conclusiones porque Figueroa solicitó licencia por la presión que ejercieron las organizaciones después de que se transmitiera por televisión un video en el que se mostraba la agresión de la policía a los campesinos desarmados, lo que si bien demostraba el abuso policiaco, de todas maneras no comprobaba la responsabilidad del gobernador. La salida de Figueroa resolvió el problema político pero no el legal, y menos aún cuando un mes más tarde se presentó el informe de los magistrados y fue claro que nunca hubo argumentos jurídicos para justificar el retiro.

Planteado en estos términos, la licencia podría haberse presentado con mucha anticipación y no diez meses después de una prolongada crisis política local si el presidente se hubiera decidido a actuar. Siem-

---

[66] *El Universal*, 22 de abril de 1996.

pre fue evidente que el caso era político, que el gobernador había perdido el control de la política interna y que era necesaria la intervención presidencial para reestablecer la tranquilidad, es decir, que se había presentado la única situación que tradicionalmente había justificado el retiro de los mandatarios. Zedillo, sin embargo, acosado por el recuerdo salinista, buscó un respaldo jurídico que no sólo no encontró sino que dañó seriamente la credibilidad del poder judicial al dar opiniones políticas y no jurídicas.[67]

Existía, sin embargo, otra interpretación, según la cual Zedillo nunca quiso retirar al gobernador, con quien mantenía una estrecha y cordial relación personal. Estuvo consciente de las presiones y la inestabilidad que se provocaba, pero no tenía argumentos ni deseos de retirar a Figueroa. Buscaría, entonces, a la Suprema Corte para que fuese otra instancia la que se responsabilizara de la decisión, ya fuera porque encontrara evidencias suficientes o, al no encontrarlas, justificaran la permanencia del gobernador. Al final, cuando Figueroa pidió licencia, Zedillo se disgustó porque, a su juicio, no había motivos para ello.[68]

En cualquier caso, el acontecimiento demuestra que la presidencia no corregía los abusos. Ya fuera por un formalismo que justificaba la falta de participación, o porque personalmente se negara a reconocerlo, lo cierto es que Zedillo propició la inestabilidad. Figueroa era bien conocido como un destacado representante de una élite priísta proclive a la arbitrariedad y la violencia. Como se señaló en otro apartado, llegó a la gubernatura, con el visto bueno de Salinas, porque se le reconocía como un cacique con poder real en Guerrero, no por su identidad generacional o política con el presidente. En esas condiciones, el caso de Aguas Blancas tan sólo confirmaba su proceder.[69] Amparado en la ausencia de pruebas que lo responsabilizaran de las muertes, Figueroa confió en que el pre-

---

[67] Un análisis detallado de los problemas jurídicos que provocó Zedillo al solicitar la participación de la Suprema Corte, se encuentra en Jesús Arroyo Moreno, "La Suprema Corte de Justicia y la política", *Anuario de derecho público*, ITAM, México, 1997.

[68] Entrevista a Genaro Borrego.

[69] Entrevista a Diódoro Carrasco.

sidente no intervendría, ya fuera por debilidad o porque deseara su permanencia. En cualquier caso, Figueroa, político experimentado, apostó a la pasividad presidencial para resistir las presiones que no logró controlar en los diez meses que duró la crisis. Más allá de su involucramiento en los asesinatos y del proceso legal, lo cierto es que el gobernador era incapaz de asegurar la estabilidad del estado, condición que en el pasado era crucial para mantenerse en el cargo. En su formalismo, Zedillo no sólo dejó crecer un conflicto sino que arrastró consigo a otro poder, exhibió la debilidad institucional de la presidencia y provocó que la inestabilidad política se extendiera innecesariamente, exactamente lo que en otros tiempos el presidente hubiera impedido de haber contado con los mismos recursos y las mismas condiciones.

Morelos

Tres años después se presentaría un caso similar. En Morelos, el gobernador Jorge Carrillo Olea fue acusado de proteger y encubrir a funcionarios criminales pero nunca de estar involucrado directamente en los delitos. De todas formas, al mandatario se le presionó a renunciar, de nuevo por partidos, en especial por el PRD, y las organizaciones sociales, ante la tolerancia excesiva del presidente que vio pasar el conflicto, incrementarse la inestabilidad política y cometerse múltiples arbitrariedades precisamente en el terreno que más apreciaba, el de la ley. También al final, Carrillo Olea se retiró del cargo, pero después de un severo daño a las instituciones políticas y jurídicas.

El 18 de enero de 1998 la policía de Guerrero sorprendió a un individuo, que después se sabría era el comandante del grupo antisecuestros de Morelos, tratando de deshacerse de un cuerpo que mostraba signos de tortura, que también se sabría después, era de un secuestrador. Aunque parecido el caso al de Aguas Blancas, el de Morelos tuvo como principales actores al gobernador y al Congreso local, dominado por el PRD y el PAN, que vieron en esta oportunidad la posibilidad de retirar al gobernador. Inmediatamente que se conoció el caso el Congreso local presentó una denuncia ante la Procuraduría General de República contra el procurador de Justicia y el coordinador de la policía judicial del estado.[70] Mientras el gobernador ordenaba aprehensiones de policías y cesaba al jefe de la policía judicial, el Congreso iniciaba una averiguación contra el procurador local, y el PRD organizaba marchas para acusar al gobernador de encubrimiento. A principios de febrero la PGR anunció que el gobernador estaba fuera de toda sospecha y que los responsables eran el procurador y el jefe de la policía judicial del estado, los cuales ya estaban detenidos. De nuevo, todo parecía indicar que el caso, formalmente, había llegado a su fin una vez que la averiguación de la Procuraduría identificara a los culpables y exonerara al mandatario. Pero después de las experiencias ocurridas, en especial la de Guerrero, donde el PRD y las organizaciones sociales habían presionado hasta retirar del cargo al gobernador, el caso volvió a ser un asunto político.[71]

A partir de entonces el Congreso y el PRD demandaron la renuncia de Carrillo Olea y éste exigió pruebas que demostraran su culpabilidad. Hubo manifestaciones, marchas, encuestas ciudadanas, cartas a periódicos, etc. pidiendo la renuncia del gobernador y declaraciones de la Procuraduría señalando que Carrillo Olea no era responsable de los delitos. Sin embargo, sí fue claro que como en Guerrero, el gobernador era culpable, por lo menos, de incompetencia al haber designado a delincuentes para impartir justicia, y sobre todo de perder el control de la política local. Zedillo, mientras tanto, hacía declaraciones sobre la justicia y la necesidad de respetar la ley. Carrillo Olea se mantuvo apegado al vacío legal porque para él y la justicia el caso estaba cerrado y las protestas las organizaba el PRD para ganar las elecciones, por lo que no renunciaría en la medida que no existieran causas jurídicas que lo justificaran.[72]

[70] *Reforma*, 2 de febrero de 1998.
[71] Así lo declararía el PRD, que en febrero solicitó que el gobernador renunciara "por dignidad", y cuando esta objetiva razón no funcionó, pidió a Zedillo solicitara nuevamente la intervención de la Suprema Corte como en Guerrero. *El Universal*, 13 de febrero de 1998, y *Proceso*, 1° de abril de 1998.
[72] Entrevista con Jorge Carrillo Olea, *El Financiero*, 9 de marzo de 1998.

Tres días después de esas declaraciones, la CNDH envió una extraña recomendación al Congreso local que sólo agravó el conflicto, pues la CNDH sólo tiene atribuciones en casos de violaciones a las garantías y derechos humanos, pero no tiene injerencia en asuntos administrativos ni puede desempeñarse como asesor legal de otras instituciones. En la recomendación, la CNDH informaba al Congreso que el gobernador había desatendido algunas denuncias contra los colaboradores inculpados y que, a su juicio, eso podría configurar una violación legal, de tal manera que sugería al Congreso determinara "la probable existencia de violaciones a las garantías individuales".[73] La oportunidad política de la recomendación era evidente porque hasta entonces no había resultado involucrado el mandatario en el caso de los funcionarios y por lo tanto no había sustento legal para solicitar su remoción. Si la autoridad que tenía la CNDH en este asunto era discutible, resultaba sospechosa cuando el Congreso y el PRD buscaban un resquicio legal que obligara al presidente a actuar.

Zedillo se mantuvo al margen y el Congreso local asumió la oportuna recomendación en contra del gobernador, que llegaría incluso al Congreso federal a través de las bancadas del PAN y el PRD, para intentar un juicio político que lo destituyera.[74] Al no prosperar la recomendación, el PRD presentó ante el Congreso local una denuncia por responsabilidades políticas del gobernador que además de obligar a Carrillo Olea a declarar ante las comisiones respectivas, llevaría a su desafuero. Mientras diputados locales y federales, así como el PAN y el PRD, se enredaban en un intrincado proceso legal que de todas maneras podría frenar el gobernador al ampararse o provocar una controversia constitucional, se repetían las marchas y manifestaciones contra Carrillo Olea en Cuernavaca, sin que el presidente, ante una obvia inestabilidad, interviniera. Fue hasta el 13 de mayo cuando el mandatario decidió solicitar licencia pero advirtió que la presentaría solamente hasta que el Congreso local alcanzara un acuerdo sobre el gobernador sustituto. Al final, el desorden político fue de tal magnitud que el PAN y el PRD se enfrascaron en agrias disputas porque

---

[73] *El Universal*, 13 de marzo de 1998.
[74] *El Universal*, 1° y 4 de abril de 1998.

pretendían un acuerdo que les diera cargos en el gabinete a cambio de nombrar a un priísta, mientras Carrillo Olea continuaba despachando con la solicitud de licencia sobre el escritorio.[75] El gobernador no logró sobrevivir al enfrentamiento y el 18 de mayo presentó la licencia. Su desafío solamente duró cinco meses, la mitad del caso guerrerense, y de nuevo fue la presión social y no la presidencia la que terminó con el conflicto. En buena medida, la suerte del gobernador la determinó el Congreso local, que a diferencia del de Guerrero con Figueroa, no lo controlaba el mandatario. De todas maneras, la oposición a Carrillo Olea no pudo superar el escollo legal que el presidente Zedillo impuso y que determinó que frente a la casi ingobernabilidad del estado, se mantuviera impasible.

En rigor, los casos de Figueroa y Carrillo Olea no eran nuevos ni mucho menos propiciados por el gobierno de Zedillo. Y tampoco extendieron la crisis hasta provocar la inestabilidad de los estados.[76] A pesar de la lentitud en el procedimiento, los gobernadores pidieron licencia y la paz pública se restauró. Aunque a simple vista parece que el desarrollo y la solución de los conflictos fue igual que en el pasado, puede advertirse un cambio profundo en los actores involucrados. Fue evidente que la presidencia había perdido la capacidad para resolver a tiempo este tipo de conflictos. No hay duda de que la peculiar concepción de la política que tenía Zedillo y la muy reciente experiencia de Salinas, que había intervenido en exceso en los estados, habían contenido al ejecutivo. Pero en el fondo, lo más importante es que la presidencia ya no contaba con los medios institucionales para regular el conflicto.

Sin una Secretaría de Gobernación con real capacidad para intervenir, sin el control del PRI que hacía posible el manejo de las estructuras locales, y sin el liderazgo que en el pasado desarrollaba el presidente dentro del partido y la élite política, el ejecutivo no tenía ninguna autoridad y sólo le quedaba la formalidad de la ley para corregir abusos o contener desafíos, o como fue habitual con Zedillo, confiar en que la presión social convencería a los mandatarios

---

[75] Véase la prensa del 14 al 18 de mayo de 1998.
[76] Entrevistas a César Camacho y Dulce María Sauri.

de retirarse por sí solos. Muy pronto se comprobó que ninguno de estos dos recursos sería suficiente para resolver problemas políticos en los estados. Si en los casos de Guerrero y Morelos fue patente la insuficiencia de estos medios, cuando el PRI perdió la presidencia y se presentaron otros casos similares en Puebla y Oaxaca, sería claro que ni la Suprema Corte de Justicia ni la desaparición de poderes eran ya instrumentos útiles para contener las arbitrariedades y restaurar la paz en los estados.

La presidencia ya no podía intervenir en los estados y los gobernadores eran demasiado poderosos para enfrentarlos. El pluralismo había restado poder al presidente, pero como lo demostraron las primeras experiencias, no presentaron desafíos serios al gobierno federal. Los conflictos fueron el resultado de la disputa por el poder dentro del PRI y todos, al margen de sus motivaciones y pretensiones políticas, dañaron seriamente al ya debilitado ejecutivo federal. Si Madrazo y Bartlett mostraron que era posible desafiar y vencer al ejecutivo, Figueroa y Carrillo Olea demostraron que era lo suficientemente débil para evitar arbitrariedades. La diferencia fue que los primeros, al no violar la ley y promover cambios políticos, ganaron presencia y reconocimiento entre el priísmo. Se convirtieron en líderes de la oposición interna y fueron capaces de conducir a sus militantes con eficacia.[77]

La disputa por el PRI y la candidatura

Hacia el final del gobierno de Zedillo la relación entre los gobernadores priístas y el presidente era radicalmente distinta. Además de que habían probado su capacidad para promover medidas independientes, habían demostrado que el priísmo los reconocía como líderes eficaces. Fue en ese contexto que se realizó la decisiva XVII Asamblea Nacional, en la que se introdujeron los cambios en los estatutos del PRI, que consolidarían la influencia de los gobernadores en su dirección, y se terminaría con el control del presidente para seleccionar al

---

[77] Entrevistas a Manuel Bartlett y César Camacho.

candidato a sucederlo. El paso siguiente sería la disputa por esa candidatura entre Madrazo y Bartlett, los dos gobernadores que habían tenido éxito frente al presidente, y la única opción posible de Zedillo, Francisco Labastida.

La asamblea fue exigida reiteradamente por la militancia priísta desde principios de 1995, cuando terminó el periodo de María de los Ángeles Moreno. La nueva dirección, encabezada por Santiago Oñate, hizo cuanto pudo para retrasarla debido a la urgencia de Zedillo por alcanzar acuerdos electorales con el PRD y el PAN. Al final, la presión fue de tal magnitud que el CEN convocó a realizar la asamblea en septiembre de 1996.[78] Aunque se preveían cambios, nunca se esperó que fueran tan profundos. Además de modificaciones en el programa del partido, se cambiaron artículos centrales de los estatutos. El CPN, que desde 1990 tenía fuerte influencia de los gobernadores a través de los comités directivos estatales, cambió la participación de estos órganos y reconoció explícitamente la fuerza de los mandatarios al incorporar a cinco de ellos, uno por circunscripción plurinominal (cuadro 18).

Para reafirmar ese control, al CPN se le concedieron más facultades, a tal grado que la Asamblea Nacional dejó de ser la máxima autoridad y el CEN, tradicionalmente en manos del presidente de la República, fue subordinado al CPN. Este organismo asumió la responsabilidad de designar al presidente y secretario general del Comité Ejecutivo por votación directa de los delegados, y se le añadieron cinco secretarías regionales, correspondientes a las circunscripciones plurinominales, lo que estrechó la vinculación con los gobernadores. El principal cambio, sin embargo, tuvo lugar en los requisitos para elegir candidatos a puestos de elección, incluido el presidencial. La vieja propuesta de 1990 fue revivida y finalmente aprobada por las comisiones, en las cuales destacarían la activa participación de los gobernadores Madrazo y Bartlett. No sin la resistencia de la dirección nacional, la asamblea aprobó las condiciones de diez años de militancia y contar con cargos de elección popular y dirección del partido.[79]

[78] Declaraciones de Santiago Oñate, *El Universal*, 1° de junio de 1996.
[79] PRI, *Documentos básicos*, México, 1996. Para un análisis detallado de la asamblea, véase J. Langston, "Why Rules Matter: Changes in Candidate Selection in

CUADRO 18
CONSEJO POLÍTICO NACIONAL
INTEGRACIÓN
XVII ASAMBLEA NACIONAL
1996

a) El presidente y el secretario general del CEN.
b) Los ex presidentes del CEN.
c) Representantes de la estructura territorial.
- Todos los presidentes de comités directivos estatales y del Distrito Federal.
- 31 presidentes de comités municipales y distritales del Distrito Federal.
- 7 senadores.
- 10 diputados federales.
- 2 diputados locales.
- 2 diputados de la Asamblea Legislativa del Distrito Federal.
- 4 representantes del Movimiento Territorial por cada una de las cinco circunscripciones plurinominales.
- 2 presidentes municipales por cada una de las cinco circunscripciones plurinominales.

d) La estructura sectorial, con representantes de las organizaciones nacionales que integran cada sector, según el número de sus afiliados, así como de las organizaciones juveniles y de mujeres.
e) 5 gobernadores, uno por cada circunscripción plurinominal.
f) 2 representantes de la Fundación Colosio.
g) 40 cuadros distinguidos, a propuesta del CEN.
h) Representante del Instituto de Capacitación y Desarrollo Político.
i) Secretario Técnico.

Fuente: Partido Revolucionario Institucional, Estatutos, 1996.

Mexico's PRI, 1988-2000", *Journal of Latin American Studies*, núm. 3, agosto de 2001; G. Pacheco, "La redefinición...", *op. cit.*; y R. Hernández Rodríguez, "La reforma...", *op. cit.*

Ni la participación de los gobernadores ni los resultados fueron fortuitos. Desde 1994 fue claro el distanciamiento entre el partido y el presidente, que este último ya no era reconocido como autoridad tanto en el PRI como entre la élite, y que los mandatarios habían ocupado el espacio abandonado. Si los cambios en el CPN les garantizaban el control del partido, las condiciones para elegir al candidato fortalecían la posibilidad de que fuera uno de ellos, más cuando desde 1990 se había aprobado que fuese el mismo CPN el que lo eligiera. La asamblea había cancelado la tradicional facultad del ejecutivo para seleccionar libremente al posible sucesor, y dado el perfil tecnocrático del gabinete de Zedillo, tenía mínimas opciones. De ahí el disgusto presidencial que se manifestó en la salida de Oñate y de César Augusto Santiago como secretario técnico del CPN. En sus lugares fueron elegidos, como presidente, Humberto Roque, quien como líder de la diputación priísta en la crisis económica de 1994 había aprobado el aumento al IVA, y como secretario técnico, a Esteban Moctezuma, principal responsable del fracaso en Tabasco un año atrás.

La relación fue más accidentada porque fue claro que el siguiente episodio del enfrentamiento sería la elección presidencial. Los presidentes del PRI serían relevados con frecuencia a partir de entonces, lo que indirectamente demuestra la falta de control sobre el partido. Entre la salida de Oñate en 1996 y el año 2000, ocuparon el cargo cuatro funcionarios, alguno apenas por meses.[80] Los cambios de 1999 y 2000 se explican precisamente por ese decisivo evento porque el presidente se vio obligado a apoyar a su secretario de Gobernación, Labastida. La diferencia respecto de sus adversarios era notable, pues aunque Labastida tenía una larga carrera administrativa, su primer cargo de relevancia fue en 1979, cuando De la Madrid llegó a la Secretaría de Programación y Presupuesto y lo nombró en una subsecretaría. Cuando en 1982 De la Madrid llegó a la presidencia, designó a Labastida secretario de Energía, Minas e Industria Paraestatal. De

---

[80] Ellos fueron: Humberto Roque, 1996-1997; Mariano Palacios Alcocer, 1997-1999; José Antonio González Fernández, abril-noviembre de 1999; y Dulce María Sauri, 1999-2002. A Sauri la sucedería Roberto Madrazo, en un contexto del todo diferente.

ahí saldría para convertirse en gobernador de Sinaloa en 1987, como parte del proyecto presidencial de sustituir a los gobernadores con una nueva generación tecnocrática.

El requisito de contar con cargos en el partido fue cubierto, forzadamente, con su paso como subdirector de Planeación en el antiguo Instituto de Estudios Políticos, Económicos y Sociales (IEPES) del PRI en 1975, puesto que desempeñó apenas los meses de campaña de José López Portillo. El cargo era administrativo, no de dirección política. Como era de esperar, los principales y más fuertes aspirantes fueron los gobernadores Madrazo y Bartlett, precisamente los que habían demostrado una mayor vinculación con la militancia priísta, mayor eficacia en la competencia electoral en sus estados y los que, empezando por Madrazo, habían desafiado la autoridad presidencial. Era impensable ya que un secretario de Estado participara, no sólo por las condiciones impuestas, sino porque también habían perdido influencia. La competencia en ese momento no podía más que involucrar a los gobernadores.[81]

Frente a Madrazo y Bartlett, Labastida era un precandidato débil, que no pasaría la prueba de una votación abierta de los militantes, por lo que hubo que imaginar un mecanismo de elección que no pasara por el CPN donde, en esas condiciones, habría sido casi imposible postularlo. Fue entonces cuando el círculo cercano a Zedillo propuso las elecciones primarias, copiadas del esquema estadounidense, donde contarían los distritos ganados y no los votos totales.[82]

Como bien se sabe, el esquema es riesgoso porque un candidato puede ganar la mayoría de votos y otro los distritos. Pero fue aceptado conscientemente porque se trasladaría el control de los votos a los comités directivos estatales, en manos de los gobernadores. Al final, Zedillo, asesorado por ex gobernadores en la Secretaría de Gobernación, tendría que reconocer la incapacidad de la presidencia para imponer al candidato e incluso para competir abiertamente. Como lo reconocería el entonces titular de Gobernación, esa elección era demasiado

---

[81] Entrevistas a César Camacho y Manuel Bartlett.
[82] Entrevista a Diódoro Carrasco.

importante para ser democrático y dejar que ganara cualquiera.[83] La experiencia previa en la elección de candidatos a gobernadores había demostrado que sin arbitraje institucional en el PRI y sin que Gobernación tuviera capacidad para intervenir, los grupos actuaban sin control y dentro de ellos, destacadamente los mandatarios. Las primarias de 1999 fueron deliberadamente diseñadas para que ellos las decidieran. Fue entonces que se pusieron en marcha las negociaciones de cada precandidato y en especial la operación de Gobernación para sumar a la mayor cantidad de mandatarios. El resultado no dejó lugar a dudas. De cerca de diez millones de votos, 55% fue para Labastida, 28% para Madrazo y 10% para Bartlett. El esquema corresponde plenamente al nuevo papel de los gobernadores. No sólo compitieron por la candidatura sino que decidieron de acuerdo con sus intereses.[84]

Las elecciones presidenciales del 2000 constituyen una prueba indiscutible del nuevo poder de los mandatarios. Si en el PRI significó una creciente batalla que influyó decisivamente en su derrota, también estuvo presente en el PAN y en el PRD, que igualmente postularon a ex gobernadores: Vicente Fox y Cuauhtémoc Cárdenas, los cuales, como ya se señaló al principio, no vacilaron en emplear los recursos institucionales propios de las gubernaturas para imponer sus candidaturas a sus partidos. La era del dominio presidencial y por ende de los secretarios de Estado había concluido y una de sus más delicadas manifestaciones era el enorme poder que para entonces habían alcanzado los ejecutivos estatales. El esquema, sin embargo, está lejos de garantizar un nuevo equilibrio institucional. El poder y la autonomía que han alcanzado han abierto la puerta a desafíos de todo tipo, que lo mismo pueden poner en riesgo la estabilidad de cada entidad que amenazar la autoridad central del gobierno federal. La derrota presidencial del PRI no terminó con los conflictos locales y los desafíos de

---

[83] *Idem.*

[84] Entrevistas a César Camacho y Diódoro Carrasco. El esquema fue tan exitoso que en 2002 volvió a aplicarse cuando Beatriz Paredes y Roberto Madrazo buscaron la presidencia del PRI. Los resultados comprobaron que los gobernadores podían manipular libremente los votos en los distritos para hacer ganar al que la mayoría deseara.

los gobernadores. Por el contrario, como será analizado en el siguiente capítulo, se han ampliado porque a partir del año 2000 no sólo han surgido mandatarios arbitrarios del lado priísta, sino que han aparecido igualmente perredistas y panistas. Lo que confirma que si bien el viejo esquema de control priísta, basado en el presidencialismo *de facto*, ha concluido, no se ha establecido uno nuevo que contenga los abusos y al mismo tiempo garantice la autoridad del gobierno federal para regular las diferencias y garantizar la integración nacional.

VII. LA DESCENTRALIZACIÓN DEL PODER

El fortalecimiento de los gobiernos locales había tenido dos manifestaciones básicas hasta el año 2000. Por un lado, los gobiernos surgidos del PAN y del PRD intentaron introducir cambios administrativos y económicos, y por otro, los del PRI desarrollaron estrategias que buscaban el control del partido, en ese entonces todavía en el gobierno federal, como paso intermedio para obtener la candidatura presidencial. Si bien ambos procesos estuvieron influidos por el avance del pluralismo, fueron por completo independientes y, en cierto modo, respondían significativamente a la coyuntura política, ya fuera porque tenían la primera oportunidad para poner en marcha sus programas partidarios, o porque se profundizaba la vieja disputa entre la élite gobernante, con nuevos y poderosos recursos. Sin embargo, en el año 2000, al producirse la derrota del PRI en los comicios presidenciales, las nuevas relaciones entre mandatarios y el ejecutivo federal van a tener un giro radical. Los gobernadores ya no actuarán siempre por principios partidarios sino por razones particulares, a veces incluso de grupo, y eso provocará dos nuevas manifestaciones. Una será el reconocimiento de que el único interés común entre ellos es el presupuestal, lo que dará origen a la primera respuesta organizada y colectiva de los gobernadores, y otra será la completa independencia para manejar la política local a su arbitrio, sin más límite que el frágil marco jurídico.

A diferencia de lo que sucedió en los dos últimos gobiernos priístas, las estrategias de los gobernadores ya no tendrán como centro de atención al presidente, más que cuando coyunturalmente sea necesario. Los mandatarios priístas, por ejemplo, ante la pérdida de la presidencia, ya no enfrentarán al jefe del ejecutivo como parte de su conflicto interno, sino que trasladarán la disputa al marco estricto de su partido, y aunque inevitablemente afectarán las posiciones del Congreso, ya no será un enfrentamiento entre ejecutivos. Los gobernadores del PAN también experimentarán un cambio radical. Aunque formalmente sea su partido el que ocupe Los Pinos, los mandatarios no le darán su apoyo irrestricto y menos en aspectos centrales como el presupuesto federal. La distancia que guardarán desde entonces será distinta a la que mantuvo el PRI cuando gobernó nacional y estatalmente, y que se caracterizó por la subordinación tradicional y, en los últimos años, por los enfrentamientos políticos. Ante una nueva realidad electoral, en la cual las posibilidades de alcanzar la presidencia se ampliaron notoriamente, los gobernadores han desarrollado políticas que les ayuden a mejorar sus intereses y futuro, personal y grupal, en cada organización. En rigor, la nueva realidad ha fragmentado las posiciones de los gobernadores hasta privilegiar las particularidades.

Si bien esa autonomía parece constituir la semilla de un nuevo federalismo, por lo menos en los primeros años de funcionamiento ha dado lugar a tensiones entre poderes y niveles de gobierno que poco ayudan en la búsqueda de un nuevo diseño institucional. La autonomía local ha encontrado un campo fértil en la debilidad de la presidencia, y por extensión en el gobierno federal. Con un presidente distinto a los del PRI, el ejecutivo ha exhibido todas las fallas institucionales que, contra lo que se pensó en el pasado, lo colocan como un poder notablemente débil frente a gobernadores y al Congreso, en el pasado sometidos a su voluntad. La alternancia ha mostrado que el funcionamiento del sistema dependió de prácticas políticas específicas, que derivaban del dominio, absoluto o mayoritario, de un solo partido sobre las instituciones y que hacían del presidente no sólo el jefe del ejecutivo del país sino el líder del partido. La alternancia no se ha traducido en cambios institucionales y ni siquiera en una redistribución de facultades entre los poderes de la Unión. Sólo han cambiado las prácticas políticas y con ellas se ha producido la ruptura de los frágiles equilibrios que el dominio del PRI mantuvo por décadas. Sin cambios sustantivos, el poder legislativo y los ejecutivos locales pueden disponer sin limitaciones de las atribuciones que históricamente la Constitución les otorga y que en el pasado eran reguladas, por no decir que anuladas, por el ejecutivo federal.

Pero en la medida en que el ejecutivo no está dotado con recursos para imponer condiciones o corregir posibles arbitrariedades locales, descansa tan sólo en la formalidad de las leyes que, como se verá en las páginas siguientes, son insuficientes para vencer las resistencias. A partir del año 2000 las relaciones institucionales entre los mandatarios locales y el federal están guiadas tan sólo por normas generales que han auspiciado diversos intentos por preservar intereses de grupo y una estrategia colectiva en torno del único interés común, el financiero, que si bien en general busca beneficiar el desarrollo de los estados, en los hechos ha fortalecido aún más a los gobernadores y sus proyectos. Como se verá enseguida, estas tendencias han permitido que algunos mandatarios, sin ningún límite o control político o constitucional, incurran en abusos que se mantienen impunes.

La disputa por el presupuesto

La tradición histórica y política del país nunca abrió un espacio para que los gobiernos estatales se organizaran para promover intereses locales. En parte por su estrecha identificación política y partidaria, y en parte porque el gobierno federal se hizo cargo durante décadas del desarrollo regional, los gobernadores mantuvieron relaciones bilaterales con el ejecutivo. A diferencia de los mandatarios estadounidenses que se organizaron a principios del siglo pasado (la National Governors Association fue fundada en 1908 después de una reunión convocada por el presidente Theodore Roosevelt), los mexicanos descansaron sobre las prácticas políticas establecidas por el dominio priísta para resolver problemas y, sobre todo, para obtener recursos y atención federal.

Una primera consecuencia del pluralismo en la autonomía política que habían obtenido los gobiernos locales fueron los intentos por crear una organización de gobernadores. El primero tuvo lugar hacia finales de 1999, cuando los mandatarios del PRD fundaron la Asociación Nacional de Gobernadores (Anago). Aunque invitaron al resto, sólo asistieron a la primera reunión algunos panistas, porque los del PRI consideraron el intento como un medio para presionar al presidente

Zedillo en el último y más difícil año de su gobierno. La suposición no era infundada ya que la Anago se creó para discutir el presupuesto federal para el año 2000, cuando tendrían lugar las elecciones presidenciales y cuando eran mayores las posibilidades de vencer al PRI. El objetivo político fue visible claramente en las discusiones legislativas, pues la aprobación de aquel presupuesto fue la más polémica por la fuerte oposición que representaron el PRD y el PAN a la iniciativa presidencial, que consumió el periodo ordinario de sesiones y puso en peligro, hasta el último momento, la posibilidad de contar con un presupuesto para el siguiente año. Las propuestas, aunque giraban en torno a los asuntos presupuestales, en realidad contenían demandas políticas contra el gobierno de Zedillo y contra el PRI, como eran la devolución de créditos por el rescate bancario de 1995 y algunos préstamos obtenidos por ese partido en la campaña presidencial de 1994. Era evidente que la oposición, que en conjunto dominaba el Congreso, aprovechaba las discusiones legislativas para mejorar sus posiciones electorales ante la proximidad de los comicios.

La Anago no tuvo mayor presencia después de la coyuntura presupuestal debido a que el PRI no aceptó integrarse y fue declinando la participación panista conforme sus ventajas electorales fueron aumentando. La asociación se mantuvo como un organismo partidario y, lo que fue más importante, puramente declarativo.[1] Si bien no tuvo mucho éxito en sus propósitos, mostró dos características significativas: la voluntad colectiva, aunque en ese momento partidaria, de los mandatarios por crear un organismo de participación conjunta, y que los motivos para crearla eran presupuestales y políticos. Ambas características volverían a presentarse dos años más tarde cuando se creara la Conferencia Nacional de Gobernadores (Conago), con todos los gobernadores, independientemente de su origen partidario.

No hay duda de que en su creación fue determinante el cambio de gobierno y la presencia de una nueva élite que puso en marcha modificaciones económicas y políticas con poca disposición a las negociaciones con la oposición legislativa. La administración de Vicente Fox demostró muy pronto su inexperiencia política al in-

[1] Entrevista a Manuel Andrade.

tentar una reforma fiscal y al aplicar recortes presupuestales a los gobiernos de los estados sin mediar acuerdos previos. Fox presentó su reforma fiscal en 2001 pero desde el principio recibió el rechazo prácticamente generalizado de todos los sectores y partidos políticos. La propuesta, aunque se presentó como una reforma integral que corregiría fallas en la recaudación e incluso disminuiría impuestos a salarios y sueldos, en realidad estaba diseñada para proporcionar más recursos al gobierno federal mediante la extensión del IVA a todos los productos y servicios, incluidos alimentos, medicamentos, libros y colegiaturas en escuelas. La propuesta tenía pocas posibilidades de aceptarse porque implicaba un alto impacto social y tendría consecuencias políticas y electorales para los partidos, en especial para los de oposición.

En esas condiciones no fue extraño que hubiera un abierto rechazo de los legisladores apenas se conocieran los detalles de la propuesta presidencial. Ahí comenzaría el desgastante conflicto que Fox protagonizaría con el Congreso a lo largo de todo su sexenio, porque en lugar de negociar los detalles de esa y otras medidas, intentó presionarlos con declaraciones a los medios en los que acusaba a la oposición de sabotear a su gobierno. Por su propia experiencia como gobernador, Fox intentó un cambio de estrategia para aprobar su reforma y buscó el apoyo de los mandatarios para que emplearan su influencia sobre las bancadas legislativas. Con ese propósito convocó a los 32 gobernadores a una reunión para discutir el tema. Se realizó el 4 de agosto y en ella Fox hizo esfuerzos por convencer a los mandatarios de las bondades de la reforma, incluida la promesa de que obtendrían mayores recursos anuales. El presidente no consiguió el apoyo que deseaba y recibió el completo rechazo a aumentar el IVA, que constituía la base de la reforma. A cambio, los gobernadores propusieron al presidente diseñar una nueva propuesta que se presentaría de común acuerdo al Congreso a fines de ese año, con el propósito de que incluyera el presupuesto para el año 2002. También convencieron al presidente de celebrar reuniones periódicas para discutir tanto los asuntos hacendarios como diversos temas de política nacional.[2]

---

[2] *El Universal*, 5 de agosto de 2001.

Como fue evidente por los temas, la reunión estuvo marcada por las discusiones políticas. Contra el propósito del ejecutivo, que buscaba centrarse en los temas fiscales, Andrés Manuel López Obrador, jefe de gobierno del Distrito Federal, secundado por José Murat, gobernador de Oaxaca, convirtió el encuentro en un foro para debatir los "dos proyectos de nación", el neoliberal y el social, que a su juicio se intentaban desarrollar en el país. Aunque el debate fue propuesto por esos dos mandatarios, no fueron los únicos interesados, como lo prueba el que intervinieron 20 oradores para discutir ese asunto y no la propuesta presidencial. La reunión mostró la autonomía de los gobernadores que aprovecharon la oportunidad para actuar de manera concertada y por completo al margen de los deseos de Fox.

Hasta entonces, por más críticas que se hubieran formulado, habían sido a título personal y por ende no implicaban que las coincidencias pudieran llevar a acciones colectivas. Fue el propio jefe del ejecutivo el que les dio reconocimiento al invitarlos no sólo a discutir la propuesta sino al aceptar que más allá de su función institucional como responsables de un nivel central de gobierno, podían influir en las bancadas legislativas. No parece, sin embargo, que Fox tuviera la intención de integrarlos formalmente, como lo sugiere el que originalmente los invitara a su propio rancho, más como una reunión ocasional para intercambiar opiniones. Fox se vio forzado a darle formalidad al encuentro después de que López Obrador rechazara la invitación por considerarla una estrategia política de apoyo al presidente.[3]

El liderazgo presidencial estaba lejos de ser reconocido y prueba de ello fue que diez días después se celebraría una nueva reunión, convocada esta vez por los propios gobernadores y sin la presencia de Fox, para precisar las proposiciones. Las resoluciones muestran que los mandatarios tomaban distancia del ejecutivo y sus iniciativas y, lo más importante, que buscarían participar activamente en la política

---

[3] La reunión finalmente se realizó en un hotel en la ciudad de León, Guanajuato. Los detalles fueron revelados por el gobernador panista de Guanajuato, Juan Carlos Romero Hicks, poco después de que el presidente hiciera la propuesta (*El Universal*, 31 de julio de 2001).

nacional. Reiteraron el rechazo a aumentar el IVA, lo que significaba en la práctica anular la reforma de Fox, y en su lugar presentaron 26 propuestas que buscaban fortalecer los ingresos estatales y el poder de decisión de los mandatarios. Entre las propuestas destacaban la demanda de que del 15% del IVA, 3% fuera retenido íntegra y directamente por los estados sin que ello afectara los montos de las participaciones federales; trasladar a los estados la potestad sobre los pequeños contribuyentes y sobre enajenación de inmuebles; aumentar los porcentajes del Fondo General de Participaciones y que el Programa de Apoyo al Fortalecimiento de Entidades Federativas (PAFEF), que hasta entonces era un fondo de recursos extraordinarios manejado por el ejecutivo federal de acuerdo con los excedentes fiscales, se integrara formalmente a las aportaciones federales pero sin ser asignado a un fin determinado.[4]

Las propuestas buscaban más recursos y menos controles federales, pero sin que los estados se vieran obligados a recaudar impuestos. Significaba simplemente reasignar los fondos y partidas existentes que el gobierno federal distribuía de acuerdo con sus criterios de equidad. Pero si estas medidas pretendían fortalecer económicamente a los estados, el propósito no se detendría en ese terreno, pues también propusieron una reforma constitucional para crear una Comisión Federal de Presupuesto, Financiamiento y Gasto Público, integrada por los 32 mandatarios y el presidente de la República, para discutir periódicamente "la agenda de la nación" y no sólo los asuntos presupuestales. Era claro que los gobernadores aprovechaban la coyuntura y la debilidad presidencial para conseguir una mejor y por completo novedosa posición política. De aceptarse la comisión, los gobernadores se convertirían en un poder asociado al presidencial que tarde o temprano terminaría por someterlo en aras de un interés colectivo y federal definido, desde luego, por ellos.

No habría más encuentros de gobernadores. Sin el apoyo que había buscado y con proposiciones que rebasaban el objetivo fiscal, Fox no volvería a insistir en su apoyo. La reforma fiscal fue temporalmente abandonada y sin ella, que era el principal motivo de discusión,

---

[4] Conago, reunión de Mazatlán, 10 de agosto de 2001.

los gobernadores perdieron interés en reunirse. En esas condiciones transcurrió la aprobación de presupuesto anual de 2002 que significativamente no provocaría conflictos legislativos. Los gobernadores tendrían una nueva razón para reanudar los encuentros por un error del gobierno foxista y de la Secretaría de Hacienda que en los primeros meses del año, sin mediar explicaciones ni contactos previos, determinó recortes tanto al gasto corriente y de inversión del gobierno federal, como a las partidas presupuestales destinadas a los estados.

Francisco Gil Díaz, secretario de Hacienda, informó de los recortes en una entrevista por televisión y fue así como la población y los mismos mandatarios se enteraron de la medida. A los pocos días, todos recibieron por fax un comunicado del subsecretario Carlos Hurtado en el que se les informaba de los montos perdidos y se les recomendaba cómo aplicarlos.[5] El malestar fue generalizado y propició nuevamente los contactos entre gobernadores. Como era previsible, los principales promotores fueron los priístas pero pronto encontraron en algunos panistas un apoyo importante, como fue el del recientemente elegido gobernador de Baja California, Eugenio Elorduy, que había sido secretario de Finanzas desde los años de Ruffo y en esa calidad había participado en las discusiones sobre el reparto presupuestal con el gobierno de Carlos Salinas. En aquella época el subsecretario de Ingresos de la Secretaría de Hacienda, encabezada por Pedro Aspe, era Gil Díaz, por lo que Elorduy tenía motivos suficientes para reanudar las discusiones. La participación de los panistas se limitó a unos cuantos gobernadores y muy pronto abandonaron el intento de fundar una organización.

De todas formas los contactos fueron informales pero efectivos, porque consiguieron finalmente fundar la Conago en julio de 2002, en una reunión a la que asistieron los gobernadores del PRI y el PRD. Aunque la declaratoria solamente afirma su compromiso con el sistema federal y su voluntad para encontrar puntos de acuerdo en el terreno presupuestal, al finalizar el encuentro e informar a los medios, los gobernadores aceptaron que la Conago se constituía como un medio para "acelerar la transición y crear equilibrios políticos en

---

[5] Entrevista a Manuel Andrade.

el país", y que propondría soluciones a los problemas nacionales más urgentes como la pobreza y la reforma hacendaria.[6]

A partir de entonces la Conago centraría su atención en los asuntos presupuestales, unos de largo plazo, como fueron los de asegurarse más recursos, y otros inmediatos, como recuperar los fondos detenidos por Hacienda (40 000 millones, según los mandatarios, 19 300, según Gil Díaz) y, sobre todo, intervenir en el presupuesto de 2003. Aunque el interés por participar en asuntos políticos fue importante, fueron temporalmente dejados de lado para convencer a los mandatarios panistas de integrarse a la organización. Como sería claro en las acciones posteriores, el presupuesto se convertiría en el único asunto capaz de concitar el interés colectivo. La intensidad de las reuniones de la Conago durante 2002, las declaraciones públicas de los mandatarios y los temas abordados, son una demostración de que los ejecutivos locales habían encontrado una veta atractiva y que estaban convencidos de que contaban con suficiente poder para imponer condiciones al nuevo gobierno federal. Y a juzgar por los resultados de su intensa actividad, lo consiguieron.

Después de la reunión fundadora, efectuaron dos más, una por mes, en las que fueron configurando su proyecto. Por un lado, insistieron en la vieja demanda de revisar los criterios de asignación y distribución presupuestal con la participación de los gobiernos locales; auditar los fondos de recaudación federal para establecer los montos obtenidos y el uso que el gobierno les había dado; y reiteraron su petición, ya formulada un año atrás en Mazatlán, de integrar formalmente el PAFEF a las aportaciones federales. Si estas propuestas se encaminaban a la recuperación de recursos y a obtener más en el futuro, los gobernadores trazaron una estrategia inmediata que cambiaría radicalmente los controles presupuestales. Ante la proximidad de la nueva iniciativa de presupuesto federal para 2003, integraron un grupo de trabajo que sistematizaría sus propuestas para presentarlas al ejecutivo y al Congreso federal.[7]

---

[6] Conago, reunión de Cancún, 13 de julio de 2002, y *El Universal*, 14 de julio de 2002.

[7] Conago, reuniones 2ª y 3ª ordinarias, Atlihuetzia, Tlaxcala, 24 de agosto, y Pachuca, Hidalgo, 28 de septiembre de 2002.

Las presiones continuaron, y lo que fue más delicado, se acentuó el distanciamiento con el gobierno federal y las autoridades hacendarias. En octubre, a tres meses de fundarse la organización, hubo un encuentro extraordinario al que asistió Gil Díaz. El secretario negó que hubiera recursos disponibles y les propuso un conjunto de medidas recaudatorias que les darían dinero adicional sin afectar los montos federales. Les sugirió cobrar 5% al consumo de alcohol y tabaco, grabar el alumbrado público, cobrar diez centavos adicionales por cada litro de gasolina, 2% a las ventas y otro 2% a los pequeños contribuyentes. Algunas medidas suponían aumentos ocultos del IVA y otras serían descontadas de las participaciones federales. La propuesta era, en el fondo, una redistribución de las tareas recaudatorias entre gobiernos, pues de aceptarse, los estatales se encargarían directamente del cobro de algunos impuestos y el federal, al no recaudar algunos, los disminuiría de las partidas que les entregaba anualmente. Formalmente se produciría una nueva relación entre ingresos propios y federales, pero en el fondo los gobiernos estatales asumirían, así fuera en parte, la responsabilidad social y política de establecer y cobrar impuestos.

La respuesta fue contundente de parte de los gobernadores que si bien eran solamente del PRI y del PRD, constituían la enorme mayoría de los estados.[8] Además de rechazar las propuestas (que en el pasado y en otras circunstancias, Hacienda habría impuesto sin discutir), condicionaron a la devolución de los recortes las conversaciones con el presidente. La Conago resolvió en aquella reunión acercarse a Hacienda para diseñar la propuesta de presupuesto para 2003, y lo más destacado, coordinarse con el Congreso, y en particular con la Cámara de Diputados, para asegurar los recursos a los estados.[9] Si la primera amenaza parecía poco importante, más allá de su efecto en la opinión pública que añadiría un desencuentro más a la larga lista de conflictos con Fox, la segunda significaba un cambio radical

---

[8] Los panistas abandonaron las reuniones y no volvieron a la Conago hasta fines del año, cuando ya la organización había logrado sus objetivos en el presupuesto de 2003.

[9] Conago, 1ª reunión extraordinaria, Metepec, 16 de octubre de 2002.

en los controles que hasta entonces mantenía aún el gobierno federal. Para entender la importancia de esa advertencia, es necesario tener en cuenta el marco constitucional que regula la aprobación del presupuesto.

Las negociaciones sobre el presupuesto anual, tanto en términos de ingreso como de gasto, son propias de los poderes ejecutivo y legislativo. Al primero le corresponde la facultad exclusiva de presentar la iniciativa del presupuesto anual, pero el Congreso puede revisarla y modificar tanto los montos como los destinos. La ley de ingresos la revisan ambas Cámaras, pero la de egresos, en la que se determinan, entre otros aspectos, los recursos a los estados, es revisada y aprobada exclusivamente por la Cámara de Diputados. El ejecutivo tiene, en consecuencia, pocos medios para imponer por sí solo un programa económico al país y depende por completo de lo que Mainwaring y Shugart[10] han llamado "poderes políticos y no constitucionales", que se derivan del dominio que pueda tener el partido del presidente sobre el Congreso. Sin esa eventualidad, que en México no se ha presentado desde 1997, el ejecutivo solamente puede negociar con las bancadas y partidos, o vetar la ley.[11]

El presupuesto anual nunca constituyó un problema para los gobiernos priístas debido a la homogeneidad que mantuvo por décadas y que en la práctica anuló esas atribuciones legislativas. Pero a partir de 1997, cuando el Congreso fragmentó su representación partidaria, los acuerdos fueron conseguidos mediante negociaciones, no siempre fluidas, y que en ocasiones pusieron en riesgo su aprobación, como

[10] Scott Mainwaring y Matthew S. Shugart (eds.), *Presidentialism and Democracy in Latin America*, Cambridge University Press, Nueva York, 1977.
[11] Este último punto constituye un problema no resuelto. De acuerdo con la Constitución, el veto no puede aplicarse en resoluciones de una sola Cámara y como la ley de egresos es aprobada solamente por la de Diputados, el presidente no podría vetarla. En 2005 Fox promovió una controversia constitucional ante la Suprema Corte de Justicia para determinar si podría vetar el presupuesto para ese año aprobado por los diputados. Los magistrados le concedieron la razón por un solo voto de diferencia, que otorgó el presidente de la Corte no por razones jurídicas sino explícitamente para que el presidente no perdiera su capacidad para proponer planes económicos.

ocurrió con los presupuestos de 1998, 2000 y 2002, discutidos al final de los años previos. En este contexto es que cobra su real dimensión la decisión de la Conago de acercarse al Congreso, pues el nuevo gobierno no sólo carecía de disposición para negociar con los legisladores sino que para entonces había sostenido varios enfrentamientos con ellos que desde el principio predisponían cualquier contacto. El otro factor importante es que el PAN, el partido de Fox, apenas representaba la segunda fuerza en el Congreso mientras que el PRI y el PRD constituían una mayoría suficiente para imponer condiciones. Sin recursos efectivos para convencer a diputados y senadores, el presidente estaba en desventaja para que sus iniciativas de ingresos y egresos fueran aprobadas tal como las habían diseñado las autoridades hacendarias.

Pero el punto decisivo era el hecho de que a diferencia del presidente, los mandatarios estatales sí tenían una fuerte influencia sobre las bancadas legislativas. Como ya se analizó en otro apartado, los gobernadores fueron asumiendo crecientemente el control sobre las designaciones de diputados e incluso senadores. En el caso de la antigua oposición, por la libertad implícita que conseguían respecto del presidente y sus partidos, toda vez que mantenían con ellos una relación formal y, por el contrario, contaban con grupos propios cuya continuidad buscaban preservar con los cargos de elección. En el caso del PRI el cambio fue dramático porque si hasta entonces habían logrado distanciarse del ejecutivo, al perder la presidencia en el 2000 las responsabilidades políticas y electorales recayeron en ellos y no en el debilitado liderazgo partidario, aún más dañado después de aquellos comicios. Todos, por razones distintas, tenían mayor control sobre los legisladores y podían influir en las decisiones fundamentales.[12] Fox, tan consciente estaba de ello, que había convocado a los gobernadores un año antes con el propósito de que emplearan su influencia a favor de la reforma fiscal. De ahí que la advertencia de la Conago en octubre de 2002 significara que el presidente podía quedar a merced del Congreso y los mandatarios, ahora agrupados y capaces de tomar decisiones de común acuerdo.

[12] Entrevistas a César Camacho y Manuel Andrade.

La clara conciencia de la amenaza hizo que Fox declarara el mismo día de la reunión de Metepec que los gobernadores no tenían autoridad legal para revisar el presupuesto y que los únicos intermediarios reconocidos eran los legisladores, de tal manera que el ejecutivo sólo discutiría las iniciativas de 2003 con el Congreso.[13] La respuesta no se detuvo en su aspecto legal, tan obvio que no merecía destacarse, sino en el político. Murat, que desde el principio había mostrado un activismo singular, respondió que si el ejecutivo no atendía sus demandas, los mandatarios "gobernarían al país desde las Cámaras y los estados", y que el presidente debía reconocer que la gobernabilidad del país pasaba "necesariamente por un gran acuerdo con los gobernadores". Murat destacaba que aunque Fox tenía el derecho de proponer el presupuesto anual, el Congreso tenía autoridad para modificarlo por lo que los gobernadores se acercarían a ese poder para asumir el "gobierno económico del país".[14]

Fox aceptó revisar con la Conago su propuesta para el año siguiente, pero los gobernadores no cedieron en su pretensión de influir en el Congreso. Entre la reunión de Metepec y el final del año, la Conago realizó tres encuentros más en los que reiteró sus propuestas presupuestales,[15] pero también puso en marcha su estrategia contra el ejecutivo. Al tiempo que establecieron la comunicación con la Cámara de Diputados, promovieron ante la Auditoría Superior de Hacienda una revisión legal de los ingresos fiscales del gobierno para conocer sus montos y definir cómo fueron aplicados por el poder ejecutivo. En esas condiciones, el gobierno de Fox cedió ante la presión. Hacienda reconoció los recortes, aunque no en las proporciones que demandaban los gobernadores, y aceptó reintegrarlos paulatinamente. Pero si esto ya significaba un triunfo importante para ellos, el mayor lo consiguieron, tal como se había previsto, en el presupuesto de 2003 en acuerdo con las Cámaras. La iniciativa presidencial fue reformada y obtuvieron aumentos significativos en las partidas fede-

---

[13] *El Universal*, 18 de octubre de 2002.
[14] *Idem.*
[15] Conago, reuniones 3ª, 4ª y 5ª ordinarias, Chihuahua, Cabo San Lucas y Manzanillo, 28 de octubre, 22 de noviembre y 8 de diciembre de 2002.

rales, pero también consiguieron que el PAFEF se integrara al ramo 33 como fondo obligatorio del ejecutivo y, por si fuera poco, que el gobierno federal entregara a los estados 50% de los ingresos que se obtuvieran por excedentes en la venta de petróleo.[16]

Al finalizar el año, la Conago había logrado institucionalizarse, incluso con la incorporación formal de los panistas, y había conseguido el reconocimiento de los poderes ejecutivo y legislativo; además había obtenido aumentos sustanciales en los recursos federales sin que a cambio se establecieran nuevos mecanismos de control ni que los gobiernos estatales tuvieran la tarea, costosa política y electoralmente, de recaudar impuestos propios. En rigor, se había mantenido el esquema de distribución de los fondos, pero el gobierno federal había perdido recursos propios para trasladarlos directamente a las tesorerías locales. Si durante las décadas anteriores los gobernadores habían acumulado un significativo poder de decisión, a partir de 2000, con las nuevas condiciones políticas establecidas por la alternancia en la presidencia, se habían impuesto en uno de los asuntos más preciados del ejecutivo, como era la facultad de determinar y distribuir los recursos federales.

La alternancia fue un elemento central que colocó a la presidencia dentro de sus límites políticos y constitucionales, pero para la organización de los gobernadores fue determinante la conducta del nuevo presidente, marcada por su inexperiencia política y su desconocimiento del funcionamiento del sistema. Fox rompió las correas de transmisión que hasta entonces había mantenido la presidencia con el Congreso y los gobernadores, y abandonó poco a poco el papel de árbitro del sistema. Su falta de disposición a negociar y su confianza en que el ejecutivo podía decidir asuntos vitales como el presupuestal, fueron decisivos para promover la comunicación entre los mandatarios. La Conago fue un intento, y al menos en los primeros años de vida, muy efectivo, por llenar un vacío político.[17]

La Conago constituye uno de los cambios más significativos del nuevo esquema político del país. La primera característica es su carác-

---

[16] *El Universal*, 16 y 17 diciembre de 2002.
[17] Entrevistas a Diódoro Carrasco y Manuel Andrade.

ter de organización colectiva que demuestra una voluntad y propósitos concertados de todos los mandatarios, independientemente de su origen partidario. Los gobernadores encontraron un campo fértil para identificar intereses comunes y fueron capaces de superar sus diferencias ideológicas y partidarias para revivir una confrontación histórica, latente desde al menos dos siglos, con el ejecutivo federal. Con una rapidez notable, la Conago pudo convertirse en una organización autónoma y sobre todo legítima ante los poderes constituidos. Conviene recordar en este sentido que la Constitución expresamente prohibe que los gobernadores se organicen y desarrollen actividades en común (artículo 117), sin embargo, han conseguido evadir la formalidad legal con el fácil recurso de llamarse *conferencia*, que da la idea de encuentro eventual para discutir temas específicos, y no asociación, que inmediatamente implicaría la idea de organización institucional. En los hechos es un organismo con programas y discusiones periódicas que al menos en los años de Fox tuvo influencia decisiva en varios asuntos nacionales. Los gobernadores por medio de la Conago se convirtieron en un nuevo actor político que, al menos en sus primeros años, fue determinante en la gobernabilidad del país.

Después de la intensa actividad que desarrolló entre 2001 y 2002, y de los resultados que obtuvo, la Conago, y por extensión los gobernadores, parecía encaminarse a un mayor fortalecimiento, y frente a la debilidad de Fox y su tendencia a la confrontación, a intervenir en asuntos políticos importantes. No obstante, contra toda previsión, ha disminuido su presencia hasta convertirse en un organismo más testimonial que real. Aunque sorprendente, esto tiene explicaciones claras que no sólo dan cuenta de sus limitaciones sino, lo más importante, de las que tienen los propios gobernadores.

La razón de ser de la Conago constituye su limitación más importante. Más allá de los ingredientes políticos de la coyuntura foxista, la Conago nació para defender las partidas presupuestales y para obtener mayores recursos. El tema financiero y presupuestal es, en rigor, el único que puede unir a todos los mandatarios y que dio origen a la creación de la Conago.[18] Como puede observarse en el cuadro

---

[18] Entrevistas a Manuel Andrade, Fernando Silva Nieto y Genaro Borrego.

19, las reuniones de la Conago revelan la persistencia de los temas fiscales y al mismo tiempo la menor intensidad de sus actividades conforme el asunto presupuestal se resolvió. En todos los encuentros son recurrentes las demandas para que se incrementen los montos financieros, tanto en el Fondo General de Participaciones como en las aportaciones federales, aumentos en partidas específicas y especialmente conflictivas, como salud y educación; que se les trasladen impuestos determinados o, en general, que se les den apoyos económicos adicionales, como fueron los logros más destacados del PAFEF y los excedentes petroleros. El único esfuerzo fiscal de importancia para todo el país y la sociedad en su conjunto fue promover la Convención Nacional Hacendaria en colaboración con el gobierno federal, de la que se obtendrían recomendaciones variadas que a pesar de contar con el respaldo formal de todos los participantes, no se han materializado desde entonces.

Aunque los temas políticos han aparecido recurrentemente, nunca se han convertido en acciones específicas debido a la incapacidad de los participantes para encontrar puntos comunes en los asuntos políticos.[19] La propuesta de crear la comisión conjunta con el ejecutivo federal desapareció con la misma rapidez que fue elaborada, y después fueron solamente declaraciones de apoyo (a la Reforma del Estado, para solicitar tiempos en radio y televisión, comprometerse a un proceso electoral limpio, etc.). La generalidad de los temas revela que no es posible precisar el alcance de asuntos centrales sin provocar las diferencias. De ahí que la Conago, por más declaraciones que hiciera, no lograra materializar propuestas ni menos desarrollar actividades tan efectivas como las encaminadas al presupuesto.

Solamente los recursos federales constituyen una preocupación común de todos los gobernadores. Los políticos y sociales no sólo implican particularidades regionales o locales sino interpretaciones ideológicas que comprometen el origen partidario. Los mandatarios, pese a todo el poder que han acumulado, son incapaces de alcanzar acuerdos de otro tipo.

---

[19] Entrevista a Fernando Silva Nieto.

CUADRO 19
CONFERENCIA NACIONAL DE GOBERNADORES. PROPUESTAS PRINCIPALES

Reuniones	Fiscales y presupuestales	Políticas
2001		
Reunión. Mazatlán, Sin. 10 de agosto	Mayores facultades tributarias a estados y municipios	Crear Comisión Federal de Presupuesto, Financiamiento y Gasto Público. Integrado por el presidente y los 32 gobernadores, para revisar la "agenda del fortalecimiento de la nación"
	Incrementar ingresos fiscales a los tres órdenes de gobierno	
	Entregar a estados 3% del IVA y 12% a la federación	
	Trasladar potestad de pequeños contribuyentes a los estados	
	Trasladar potestad de enajenación de inmuebles a los estados	
	Incrementar porcentaje del Fondo General de Participaciones	
	Integrar el Programa de Apoyo al Fortalecimiento de Entidades Federativas (PAFEF) como fondo de Aportaciones no etiquetado en la Ley de Coordinación Fiscal	
2002		
Reunión. Cancún, Q.R. 13 de julio	Se constituye formalmente la Conago	
1º Ordinaria. Atlihetzía, Tlax. 24 de agosto	Integrar PAFEF a las aportaciones federales como fondo de apoyo estatal	

	Dar facultades a los estados para participar en determinación y distribución de fondos de Aportaciones
	Auditar fondo de recaudación federal participable para explicar causas de la disminución de las participaciones entregadas
2ª Ordinaria. Pachuca, Hgo., 28 de septiembre	Integrar un grupo de trabajo para revisar presupuesto federal de 2003
	Proponer al Congreso federal la aprobación de recursos para pagar deuda privada destinada a educación, en presupuestos anuales
	Revisar fórmula para asignación de aportaciones a la educación básica
1ª Extraordinaria. Metepec, Edo. Méx., 16 de octubre	Grupo de trabajo de Conago, se coordine con la SHCP para formular presupuesto de 2003
	Revisar con la SHCP asignaciones específicas de las aportaciones federales, en educación y salud
	Garantizar que a partir de 2003 no haya disminuciones en partidas aprobadas
	Integrar un grupo de trabajo para negociar con ambas cámaras legislativas el presupuesto federal
3ª Ordinaria. Chihuahua, Chih. 28 de octubre	Acepta revisar propuestas presidenciales sobre presupuesto de 2003
	Establecer un mecanismo formal para que gobiernos estatales revisen montos presupuestales que se les entregan

Reunión	Acuerdos	Acuerdos
4ª Ordinaria. Cabo S. Lucas, B.C.S. 22 de noviembre	Reitera propuesta para integrar el PAFEF a las Aportaciones	
	Solicitar al ejecutivo federal la transferencia a los gobiernos de los estados de los programas Alianza para el Campo, Combate a la Pobreza, Empleo Temporal, etc.	
5ª Ordinaria. Manzanillo, Col. 8 de diciembre	Establecer comunicación con legisladores para integrar iniciativas de egresos e ingresos federales	*Establecer comunicación con partidos, diputados y senadores para integrar presupuesto de 2003
	Sin acuerdos sustantivos.	

2003

Reunión	Acuerdos	Acuerdos
Reunión, León, Gto. 21 de febrero		Establecer Comisión de la Conago para alcanzar la Reforma del Estado con el ejecutivo federal y el Congreso de la Unión
6ª Ordinaria. Morelia, Mich. 14 de marzo	Revisar con la SHCP ingresos de excedentes tributarios y petroleros que corresponden a los estados	
7ª Ordinaria. Boca del Río, Ver. 26 de abril		Convocar a la Reforma del Estado
8ª Ordinaria. Aguascalientes, Ags., 9 de mayo	Acuerdo con la SHCP para informar semanalmente de las aportaciones federales	Acordar con la Secretaría de Gobernación los trabajos para la Reforma del Estado
9ª Ordinaria. Distrito Federal 5 de junio	Convocar a la Convención Nacional Hacendaria, como parte de la Reforma del Estado	
10ª Ordinaria. San Luis Potosí, S.L.P., 30 de julio	Sin acuerdos sustantivos. Seguimiento de anteriores	

2ª Extraordinaria. Cuatro Ciénegas, Coah. 20 de agosto	Revisar facultades concurrentes de los estados en materias de educación, salud pública y seguridad	Se reconoce que la Reforma del Estado busca el fortalecimiento federal y el equilibrio de poderes
11ª Ordinaria. Monterrey, N.L. 29 de septiembre	Se aprueba convocatoria para la Convención Nacional Hacendaria, con la participación de funcionarios federales y secretarios de finanzas estatales	
12ª Ordinaria. Durango, Dgo. 31 de octubre	Solicitar al presidente Vicente Fox que la SHCP explique cabalmente las cifras de excedentes petroleros	
13ª Ordinaria. Puebla, Pue. 8 de diciembre	Sin acuerdos sustantivos. Seguimiento de anteriores	
2004		
14ª Ordinaria. Mexicali, B.C. 22 de enero	Solicitar al gobierno federal incremente recursos destinados a la salud pública	Se propone desaparecer las representaciones y delegaciones del gobierno federal en los estados, a partir del 15 de enero de 2004
15ª Ordinaria. Cd. Victoria, Tams. 27 de febrero	Sin acuerdos sustantivos. Seguimiento de anteriores.	
16ª Ordinaria. San Luis Potosí, S.L.P., 23 de abril	Fortalecer atribuciones de los estados en la reglamentación y regulación de juegos de azar, ferias, carreras, loterías, etc.	
3ª Extraordinaria. Metepec, Edo. Mex, 4 de mayo	Sin acuerdos sustantivos. Seguimiento de anteriores	
17ª Ordinaria. Villahermosa, Tab. 7 de junio	Solicitar a la SHCP informe detallado de ingreso y gastos del sector público de 2004 para planear acciones en los estados	Estudiar reformas a la Ley Federal de Radio y Televisión para que se reconozcan derechos de los estados para tener acceso a los tiempos oficiales
		Reuniones con la Sría. de Gobernación y el Congreso para propiciar las reformas correspondientes

Sesión	Acuerdos
18ª Ordinaria. Valle de Bravo, Edo. Méx. 9 de julio	Se suscribe el acuerdo para establecer un Modelo Nacional de Seguridad Social con el gobierno federal y diversos sindicatos nacionales
	Solicitar al presidente trasnfiera funciones de las delegaciones y representaciones federales a los estados
	Incorporar en la Constitución federal el concepto de planeación regional
	Solicitar al ejecutivo federal crear un organismo único, responsable de la coordinación y promoción del desarrollo regional
4ª Extraordinaria. Monterrey, N.L. 16 de julio	Revisión de acuerdos de la Convención Nacional Hacendaria
19ª Ordinaria. Chihuahua, Chih. 23 de agosto	Integrar un grupo de trabajo para crear zonas francas en los estados donde sea posible
	Solicitar a la SHCP autorizar el régimen aduanero en las zonas francas
20ª Ordinaria. Boca del Río, Ver. 27 de septiembre	Establecer medidas para optimizar las reuniones de la Conago.
	Solicitar al Congreso de la Unión tome en cuenta las resoluciones de la Convención Nacional Hacendaria
	Aprueba la iniciativa de reformas al régimen de seguridad social (IMSS)
21ª Ordinaria. Puerto Vallarta, Jal. 22 de octubre	Reconocer potestad de entidades para establecer gravámenes, en especial a personas físicas y al consumo de bienes y servicios
	Incorporar el PAFEF al Presupuesto de Egresos de la Federación, como fondo obligatorio en el ramo 33.
	Trabajar con el titular de la Oficina de la Presidencia para las Políticas Públicas, Eduardo Sojo, para temas de desarrollo regional

22ª Ordinaria. Acapulco, Gro. 26 de noviembre	Sin acuerdos sustantivos.	
2005		
23ª Ordinaria. Zacatecas, Zac. 16 de marzo	Sin acuerdos sustantivos.	
24ª Ordinaria. Aguascalientes, Ags., 27 de mayo	Solicitar a las Comisiones de Energía y Hacienda de la Cámara de Diputados revisar los cambios aprobados por la Cámara de Senadores sobre el nuevo régimen fiscal de Pemex para garantizar el equilibrio en la recaudación fiscal participable	
	Solicitar a la Comisión de Presupuesto y Cuenta Pública se garantice el derecho de los estados a obtener el 50% de los excedentes petroleros en el nuevo régimen fiscal de Pemex	
25ª Ordinaria. Oaxaca, Oax. 19 de agosto	Solicitar al Congreso de la Unión se reforme la Constitución para que ese poder tenga la facultad de crear un nuevo ramo presupuestal orientado al desarrollo regional integral	Garantizar un proceso electoral transparente y civilizado que mejore la calidad de la democracia
	Solicitar se reforme de inmediato para que se incluya en el presupuesto de egresos de 2006	Evitar ventajas indebidas para algún candidato mediante la aplicación de la ley
	Evitar se modifique la Constitución para privatizar la industria eléctrica.	Compromiso de los gobernadores para garantizar limpieza electoral
	Elaborar iniciativa para reformar la Constitución para permitir a los estados contratar créditos y empréstitos con instituciones extranjeras así como permiir mayor vinculación entre los gobiernos de los estados	

26ª Ordinaria. Torreón, Coah. 14 de noviembre	Solicitar al Congreso de la Unión se incorporen también en el presupuesto de egresos de 2006 los rendimientos petroleros excedentes y el PAFEF	
	Continuar con el mejoramiento de los procesos operativos de la Conago	
2006		
27ª Ordinaria. Guanajuato, Gto. 6 de marzo	Al conmemorarse tres años y medio de existencia de la Conago se reitera el compromiso con el sistema federal y el avance de la democracia	
	Define cuatro temas a desarrollar en el futuro: hacienda y finanzas públicas; federalismo y gobierno; desarrollo regional y competitividad y desarrollo humano y bienestar social	
28ª Ordinaria. Ixtapan de la Sal, Edo. Méx., 19 de mayo	Asiste Vicente Fox. En el discurso reconoce a la Conago "su papel estratégico y fundamental en la conducción de la tarea política y de gobierno de nuestro país"	Reitera compromisos con la equidad en la competencia electoral
	Respalda la reforma constitucional aprobada por el Senado sobre el federalismo hacendario	
29ª Ordinaria. Nuevo Vallarta, Nay. 11 de septiembre	Asiste Felipe Calderón. Reconoce a la Conago como institución federalista, comprometida con el país.	Acuerdo sobre situación política en Oaxaca. Las demandas sociales fueron motivadas por falta de presupuesto estatal para atender la educación que corresponden al gobierno federal
	Atender la importancia del turismo en el desarrollo económico	Exhorta al gobierno federal y al Senado a no lesionar el orden constitucional de un gobierno elegido libre, legal y democráticamente

30ª Ordinaria. Villahermosa, Tab. 27 de noviembre	Solicitar se establezca un coeficiente que fije anualmente el porcentaje del PAFEF en un monto no menor a 22 500 millones de pesos, establecido para 2006	
2007		
31ª Ordinaria. Tlaxcala, Tlax. 16 de febrero	Establecer una comisión de educación entre la Conago y la SEP que analice los diversos problemas en los estados	Mantener comunicación con el Senado sobre los trabajos de la Ley para la Reforma del Estado
32ª Ordinaria. Puerto Vallarta, Jal. 29 de mayo	La SHCP adelantará 2 300 millones de pesos de recursos excedentes a los estados	
33ª Ordinaria. Manzanillo, Col. 19 de octubre	Sin acuerdos sustantivos.	

Fuente: Conferencia Nacional de Gobernadores, página de internet.

Intereses diferentes, jerarquías iguales y proyectos particulares, incluso personales, han afectado la organización.[20] Para empezar, todos los participantes tienen el mismo rango político como mandatarios de su entidad y, por ende, todos asumen que sus problemas son de la misma importancia que los demás. Por más que se plantearan temas compartidos, ninguno permitía obtener acuerdos y establecer alguna prioridad.[21] La segunda razón para que haya disminuido la presencia de la Conago, es que el principal tema, el presupuestal, se ha vuelto predecible y cuenta con más certidumbre. Después de las conquistas de 2002 lo único que resta es conseguir incrementos anuales que dependen de las negociaciones entre mandatarios, Congreso y ejecutivo. Pero las discusiones en torno al presupuesto han dejado de ser puntos de conflicto y se han convertido en el mejor ejemplo de entendimiento entre poderes, como lo demuestra el que desde diciembre de 2002 las aprobaciones hayan sido rápidas e incluso algunas por unanimidad, lo que ha dado seguridad a los participantes.

Tan fluidas han sido las negociaciones que el presupuesto de 2008 fue aprobado en octubre de 2007, prácticamente al inicio del periodo ordinario de sesiones del Congreso. La aprobación fue posible, incluso sin que mediara algún encuentro de la Conago, porque la iniciativa presidencial se basó en la reforma fiscal, preparada desde enero de 2007, que fue consensada por las Cámaras y el ejecutivo en septiembre y que incluía un incremento al precio de las gasolinas y sería entregado directamente a los estados. Con el consenso previo y la ganancia económica asegurada, los gobernadores no tuvieron necesidad de protestar o reunirse para obtener mejores condiciones.[22]

---

[20] Entrevistas a Fernando Silva Nieto, Manuel Andrade y Dulce María Sauri.
[21] Entrevistas a Manuel Andrade y Fernando Silva Nieto.
[22] La iniciativa prevé un nuevo impuesto de 36 centavos (dos por mes) por litro de gasolina, que representa poco más de 22 millones de pesos al año. El 80% se entregará a los gobiernos estatales y el 20% a los municipios. Un dato interesante es que aunque los legisladores aprobaron obligar a los mandatarios a aplicar los nuevos ingresos a la infraestructura urbana y rural y a la conservación del medio ambiente, la Suprema Corte de Justicia consideró inconstitucional condicionar los recursos y

A la falta de temas comunes se ha sumado el protagonismo de algunos mandatarios que han querido utilizar a la Conago como un foro de promoción personal. Aunque desde los últimos años del gobierno de Fox el protagonismo ha disminuido, en los primeros tiempos y alentados por la visibilidad que había alcanzado la organización, hubo casos notables.[23] Uno de los más destacados fue Arturo Montiel, gobernador del Estado de México, que muy pronto hizo patente sus deseos de conseguir la candidatura presidencial del PRI y que llevaba a la organización temas particulares y altamente politizados que arriesgaban los avances colectivos. Otro fue Ricardo Monreal, principal promotor de la vieja Anago, que no desperdició ninguna oportunidad para proponer temas regionales, presionar por más recursos y tratar de radicalizar las posiciones de la Conago. Cuando el tema presupuestal comenzó a perder importancia, Monreal propuso la creación de una comisión que estudiara y presentara medidas para atender los asuntos migratorios y que, desde luego, él encabezó. Nada extraño porque Zacatecas, el estado que gobernaba, es uno de los que más migrantes aporta a Estados Unidos y cuyas causas se mezclan con los problemas agrarios. Es fácil ver en las declaratorias de las reuniones la permanente insistencia de Monreal en obtener pronunciamientos y medidas que involucraban al gobierno federal.

Otro mandatario que debilitó la organización fue López Obrador. Como ya se apuntó, en la primera reunión convocada por Fox en 2001 cuestionó el lugar y después la convirtió en un foro de discusión política con el presidente. Más adelante exigió un trato especial como jefe de gobierno del Distrito Federal, diferente al del resto de los mandatarios, a pesar de que legalmente ese puesto no es equivalente a una gubernatura. No obstante, sus colegas lo incorporaron en igualdad de condiciones, pero López Obrador demandó consideraciones especiales sólo por gobernar la capital del país.[24] Al no encontrar apoyo, López Obrador abandonó las reuniones y eventualmente enviaba

---

determinó que los gobernadores y presidentes municipales tienen total libertad para ejercerlos. SCJ, Acuerdo del pleno, 11 de mayo de 2008.

[23] Entrevistas a Genaro Borrego y Manuel Andrade.
[24] Entrevista a Manuel Andrade.

a un representante, en especial cuando se discutía el presupuesto. A partir de entonces, López Obrador fue reservado para respaldar las propuestas de la Conago y al menos en una ocasión fue el responsable del fracaso de un importante acuerdo.

A principios de 2004 la Conago, tras varias conversaciones previas, acordó solicitar formalmente al gobierno de Fox la desaparición de las representaciones y delegaciones de las secretarías y organismos federales. La petición buscaba terminar con un viejo problema para los mandatarios, toda vez que los delegados asumían el control de los programas federales y manejaban los recursos disponibles. Problema que durante décadas representó una interferencia para los gobernadores y que ya en la época de Fox, con mayores libertades presupuestales, significaba el último obstáculo con las secretarías de Estado y el desarrollo de sus programas.

La Conago presentó la propuesta y sorprendentemente encontró la anuencia de Fox que aceptó su desaparición. Cuando se había acordado anunciarla públicamente, fue López Obrador quien se opuso porque la consideró un simple acto publicitario del presidente porque el gobierno del Distrito Federal, en la medida en que no cuenta con representaciones federales toda vez que no es una entidad con iguales facultades que el resto, no tendría ningún beneficio. Como fue frecuente bajo su administración, López Obrador convirtió el tema en un motivo más de confrontación política con Fox que llevó al presidente a rectificar la decisión.[25] López Obrador se convirtió en la Conago en un participante que si bien estaba ausente, podía perjudicar las acciones del organismo. Adicionalmente, mostró que los intereses particulares impiden a los mandatarios valorar los avances sustantivos y con frecuencia deciden por las ventajas directas. La paradoja de la Conago radica en que su fuerza se convirtió en la principal razón de que algunos mandatarios trataran de emplearla en su beneficio político y que otros aumentaran sus resistencias.

El conjunto de estos factores afectó seriamente el fortalecimiento de la organización. Como se ve en el cuadro 19, de las 40 reuniones realizadas entre 2001 y 2007, 28 tuvieron lugar en tan sólo tres años

[25] Entrevista a Manuel Andrade.

(de 2002 a 2004), los centrales del gobierno de Fox, y en los que los temas fiscales, hacendarios y presupuestales ocuparon su atención. A partir de 2005, cuando poco más podía conseguirse y sobre todo cuando la elección presidencial estaba próxima, la Conago disminuyó sus encuentros sistemáticamente hasta tener sólo tres en 2007. Desde luego que los asuntos presupuestales se han mantenido, pero no deja de ser llamativo que desde 2004 la Conago se ocupara de su propia operación interna y comenzara la revisión no sólo de las comisiones sino de los temas y procedimientos de discusión.[26] Era claro que se había convertido en un foro abierto a cualquier tema pero notablemente incapaz de alcanzar acuerdos. La revisión interna se prolongaría hasta 2006 cuando diseñaría una nueva estructura interna y definiera, al fin, los temas que abordaría: hacienda y finanzas; federalismo y gobierno; desarrollo regional y competitividad; y desarrollo humano y bienestar social.[27] Preciso y evidente el primero, y suficientemente generales los segundos para mantener el interés de las reuniones.

La debilidad de los gobernadores

La experiencia de la Conago ofrece un ejemplo extraordinario del poder que se ha liberado por el pluralismo, pero también de las fuertes limitaciones que llevan consigo algunos actores debido a la carencia de una normatividad institucional. Como pudo observarse con su activa aparición, la Conago demostró que puede imponer condiciones al gobierno federal y en un tema tan delicado como es el presupuestal. Pero al mismo tiempo ha mostrado que no puede ir más allá de ese único aspecto. Debido a las diferencias regionales y a las necesidades de cada entidad, así como a las aspiraciones políticas de los mandatarios, es prácticamente imposible que puedan elaborar proyectos de otro tipo. Muy por el contrario, su propio desarrollo revela que los temas polémicos provocaron el distanciamiento de los

---

[26] Conago, 20ª reunión ordinaria, Boca del Río, 27 de septiembre de 2004.
[27] Conago, 27ª reunión ordinaria, Guanajuato, 6 de marzo de 2006.

mandatarios y que a medida que aumentó su éxito público, la organización se volvió atractiva para fines particulares. La acción colectiva de los gobernadores parece condicionada a un círculo vicioso en el que las posibilidades de ser un actor influyente dependen de no explorar asuntos políticos, pero su avance en lo presupuestal alienta el protagonismo de algunos mandatarios. De ahí que la Conago, después de un inicio sorprendente, haya languidecido hasta convertirse en un organismo formal, testimonial, pero poco efectivo para lo que algunos mandatarios se proponían alcanzar: ser un factor importante en la gobernabilidad.

No hay duda de que los gobernadores propiciaron una nueva relación federal pero demostraron que sólo pueden influir en el terreno económico. Lo destacado de este punto es que la conquista no es definitiva, como lo prueba la evolución de las discusiones presupuestales una vez que un nuevo gobierno se formó en 2006. Con Fox la Conago pudo explotar sus vínculos con el Congreso gracias a la proclividad del presidente a enfrentarse a ese poder, pero con Felipe Calderón se puso en marcha un mayor acercamiento con el poder legislativo y los líderes de las bancadas que hizo innecesarias las discusiones con los gobernadores y, más aún, colectivas. Así lo demuestra el que desde septiembre de 2006 Calderón haya asistido a las reuniones de la Conago y que la reforma fiscal de 2008 se negociara tempranamente con los partidos y los líderes de las bancadas, con beneficios para los gobernadores pero sin su participación colectiva. Al final, el recurso más efectivo para presionar al gobierno federal y que durante el foxismo dejara altos rendimientos, comienza a perder importancia a medida que el presidente busca la negociación con su contraparte legislativa. En esas condiciones, el poder colectivo de los mandatarios se encuentra limitado a asuntos específicos que, además, pueden ser suavizados si la presidencia actúa políticamente.

Las limitaciones de los gobernadores, que bien se han expresado en la Conago, no se reducen a los orígenes partidarios. En realidad, su incapacidad para alcanzar acuerdos es más profunda y afecta a los propios partidos. De acuerdo con las evidencias disponibles, no han conseguido consensos ni menos aún soluciones en temas decisivos en su futuro político. El ejemplo más importante es el del PRI, donde la experiencia política es mayor y donde el poder alcanzado por los mandatarios tuvo manifestaciones claras en contra de los presidentes. En 2000, cuando el conflicto entre la élite priísta, en la cual los gobernadores tuvieron una participación destacada, impidió una candidatura presidencial fuerte, en ellos recayó inicialmente la posibilidad de reconstruir el partido y encontrarle una vía de supervivencia. Sin presidente de la República que se desempeñara como líder del partido, y con la derrota a cuestas por parte de la dirección nacional de aquella época, se presentó la necesidad de elegir a un nuevo líder. Entonces se propuso que los gobernadores, una vez reconocida su influencia en el PRI y su papel como líderes regionales, propusieran a uno de ellos como dirigente del partido.

Con su acuerdo habría sido factible conseguir el apoyo de otros grupos y organizaciones. El tiempo se agotó en reuniones de las que nunca salió una propuesta porque ninguno de los mandatarios aceptó hacerse cargo del PRI.[28] Quedó claro que había proyectos personales, tan disímbolos que era imposible conciliarlos incluso en un asunto tan delicado como el futuro del partido. Y esto se manifestó con claridad meses después, cuando se decidió elegir al nuevo dirigente mediante elecciones internas en las que, como ocurriera en las de 1999 cuando se seleccionó al candidato presidencial, los gobernadores tuvieron una influencia decisiva. Las elecciones, que enfrentaron a Beatriz Paredes y Roberto Madrazo, fueron un ejemplo de cómo los mandatarios pueden crear alianzas temporales y manipular los votos para hacer ganar a un candidato. Madrazo ganó esa competencia en medio del descrédito del proceso.

La fragmentación del poder

Durante el dominio del PRI se generalizó la idea de que los gobiernos estatales debían ser realmente autónomos para hacer realidad el federalismo y, sobre todo, para controlar junto con el Congreso lo que parecía un presidencialismo excesivo. La autonomía fue ampliándose

---

[28] Entrevistas a Diódoro Carrasco y Dulce María Sauri.

sistemáticamente desde los años ochenta del siglo pasado hasta alcanzar su pleno desarrollo con la alternancia electoral del 2000. Los gobiernos locales ahora actúan sin limitaciones centrales pero sin que el federalismo haya mejorado y, por el contrario, al debilitarse el ejecutivo federal se ha fragmentado el poder. Esto no es tan sorprendente porque al final de cuentas los gobiernos locales y los gobernadores no tienen una concepción del país como nación integrada.[29] Tienen compromisos con el estado que gobiernan, y por supuesto personales o de grupo que no pueden conciliarse con los restantes para construir una idea de nación. En rigor, esta deficiencia es tradicional y se encuentra presente en algunos de los eventos más dramáticos de la historia nacional, por eso el gobierno federal centralizó los poderes y las tareas, para imponer una concepción del país y equilibrar las diferencias regionales.

La falta de acuerdos tiene su origen en una extrema individualización de la política que lleva inevitablemente al protagonismo. El aspecto medular de esta falla es que el fortalecimiento de los poderes locales no se ha acompañado de un marco institucional que regule su funcionamiento y determine límites a los excesos. El primero de ellos fue el ejecutivo federal que basó su poder en el dominio del PRI y no en la Constitución o en instituciones que señalaran cuándo la federación puede intervenir en las entidades. Con el pluralismo y finalmente con la derrota presidencial del PRI, que se ha acompañado de una notable fragmentación en el Congreso de la Unión, el ejecutivo ha perdido la facultad política que le permitía corregir abusos y restablecer la estabilidad en los estados. Bajo el nuevo esquema político, el ejecutivo es un actor más en las negociaciones y cuenta con pocos recursos para vencer una oposición colectiva de los gobernadores.[30]

Otra institución debilitada es el Senado, el órgano que por definición debe atender los asuntos estatales y velar por la federación. En su diseño se combinan tanto principios del sistema político como de la organización federal y de los estados. Como parte de la división de

[29] Entrevistas a César Camacho y Diódoro Carrasco.
[30] Entrevistas a Enrique González Pedrero y Genaro Borrego.

poderes, al Senado le corresponden las facultades más importantes de control del ejecutivo (analizar la política exterior y aprobar nombramientos), pero una de sus principales tareas es la de resolver diferendos entre estados, entre éstos y la federación, y designar gobernadores sustitutos en caso de desaparición de poderes. Implícita se halla la función de representar a cada entidad, tanto en sus particularidades como en su conjunto. El Senado, en ese sentido, debe ser la voz de los estados y como órgano colectivo debe conciliar intereses, precisamente lo que los gobernadores son incapaces de hacer.

El Senado, sin embargo, poco ha cumplido sus tareas, en particular las referentes a los estados y la federación. En la disputa política por la presidencia, se privilegiaron las funciones de control del ejecutivo y se marginaron las restantes, y lo que fue más grave, fueron consideradas como espacios electorales que permitían ampliar la representación partidaria. En 1993 se crearon las figuras de senador de mayoría y de primera minoría para cada entidad, que ampliaron inútilmente la representación local pero que permitieron el ingreso del segundo partido más fuerte. Como el bipartidismo no cambiaba, los partidos presionaron por otra reforma que en 1996 implantó la representación plurinominal en el Senado y que si bien garantiza la presencia de partidos minoritarios, fragmenta la de los estados. Con el esquema actual, una cuarta parte (28 de los 132 asientos) de la Cámara es elegida por cinco circunscripciones plurinominales que constantemente cambian el origen local y que alteran la representación de cada estado, de tal manera que existen estados con más senadores que otros y, por ende, con capacidad para fortalecer intereses, ni siquiera estatales, sino puramente partidarios. Con estas reformas, claramente favorables a los partidos, el Senado ha sacrificado las funciones federales para convertirse en una ampliación de la Cámara de Diputados, con lo cual no sólo deja de lado los aspectos estatales sino que pierde su función de contrapeso de la Cámara baja, en su momento capaz de conciliar diferencias con el ejecutivo. Sin auténtica representación de los estados, el Senado ha hecho posible que los gobernadores actúen por sí solos e incluso hayan podido crear la Conago.[31]

---

[31] Entrevista a Genaro Borrego.

Aunque los partidos ocupan un lugar preponderante en la política nacional no han logrado constituirse en un contrapeso de los mandatarios porque carecen de liderazgos fuertes. Como se analizó en un capítulo anterior, la creciente competencia electoral favoreció la incorporación a los partidos de individuos procedentes de otras organizaciones e incluso de la iniciativa privada, que construyeron grupos de apoyo particulares. En el caso del PAN y el PRD los gobernadores que ganaron las postulaciones internas con esos grupos al alcanzar el poder han fortalecido sus equipos y subordinado las estructuras locales de los partidos. En el caso del PRI la formación de grupos ha sido permanente en toda su historia y se ha fortalecido a medida que se presentaron los conflictos con el presidente. Con la derrota del 2000, el liderazgo real del PRI ha pasado naturalmente a los mandatarios que negocian entre sí y con otros grupos los asuntos fundamentales. En esas condiciones, los partidos, por más influyentes que parezcan, no pueden someter a los mandatarios y se encuentran sujetos a su influencia, como lo demuestra el que todos los partidos, formal o informalmente, les hayan creado espacios de decisión en sus estructuras directivas.[32]

Como puede observarse, no existen controles institucionales a los gobernadores, lo que amplia peligrosamente las posibilidades de cometer arbitrariedades.[33] Sin vigilancia ni menos aún mecanismos de corrección, no hay forma de evitar que los gobernadores impongan candidatos, locales y federales, designen sucesores y manejen a su arbitrio la política y el gobierno locales.[34] Un factor determinante en este proceso radica en los montos financieros que les entrega la federación y la libertad con la que los manejan. Como se analizó en el capítulo tercero, no sólo no ha cambiado la dependencia estatal de los presupuestos federales, sino que se ha incrementado notablemente. Como se observa en el cuadro 6, los ingresos propios no llegan siquiera al 10% del total de que disponen. Para la mayoría de los analistas

---

[32] En el PRI, por ejemplo, todos los gobernadores están incluidos en el CPN desde la XVIII Asamblea Nacional de 2001.
[33] Entrevistas a Diódoro Carrasco, Genaro Borrego y Manuel Andrade.
[34] Entrevistas a Genaro Borrego y Manuel Andrade.

esta subordinación cuestiona el federalismo y le otorga al gobierno central un dominio indebido sobre el desarrollo y el bienestar social de los estados. Los gobernadores lo afirman igualmente en público, pero en el fondo reconocen que la dependencia no se convierte en subordinación sino todo lo contrario, constituye la fuente primordial de su poder.

Como se recordará, una parte de los fondos entregados puede administrarse a criterio del gobierno estatal y otra está destinada a áreas específicas, básicamente sociales y municipales. La vigilancia, sin embargo, recae mayoritariamente en los órganos locales, concretamente en las Cámaras de diputados, y sólo en los fondos predeterminados hay supervisión federal. Para muchos mandatarios, estos últimos se han convertido en un control mayor del gobierno federal que exige observar los destinos y obliga a una rendición de cuentas constante.[35] No obstante, hay zonas oscuras en este proceso que con habilidad puede manejar libremente el gobernador e incluso le sirven para evadir la vigilancia federal.

El primer aspecto es que los fondos son entregados en conjunto, sin distinción alguna, a las tesorerías locales, y es el gobierno del estado el que los distribuye y aplica. Eso significa una administración en todos los sentidos del término, no sólo para aplicarlos en los rubros correspondientes sino para hacerlo en los tiempos adecuados. En rigor, los gobernadores pueden manejar los recursos de acuerdo con sus necesidades e incluso modificar, así sea temporalmente, los destinos. Aunque al final deben informar al gobierno federal, en un proceso complejo y rigorista, los tiempos para verificar las inversiones y las obras no sólo son largos sino difíciles de aplicar. La obra pública no siempre se convierte en obras espectaculares sino que por lo común sirve para el mantenimiento (repavimentación y, en general, obra urbana) que puede informarse pero difícilmente comprobarse. Por supuesto que existen otros campos (educación, por ejemplo) en los que las fallas pueden tener consecuencias graves y por ello mismo son los que prioritariamente atienden los mandatarios pero, en general, si el gobernador tiene la experiencia necesaria y un equipo especiali-

---

[35] Entrevistas a Genaro Borrego y Manuel Andrade.

zado en finanzas puede administrar el presupuesto de tal manera que construya un poder considerable.[36] Poder que se emplea para desarrollar proyectos personales y que debido a que dependen totalmente del mandato constitucional, deben desarrollarse inmediata e intensamente.[37] De ahí que los recursos se apliquen en la obra pública y la atención social, pero también para construirse clientelas particulares y para promover la imagen del gobernador, si en su proyecto está continuar en la política activa.

En cualquier caso, los presupuestos federales son una fuente inagotable de fortalecimiento. Resulta redituable políticamente mantener la dependencia del gobierno federal para sostener siempre un motivo de queja estatal contra el centro, pero también les quita la responsabilidad social y política de cobrar impuestos propios. Por eso es que las demandas esenciales sean obtener más recursos, modificar los criterios de distribución, crear o formalizar nuevas partidas, pero no reconstruir esquemas de recaudación para que sean los gobiernos locales los que determinen sus impuestos y los cobren. También es por ello que el presupuesto puede unir a todos los mandatarios e incluso, con independencia de que su partido esté o no en Los Pinos, demandar que recursos extraordinarios, resultantes de periodos coyunturales de bonanza, se les entreguen o se conviertan en obligatorios. Fondos como el PAFEF, que no tienen destino fijo y que pueden ser manejados con libertad local, son objeto de negociaciones y sus montos se fijan por razones políticas y no económicas.[38]

La complejidad de estas negociaciones ha aumentado ante la carencia de controles institucionales. Aunque los gobernadores influyen decisivamente en las postulaciones legislativas federales, los diputados y senadores, una vez elegidos, alcanzan grados importantes de autonomía debido particularmente a que los líderes de las bancadas adquieren poder propio e incluso superan el de los dirigentes nacionales de los partidos.[39] Esos líderes construyen internamente sus

---

[36] Entrevista a Manuel Andrade.
[37] Entrevista a Diódoro Carrasco.
[38] Entrevista a César Camacho.
[39] Entrevista a Diódoro Carrasco.

grupos de apoyo y, desde luego, comprometen a los legisladores. No es difícil que las lealtades se mezclen y que la influencia del gobernador en momentos decisivos decline ante los intereses inmediatos de los líderes de las Cámaras. Aun así, los mandatarios pueden presionar pues en última instancia el futuro del legislador en la política local depende del apoyo de su ejecutivo.[40] De ahí que las negociaciones sean intensas, cambiantes y temporales.

Con pocas oportunidades para elaborar proyectos colectivos, los gobernadores concentran su actividad en los particulares. El único riesgo, no obstante, es el de alimentar los abusos y reavivar cacicazgos que ahora tienen espacios y libertad para actuar.[41] El reto que conlleva este riesgo es que el sistema político no tiene recursos para enfrentarlos y corregirlos. Sin la atribución política que tenía el presidente y que derivaba de su liderazgo partidario, sólo queda la formalidad de la ley, incluida en ella la propia Suprema Corte de Justicia, que al menos en los casos que se han presentado desde 2001, han probado ser insuficientes para restablecer la estabilidad y castigar los abusos.

Las tentaciones caciquiles

Durante la administración de Ernesto Zedillo tuvieron lugar los enfrentamientos más delicados de algunos gobernadores con el presidente. Dos de ellos no fueron resultado de la vieja disputa entre la élite entonces gobernante, sino de arbitrariedades y complicidades de los mandatarios. En Guerrero, con Rubén Figueroa, se trató de los excesos de los cuerpos policiacos del estado que reprimieron a campesinos con tal violencia que terminaron en una masacre. En el de Morelos, con Jorge Carrillo Olea, del involucramiento de policías y del propio procurador del estado en secuestros y asesinatos en los que estaba comprometido el gobernador o al menos los toleraba. En ambos casos fue evidente que las viejas prácticas políticas no podían aplicarse y que los recursos legales eran muy débiles para castigar a los

---

[40] Entrevista a Manuel Andrade.
[41] Entrevistas a César Camacho, Enrique González Pedrero y Manuel Andrade.

mandatarios. De todas formas, bajo una presidencia priísta y con esa vieja tradición, fue posible forzarlos a presentar sus licencias. Bajo las disputas de aquella época y con la peculiar concepción política de Zedillo, parecía que esos casos serían coyunturales y propios de las circunstancias. No obstante, los excesos si bien no se han multiplicado, sí han sido cada vez más graves cuando se han presentado y aunque en ellos nuevamente se han destacado los gobernadores priístas, hay suficientes evidencias de otros, salidos del PAN y el PRD, como para suponer que los vacíos legales y políticos fomentan las tentaciones caciquiles. Una revisión breve de los casos más relevantes permitirá destacar las deficiencias institucionales de la relación entre ejecutivos para mostrar los riesgos inmediatos.

Yucatán, 2000-2001. La interpretación de la ley

El primer ejemplo de las tensiones institucionales tuvo lugar entre agosto de 2000 y abril de 2001, cuando el gobernador de Yucatán, Víctor Cervera, reconocido por su enorme poder local y su larga experiencia política nacional, aprovechó la oportunidad que ofrecía la llegada a la presidencia de un mandatario no priísta, poco experimentado y que desconocía el funcionamiento del sistema, para hacer una interpretación formal de la ley para imponer autoridades electorales que dieran mayores posibilidades al PRI para mantenerse en el poder al renovarse la gubernatura en el año 2001.

En agosto de 2000, cuando todavía estaba fresco el recuerdo de las elecciones en las que el PRI perdió la presidencia de la República y los principales actores e instituciones estaban concentrados en la constitución del nuevo gobierno, el Congreso yucateco decidió renovar el Consejo Electoral del estado que debería preparar los comicios del año siguiente. La coyuntura política nacional y el predominio del PRI sobre el poder legislativo del estado afirmaron en Cervera la seguridad de que podía designar un órgano afín sin complicaciones internas. El Congreso ratificó a los mismos integrantes del Consejo a pesar de que su desempeño había sido seriamente criticado por la oposición en los comicios locales de 1998. El PRD impugnó el proceso ante el

Tribunal Federal Electoral porque el Congreso se había anticipado al plazo determinado por el código electoral. La falla fue tan evidente que el Tribunal invalidó la decisión y ordenó al Congreso reponer el proceso. Sin posibilidades de evitarlo, los diputados acataron la decisión y en octubre de ese año integraron el Consejo pero sin tomar en cuenta las propuestas del PAN y el PRD, que en protesta abandonaron la sesión. A pesar de ello y gracias a su mayoría, los diputados priístas designaron a los miembros y se formalizó el nuevo órgano electoral.[42] A partir de ese momento el conflicto se desarrolló en torno de la formalidad e interpretación de la ley y la plena convicción de que se había cometido una arbitrariedad política.

La oposición volvió a impugnar el proceso bajo el argumento de que sólo los diputados priístas habían intervenido y habían seleccionado a funcionarios favorables a su partido. El Tribunal, en una decisión discutible, aceptó el argumento sin demostrar que se había cometido una falta jurídica. De ello se valdría el Congreso yucateco para rechazar la decisión de los magistrados. El Tribunal, ante la negativa de los diputados, integró por su propia cuenta un Consejo Electoral paralelo y exigió que los poderes del estado lo reconocieran jurídica y financieramente.[43] El problema se complicó con esta resolución porque el Congreso local, basado en la Constitución federal (artículos 41 y 60) y el Código Federal de Instituciones y Procesos Electorales (artículo 264), argumentó que el Tribunal no tenía atribuciones para designar órganos electorales federales o estatales, ni menos aún para intervenir en disputas fuera de tiempos y procesos electorales.[44] La redacción de los artículos es suficientemente ambigua como para permitir ambas interpretaciones, lo que justificaba que ambas instancias se mantuvieran en sus posiciones. No obstante, por la conducta seguida por el Tribunal, es posible inferir que los magistrados no estaban totalmente convencidos de tener la razón porque desde que el Congreso los acusó de excederse en sus facultades, el Tribunal simplemente demandó el reconocimiento a su Consejo

---

[42] *El Universal*, 17 de octubre de 2000.
[43] *El Universal*, 21 de diciembre de 2000.
[44] *El Universal*, 31 de diciembre de 2000 y 4 de enero de 2001.

pero no tomó ninguna otra medida para conseguirlo. El problema de fondo era que el Congreso yucateco si bien había cometido un abuso, estaba justificado jurídicamente.

La formalidad del procedimiento dio paso al enfrentamiento político pues los partidos, ante la pasividad del Tribunal y la negativa del Congreso, que aprovechó Cervera para no reconocer al Consejo paralelo, demandaron la intervención del presidente Fox e incluso de la fuerza pública federal para obligar al gobernador y al Congreso a aceptar el nuevo organismo. Conviene no perder de vista que hasta la decisión del Tribunal, el conflicto sólo involucraba al Congreso yucateco y al Tribunal Federal, no a los ejecutivos del estado y nacional. Pero ante la falta de medios para vencer la resistencia local, fue la presión de los partidos lo que llevó a que Fox y Cervera tomaran parte activa. Durante los primeros meses de 2001 el conflicto se mantuvo en la formalidad jurídica y en medio de protestas sociales, algunas que terminaron en enfrentamientos graves.

Ante las presiones de los partidos, Fox, como en el pasado había hecho Zedillo, pidió al Tribunal que empleara sus facultades para resolver el conflicto y que como parte del poder judicial le pidiera expresamente al ejecutivo la intervención de la fuerza pública, pues de otra manera el gobierno estaría imposibilitado para intervenir.[45] La inseguridad del Tribunal en sus decisiones le impidió hacer la solicitud y el conflicto simplemente entró en un periodo de acusaciones entre los ejecutivos que poco a poco se convirtieron en una defensa de la soberanía local, altamente sensible en la historia yucateca y que dio origen a manifestaciones organizadas por el priísmo del estado. La solución no provendría del ejecutivo federal sino del propio gobernador, que ante la proximidad de los comicios locales seguramente se convenció de que dañaba, como en efecto fue, las posibilidades del PRI.

En marzo de 2001 Cervera promovió ante el Congreso una reforma a la ley electoral que permitiera formar un tercer consejo integrado con los miembros de los dos órganos en disputa.[46] El Congreso lo

[45] *El Universal*, 11 de enero de 2001.
[46] *El Universal*, 12 de marzo de 2001. En realidad ése había sido un acuerdo entre Cervera y la Secretaría de Gobernación que se había alcanzado en enero de

aprobó pero de inmediato el PAN lo impugnó ante la Suprema Corte de Justicia porque la Constitución local prohíbe modificaciones a las leyes electorales durante los noventa días previos a los comicios, que en este caso tendrían lugar en mayo. La Corte reconoció la violación constitucional y ordenó la anulación de la reforma y que el Congreso reconociera al consejo nombrado por el Tribunal Federal Electoral.[47] Con sorprendente facilidad, tanto Cervera como el Congreso acataron la resolución de la Corte y el conflicto terminó.

No parece verosímil que Cervera, conocedor de la ley local y de los tiempos políticos, incurriera en un error legal fácilmente impugnable por la Corte. Es más probable que ante el agravamiento del conflicto que podía terminar, por un lado, con una acusación de desacato al gobierno y los diputados, y por otro, con la derrota electoral del PRI, Cervera optara por una salida formal que subrayara las fallas jurídicas y dejara de lado los detalles políticos. Parcialmente lo consiguió porque todas las protestas y procedimientos jurídicos desaparecieron en cuanto se instaló el consejo en disputa. Las elecciones, sin embargo, fueron otro fracaso para el PRI, que perdió por primera vez la gubernatura, también con el PAN.

El conflicto tiene detalles importantes que merecen destacarse. El primero fue la clara conciencia que el gobernador tuvo de la coyuntura política nacional. La decisión del Congreso local se tomó en agosto de 2000, cuando ninguna autoridad nacional prestaría atención a Yucatán en un acto que, además, parecía rutinario. El cálculo fue correcto porque no tendría consecuencias hasta fines de año, lo que dio a Cervera oportunidad de fortalecer su posición. La misma perspectiva se mantendría al desafiar las resoluciones del Tribunal porque el nuevo gobierno de Fox apenas había comenzado a funcionar y por supuesto tendría otras prioridades. Otro elemento esencial fue que el gobernador, con fama de arbitrario y temido por la oposición, no estuvo involucrado sino que fue el Congreso local y luego el Tribunal Federal Electoral, lo que mantenía el caso en el terreno puramente ju-

---

ese mismo año, pero que fue rechazado por el PAN y el PRD. *El Universal*, 12 y 16 de enero de 2001.

[47] *El Universal*, 11 de abril de 2001.

rídico. Cervera y Fox no aparecieron en escena hasta que los recursos legales fueron insuficientes para resolver el diferendo y fue evidente que se requería una instancia distinta.

De aquí se desprende la tercera característica y sin duda la más importante. La decisión del Congreso, formalmente, no violó ningún precepto jurídico, por el contrario, se apegó a los ordenamientos de la Constitución local y el reglamento interno de la Cámara. Más aún, reconoció la primera resolución del Tribunal y repuso el proceso. A partir de entonces el conflicto giró en torno a la interpretación de las facultades del Tribunal que permitían o no desconocer un organismo local e incluso nombrar uno por su libre cuenta. Que la ambigüedad existía fue patente porque el Tribunal nunca aceptó demandar al ejecutivo la intervención de la fuerza pública para obligar al Congreso yucateco a reconocer su decisión.[48] Cervera, sin duda alguna se ajustó a esa circunstancia y la convirtió en una defensa de la soberanía local que no sólo era apreciada por los yucatecos, sino que tenía antecedentes en el pasado reciente que aún estaban presentes en el recuerdo de los ciudadanos. Tanto Yucatán, con las elecciones de 1993, como después la salida de Robledo Rincón en Chiapas y el enfrentamiento de Madrazo con Zedillo en 1995, eran ejemplos de arbitrariedades políticas que fácilmente presentaban el caso yucateco como una nueva intervención federal en contra del estado que además no tenía justificaciones jurídicas. Cervera podía explotar esta posibilidad gracias al enorme y efectivo control que ejercía sobre las instituciones locales y el PRI. Lo mismo promovió las acciones del Congreso que su resistencia, y mantuvo el reconocimiento a sus decisiones. Pero cuando el conflicto se agravó, el PRI promovió movilizaciones masivas en las que el propio gobernador intervino y que demostraban que cualquier participación federal sería costosa políticamente.

Ante ello, fue evidente que los ordenamientos jurídicos eran insuficientes para controlar el proceder del Congreso local y que el ejecu-

---

[48] Cuando Gobernación y Fox insistieron en que el Tribunal expresamente lo solicitara, los magistrados declararon que no era necesario porque el ejecutivo debía hacerlo por ley y que bastaba la resolución y el reiterado desacato de las autoridades locales. Sin embargo, el Tribunal nunca adoptó formalmente esta posición, sino que fueron declaraciones individuales. *El Universal*, 13 y 14 de febrero de 2001.

tivo federal no contaba con ningún recurso legítimo para respaldarlo. Fox se vio atado de manos no sólo por su inexperiencia sino porque no tenía posibilidades de intervenir sin parecer ante la opinión pública como un presidente arbitrario, lo que en su condición de ejecutivo democráticamente elegido no podía aceptar. Eso explica que el conflicto se haya prolongado por nueve meses en los que nadie encontraba una solución y que de haber continuado hubiera alcanzado a los mismos comicios locales. En realidad fue este factor el que llevó a Cervera a imaginar una salida igualmente jurídica. Desde luego que el gobernador, ante la imposibilidad de actuar del ejecutivo federal, habría llegado a las elecciones con su consejo, pero aunque el costo político no castigara al PRI y ganara los comicios, corría el riesgo de que el Tribunal lo anulara, no por el proceso mismo sino por la supuesta ilegalidad del órgano calificador.

Cervera lo sabía porque el mismo Tribunal, con argumentos discutibles, había anulado los comicios de Tabasco en enero de 2001 y había ordenado su reposición meses después.[49] Si en el caso de Tabasco había prosperado la decisión del Tribunal a pesar de la discutible argumentación, en el de Yucatán hubiera sido plenamente justificada por la desobediencia del Congreso y la parcialidad del Consejo Electoral. El control de Cervera era tan efectivo que desactivó el conflicto con la misma facilidad con que lo originó. Se corrigió el abuso del mandatario pero por consideraciones electorales propias y no porque el ejecutivo federal contara con instrumentos para obligarlo. La falla jurídica se mantuvo en los años siguientes y ha dado lugar a casos graves en los que no se han presentado soluciones satisfactorias que corrijan los excesos.

---

[49] El Tribunal anuló solamente las elecciones para gobernador y no las del Congreso a pesar de que el argumento era que el gobierno local había brindado apoyos indebidos al PRI y que por igual se aplicaba a ambos procesos. Las elecciones se repitieron meses después y el PRI volvió a ganar con el mismo candidato.

Oaxaca, 2006. La inestabilidad tolerada

Si en el caso de Yucatán el conflicto se originó en una indefinición de la ley que en sí misma impedía la intervención del ejecutivo, en el de Oaxaca, con Ulises Ruiz, el problema fue más delicado porque demostró que un estado puede atravesar por una grave inestabilidad política sin que alguna institución pueda evitarlo. Si en Yucatán fue el Tribunal Federal Electoral el que resultó cuestionado, en el de Oaxaca fue nada menos que el Senado de la República, una de las instituciones más antiguas, con mayor tradición en el sistema y que, además, es responsable de la relación federal.

En mayo de 2006 la sección 22 local del SNTE presentó al gobierno del estado diversas demandas económicas, incluido un aumento salarial, que indirectamente involucraba al gobierno federal. El gobierno de Ulises Ruiz hizo ofrecimientos que fueron rechazados y los maestros decidieron mantenerse en paro de labores, establecieron un plantón en la plaza central de Oaxaca y cerraron centros comerciales, asaltaron radiodifusoras y exigieron la renuncia del secretario General de Gobierno. Poco a poco las agresiones se extendieron a oficinas públicas, gasolinerías, casetas de peaje y empezarían frecuentes enfrentamientos con la policía del estado. En tan sólo ocho días el movimiento se había radicalizado y debido a los enfrentamientos con la policía pronto las demandas económicas pasaron a un lugar secundario para concentrarse en la represión. El 14 de junio la policía intentó desalojar violentamente a los maestros de la plaza central y encontró una singular resistencia que al final permitió a los huelguistas retomar la plaza. Este hecho sería determinante porque en él se fundaron las posteriores acusaciones de represión y violación de derechos humanos y, sobre todo, fue la justificación para que el sindicato de maestros pidiera la renuncia del gobernador y demandara diálogo directo con el ejecutivo federal. A fines de junio el SNTE cambió por completo el objetivo del movimiento pues, de acuerdo con su líder, el principal objetivo era la renuncia de Ulises Ruiz y no las condiciones salariales.[50]

---

[50] Declaraciones de Enrique Rueda, líder de la sección 22 del SNTE, *El Universal*, 25 de junio de 2006.

El movimiento rápidamente se había radicalizado y había transformado sus demandas económicas en una petición política que rebasaba claramente el marco estatal. El conflicto se agravó porque a fines de junio apareció una nueva organización, la Asamblea Popular del Pueblo de Oaxaca (APPO) que desplazaría al SNTE y desarrollaría acciones cada vez más violentas en el estado, desde el cierre de caminos, carreteras y del aeropuerto, hasta la toma de presidencias municipales y las sedes del Congreso, del Tribunal Superior de Justicia y del gobernador, con el único propósito de propiciar "la ingobernabilidad que provoque la caída del gobernador".[51] La violencia sería constante y cobraría varias vidas, a tal grado que Gobernación amenazaría con enviar fuerzas federales al estado. A mediados de agosto y en medio de enfrentamientos cada vez más graves, algunas personas vinculadas a la APPO presentaron al Senado la solicitud formal para que declarara la desaparición de poderes en el estado. El Senado rechazaría en dos ocasiones la solicitud, y finalmente la policía federal desalojaría la plaza central de Oaxaca y apresaría a los dirigentes de la APPO. Aunque terminaría la fase crítica del conflicto, no se resolverían los problemas esenciales que motivaron el descontento social.

Varios elementos deben destacarse para comprender la evolución y el final del conflicto. El primero es, nuevamente, la coyuntura política. El problema comenzó y se desarrolló durante las campañas presidenciales, cuando la tensión electoral entre López Obrador y Calderón fue extrema y concluyó en los comicios más reñidos de la historia política nacional. Los comicios fueron decisivos porque Ulises Ruiz, sin abandonar la gubernatura, fue coordinador de la campaña de Roberto Madrazo, que si bien perdió tempranamente importancia en la competencia, mantuvo al gobernador fuera del estado desde principios de 2006. Un segundo factor es que el movimiento tuvo desde el principio el objetivo de enfrentar al mandatario, por más que se presentaran demandas económicas en sus primeros momentos. La violencia y la búsqueda constante de enfrentamientos no eran casuales sino deliberadamente propiciados para provocar inestabilidad y probar la incapacidad del gobernador.

[51] Declaraciones de la APPO, *El Universal*, 7 de julio de 2006.

En este caso había una explicación local. Las elecciones de agosto de 2004, en las que se renovó el gobierno del estado, enfrentaron a dos grupos priístas, el del ex gobernador Diódoro Carrasco, que postuló a Gabino Cué, y el del entonces mandatario José Murat, que apoyó a Ulises Ruiz. Cué, como otros priístas descontentos, renunció al partido y compitió con Ruiz postulado por el partido de Convergencia, minoritario y con poca presencia local. Aunque perdió por una diferencia sustancial, Cué acusó al PRI y a Ruiz de cometer fraude. No prosperó la acusación pero desde entonces se mantuvo latente un conflicto interno que se centró en el gobernador y su desempeño. En esas circunstancias, las ausencias y la ineficiencia del gobernador fueron fácilmente destacables y alimentaron la tensión política. Esta circunstancia no sólo explica la latente tensión en el estado, sino también la demanda por hacer evidente la inestabilidad que llevara a la desaparición de poderes. Poco después de los comicios locales, Cué se convirtió en senador y no desperdició el puesto para criticar al gobernador Ruiz, y cuando el conflicto local se agravó y llegó al Senado, Cué fue uno de los primeros interesados en la desaparición de poderes porque tendría una altísima probabilidad de ser elegido gobernador sustituto.

La inestabilidad que se generó desde mayo de 2006 y que se prolongó hasta diciembre, si bien fue deliberadamente construida por el SNTE y la APPO (cuyo principal dirigente era miembro del PRD, como se sabría después), demostró inequívocamente que el gobernador había perdido el control de la política local. Como se recordará, ésta era la causa primordial que en el pasado priísta llevaba invariablemente a la remoción del mandatario, más aún cuando, por las razones que fuesen, ese descontrol llevaba a la inestabilidad, a los asesinatos y finalmente comprometía al gobierno federal. El recurso era la licencia obligada, pero sólo cuando se aplicaba la autoridad reconocida del presidente de la República.

Pero en 2006 esta circunstancia no existía más en la política mexicana. Ante la falta de recursos, el único que quedaba era la desaparición de poderes, figura jurídica establecida por la Constitución federal y normada por una ley reglamentaria que descansa en el Senado y no en el ejecutivo. Sin embargo, como se verá enseguida, la figura es prácticamente inaplicable y por ende es incapaz de corregir los excesos de un gobernador y restaurar la estabilidad en un estado. La mejor manera de mostrarlo es el mismo dictamen del Senado y los argumentos que se presentaron en su debate. La primera petición fue revisada el 10 de agosto, a los pocos días de que concluyera la LIX legislatura y fue desechada por mayoría. La nueva legislatura, elegida en aquellos críticos comicios de julio de 2006, decidió revisar el dictamen ante el agravamiento de la situación oaxaqueña. Designó una comisión que viajó al estado para informarse y presentar un dictamen nuevo. Este documento es uno de los testimonios más importantes para comprobar la ineficiencia de muchas discusiones jurídicas y la rigidez institucional del sistema para atender demandas graves.

El dictamen recupera en la primera parte las características esenciales de la desaparición de poderes y subraya tres elementos básicos: el Senado sólo puede intervenir cuando los poderes han desaparecido, lo que significa que es un hecho previo y que el Senado no puede decretarlo ni suponerlo; deben desaparecer los tres poderes y debe ser comprobable empíricamente; y las causas, tipificadas en la ley reglamentaria, son específicas y no admiten interpretación. De acuerdo con la ley, la desaparición se configura *únicamente* en los casos que los titulares de los poderes constitucionales:

a) Quebranten los principios del régimen federal.

b) Abandonen el ejercicio de sus funciones, a no ser que medie causa de fuerza mayor.

c) Estén imposibilitados físicamente para el ejercicio de las funciones inherentes a sus cargos o con motivo de situaciones o conflictos causados o propiciados por ellos mismos, que afecten la vida del estado, e impidan la plena vigencia del orden jurídico.

d) Prolonguen su permanencia en sus cargos después de terminado el periodo para el que fueron electos y no se celebren elecciones para elegir a los nuevos titulares.

e) Promuevan o adopten formas de gobierno o bases de organización política distintas a las fijadas en los artículos 40 y 115 de la Constitución General de la República.[52]

---

[52] Senado de la República, *Diario de los debates* núm. 15, LX legislatura, 19 de octubre de 2006; y Ley reglamentaria de la fracción V del artículo 76 de la Constitución, *Diario Oficial de la Federación*, 29 de diciembre de 1978.

El dictamen concluye que existen "condiciones graves de ingobernabilidad"; que los poderes no ejercen sus atribuciones "normal y plenamente"; que el conflicto se debe a "la falta de conducción política" e "interlocución entre las partes"; e incluso que el poder ejecutivo del estado no garantiza las condiciones para restablecer la normalidad política. Pero a pesar de todo, no se configuran los supuestos específicos de la ley que prueben la desaparición de poderes. Más aún, la comisión reconoce que "aun cuando se tuviera la voluntad de declarar la desaparición de poderes... con el marco de la esta legislación, no se dan los supuestos de la ley", simple y llanamente porque la inestabilidad comprobada no ha generado la "ausencia e inexistencia de todos los poderes del estado".[53]

La evidente contradicción entre el reconocimiento de la ingobernabilidad del estado y la incapacidad de las autoridades locales, destacadamente del gobernador, y la imposibilidad de aplicar la atribución constitucional del Senado, dio lugar al debate entre quienes demandaban reconocer la ausencia de poderes como una "desviación" de su ejercicio, que correspondería a la democracia recién establecida en México y corregiría las limitaciones de la norma,[54] y quienes reconocían que de hacerlo, incurrirían en una violación jurídica, fácilmente impugnable. Con claridad así lo señaló el senador panista Alejandro González Alcocer, quien aceptaría la situación crítica del estado pero sin que existieran razones jurídicas para aplicar la figura constitucional. De hacerlo, el mismo gobernador podría promover una controversia constitucional ante la Suprema Corte de Justicia que el final le daría la razón y presentaría al Senado como un organismo que se excedió en sus funciones.

Como lo reconocerían ambas partes, la única solución era que el gobernador solicitara licencia, de manera voluntaria porque no había ninguna forma de obligarlo. Los senadores del PRD insistieron en que Gobernación, es decir el ejecutivo federal, o el PRI obligaran a Ruiz a separarse del cargo. La misma formalidad, sin embargo, volvió

---

[53] Conclusiones I a III del dictamen, *ibid.*
[54] Voto particular de los senadores Alfonso Sánchez Anaya y Leonel Cota, del PRD, *ibid.*

inaplicable la recomendación. Significativamente, las conclusiones tanto del dictamen como del debate del Senado demuestran que la atribución constitucional es prácticamente inaplicable, como lo argumentaran Sánchez Anaya y Cota, no porque la democracia se haya implantado, sino porque en esencia impone condiciones excesivas que difícilmente se cumplen. La desaparición ha sido siempre una figura amenazante, pero inaplicable porque no incorpora la inestabilidad política, comprobable en enfrentamientos sociales y en violencia, como prueba de incapacidad no del poder sino del gobernador. De ahí que en el pasado el gobierno federal forzara las licencias de mandatarios y no aplicara la desaparición de poderes.

La falla jurídica ha existido siempre, pero en el pasado era irrelevante porque la autoridad presidencial se imponía sobre los gobernadores. Pero en las nuevas condiciones políticas, ninguna institución o poder de la Unión puede imponerlo a riesgo de cometer una arbitrariedad costosa políticamente y, sobre todo, reversible jurídicamente. Como fue evidente, ante la carencia de recursos institucionales no quedaba más que la voluntad personal del mandatario. El resultado ha quedado a la vista porque el gobernador Ulises Ruiz no solicitó licencia. A diferencia de lo que ocurría en el pasado, cuando la atribución política del presidente se aplicaba para corregir excesos y restablecer la estabilidad, bajo las nuevas condiciones ha quedado claro que el sistema, al no corregir los vacíos institucionales, auspicia la arbitrariedad de las autoridades estatales y como ocurrió en Oaxaca, preserva la inestabilidad y los conflictos.

Puebla, 2007. Delincuencia impune

En el caso de Oaxaca se puso a prueba la facultad más seria del Senado en la relación federal. En Puebla, con el gobernador Mario Marín, fue la propia Suprema Corte de Justicia la que se vio imposibilitada para intervenir y corregir patentes violaciones a las garantías individuales debido, una vez más, a la formalidad de la ley normativa. La averiguación que dio origen al dictamen, más allá del caso concreto en contra de una periodista, implicaba acusaciones graves de pederastia en contra del gobernador. La discusión que se propició giró en torno de ello, más que sobre los ataques a la periodista, pero la solución jurídica se ciñó al caso concreto y a las disposiciones de la ley.

La periodista Lydia Cacho publicó un libro en el que denuncia una red de pederastas en la que destaca un empresario poblano, amigo del gobernador Marín. El empresario presentó una demanda ante la Procuraduría de Justicia poblana por difamación y calumnias en contra de Cacho. La Procuraduría preparó una orden de detención que se aplicó en diciembre de 2005 cuando Cacho se encontraba en Cancún, por la policía poblana. Trasladada a Puebla y liberada al poco tiempo, se hizo evidente que la policía se había sobrepasado en sus atribuciones o, en el mejor de los casos, había contado con la complicidad de las autoridades de Quintana Roo. La periodista acusó al gobernador de actuar sin pruebas y en favor de su amigo. A principios de 2006 se conocieron conversaciones telefónicas entre el gobernador y el empresario en las que se confirmaba que Marín ordenó la aprehensión para atemorizarla y para que desistiera en sus acusaciones. Las protestas fueron tan airadas después de conocerse las conversaciones, que el Congreso solicitó a la Corte iniciara una investigación basada en el artículo 97 constitucional.

Hasta entonces, el recurso se había practicado sólo en dos ocasiones, en 1946 debido al asesinato de ciudadanos en León, Guanajuato, y en 1996 para averiguar los asesinatos de Aguas Blancas en Guerrero y la intervención del entonces gobernador Figueroa. En esta oportunidad, en la que estaba claramente involucrado el mandatario, el informe no encontró pruebas en su contra y solamente lo acusó de negligencia. Figueroa, por otros motivos, presentó licencia al poco tiempo, lo que invalidó automáticamente las implicaciones del informe de la Corte. Hasta que se presentó el conflicto en Puebla, las averiguaciones de los magistrados no habían tenido consecuencias comprobables y sus resoluciones mostraban una evidente ambigüedad. No obstante, prevalecía la idea de que la averiguación justificaría el retiro de los mandatarios e incluso su procesamiento penal. En el caso de Figueroa no fue posible confirmar la presunción no sólo porque el gobernador se retiró, sino porque la propia investigación no probó la responsabilidad directa del mandatario.

En esas imprecisas condiciones, en enero de 2007 volvió a aplicarse el recurso para establecer la culpabilidad del gobernador Marín y el dictamen preliminar, seguramente guiado por el antecedente de Guerrero y la animadversión pública en contra de Marín, aceptaba la participación indebida del gobernador, la violación de las garantías individuales de Cacho y se recomendaba el juicio político en su contra.[55] Además de que la Suprema Corte no había establecido una norma sobre las averiguaciones, en ese momento también influía el fracaso senatorial en contra de Ulises Ruiz, lo que llevó a suponer que los ministros del máximo órgano judicial podrían sentar las bases de las remociones mediante la aplicación del juicio político.

La Corte, sin embargo, reconoció que se había actuado casuísticamente en cada circunstancia y que debía precisar reglas jurídicas para todos los casos, de tal manera que decidió definir los alcances de sus investigaciones futuras. El pleno, antes de analizar el dictamen sobre Puebla, acordó que deberían averiguarse "hechos que constituyan una grave violación de alguna garantía individual" de acuerdo con el artículo 97 de la Constitución, y que las resoluciones no podrían establecer responsabilidades sino solamente identificar a las personas involucradas, así como señalar a las autoridades competentes para, en su caso, castigar los delitos.[56] En suma, la Suprema Corte se negó a formular acusaciones y menos aún a propiciar el juicio político. El dictamen preliminar contra Marín se discutió bajo estas nuevas consideraciones que si bien abrían un amplio espacio para el gobernador, nunca serían tan benévolas como lo fueron las conclusiones.

Para empezar, los ministros desecharon todo lo referente a la pederastia, no reconocieron las conversaciones telefónicas como pruebas jurídicas y se centraron en la participación del gobernador así como en la violación de las garantías individuales de Lydia Cacho. La formalidad prevaleció nuevamente y determinó el acuerdo. La mayoría de los ministros (seis de cuatro, pues el décimo primero no asistió), concluyó que sí hubo violaciones a las garantías individuales y de-

---

55 *El Universal*, 20 de junio de 2007.
56 Suprema Corte de Justicia, *Acuerdo general del pleno*, número 16/2007, y Acta de la sesión pública ordinaria número 180, 20 de agosto de 2007.

rechos de Cacho, pero no fueron graves de acuerdo con la norma constitucional, ni el gobernador actuó en concierto con el mandatario de Quintana Roo para aprehenderla y trasladarla. Las violaciones, por no ser graves, podrían ser "reparadas" por los medios judiciales comunes.[57] El gobernador, en los hechos, resultó exculpado y se diluyó cualquier argumento para removerlo de su cargo a pesar de que se reconociera su arbitrariedad en el caso de Cacho y se sospechara su participación en un delito tan grave como la pederastia.

Desde luego que el acuerdo de la Corte no satisfizo a nadie y dejó serias dudas acerca de su interpretación. El centro del debate se encuentra en lo que los ministros asumieron como *graves violaciones* a las garantías individuales pues aunque con frecuencia se refugiaron en el texto constitucional, lo cierto es que en él no se define el término. La Constitución únicamente se refiere a las violaciones como el objeto de las investigaciones pero no precisa su definición y por ende deja abierta la posibilidad a que los magistrados interpreten la gravedad del caso.[58] Como el asunto era de interpretación, fue comprensible que al menos cuatro de ellos insistieran en que Marín sí cometió violaciones *graves* y seis considerarán que no lo fueron. Nadie, sin embargo, llegó al extremo de no aceptar que cometió abusos que, en todo caso, quedaron a disposición del fuero común. Con esta resolución, al igual que sucediera con la del Senado en el caso de Oaxaca, el conflicto quedó sin solución y el gobernador no fue sancionado ni menos aun removido. Inestabilidad, excesos y arbitrariedades parecen haber quedado fuera de control.

[57] Suprema Corte de Justicia, Actas de las sesiones públicas ordinarias 120 y 121, 27 y 29 de noviembre de 2007.

[58] El párrafo segundo del artículo 97 establece que "la Suprema Corte de Justicia de la Nación podrá nombrar alguno o algunos de sus miembros o algún juez de distrito o magistrado de circuito, o designar uno o varios comisionados especiales, cuando así lo juzgue conveniente o lo pidiere el ejecutivo federal o alguna de las Cámaras del Congreso de la Unión, o el gobernador de algún estado, únicamente *para que averigüe algún hecho o hechos que constituyan una grave violación de alguna garantía individual*. También podrá solicitar al Consejo de la Judicatura Federal, que averigüe la conducta de algún juez o magistrado federal". Cursivas añadidas.

Del centralismo a la dispersión

Después de años de subordinación estatal al gobierno federal, la creciente autonomía de los gobiernos locales ha abierto una esperanza para reformular el federalismo y controlar, al menos en su terreno, las acciones del poder ejecutivo. Sin embargo, al menos en los primeros años de ejercicio, los gobernadores han utilizado los nuevos espacios para desarrollar proyectos particulares, personales o simplemente locales, que lejos de reformular el federalismo, lo amenazan. Los gobernadores han alcanzado tal poder y libertad para ejercerlo que han convertido sus estados en auténticos feudos sin más autoridad que la suya.[59] La autonomía conseguida ha ido de la mano de un constante debilitamiento del ejecutivo federal. En parte por las circunstancias y en parte por una verdadera vocación federalista, los presidentes fueron trasladando las responsabilidades políticas y económicas a los gobiernos estatales, pero no han propiciado cambios institucionales que permitan al gobierno federal mantener la conducción nacional con recursos para controlar los excesos de los mandatarios.

Las tentaciones caciquiles no son nuevas, pero en el pasado se corregían con la clara e indiscutible autoridad presidencial, desde luego basada en el dominio de un solo partido y no en las normas jurídicas. Pero conforme esa autoridad partidaria fue perdiéndose, los desafíos aumentaron siempre en el contexto de una disputa interna entre la misma élite gobernante. Sin embargo, al alcanzarse la democracia, el ejecutivo federal se ha encontrado limitado por un antiguo y tradicional diseño institucional que le impide participar activamente como en el pasado. Un presidencialismo débil y desarticulado ha abierto la puerta a que los gobernadores y otros actores ocupen los espacios políticos y asuman la conducción de algunos aspectos vitales.[60]

El presidencialismo ha sido el poder más cuestionado por la fragmentación local, pero los casos más recientes de excesos estatales han demostrado que el legislativo y el judicial igualmente carecen de medios para corregir y castigar abusos y arbitrariedades. La figura de la

---

[59] Entrevistas a César Camacho, Genaro Borrego y Dulce María Sauri.
[60] Entrevistas a Diódoro Carrasco y Enrique González Pedrero.

desaparición de poderes, que por décadas fue considerada el recurso radical y más efectivo para ello, ha demostrado históricamente su poca utilidad. La figura fue reglamentada tardíamente no por descuido sino para permitirle al ejecutivo aplicarla a su arbitrio. A pesar de ello, fue tan evidente su ambigüedad que el gobierno federal la reservó para casos extremos y optó por obligar a los gobernadores a presentar solicitudes de licencia que resolvían el problema local y al mismo tiempo evadían el vacío legal. La reglamentación de la figura definió las causas y sin duda eliminó la discrecionalidad, pero la convirtió en un recurso inaplicable al imponer condiciones formales excesivas que no se cumplen incluso cuando la inestabilidad política y los conflictos sociales existen y prueban la incompetencia política del gobernador. Sin la desaparición de poderes, el Senado resulta incapaz de intervenir para restaurar la paz pública y un gobernador puede cometer abusos y perder el control político, pero mantenerse en el puesto.

El recurso último se encuentra en el juicio político cuya definición y aplicación descansa en los congresos locales. Del mismo modo que la desaparición de poderes, el juicio político impone condiciones extremas, sujetas a la comprobación e interpretación jurídica. Ante tales limitaciones se consideró a la Suprema Corte de Justicia, una institución federal, como el instrumento adecuado para justificar legalmente las remociones. No obstante todo su reconocimiento, el poder judicial ha sido incapaz de fundamentar los casos y lejos de dar certidumbre ha avivado el descontento. Al principio, por alentar críticas sin pruebas concretas, como fue con Figueroa, o porque cuando definió sus alcances se quedó en la formalidad, insuficiente para probar un delito.

Por las razones que fuesen, no hay ningún poder federal capaz de intervenir para controlar los excesos de los mandatarios. Ni el marco jurídico ni las instituciones han conseguido crear un nuevo mecanismo que mantenga la autonomía local y evite las confrontaciones sociales. Al mismo tiempo, los gobernadores han demostrado que pueden alcanzar muy pocos acuerdos colectivos y han centrado su actividad en proyectos particulares, y con frecuencia personales. La selección o nombramiento de puestos políticos ha dejado de ser un mecanismo de control para convertirse en un medio para prolongar su influencia y acaso fortalecer sus grupos sin que los propios partidos puedan evitarlo. En ocasiones el resultado es el esperado, pero las más de las veces el sucesor gobierna bajo el mismo principio político e intenta alejarse de su mentor. No es extraño que las fricciones entre ex gobernadores y mandatarios en funciones se vuelvan una fuente de tensiones locales que en el pasado no existían.[61]

Sin perspectiva nacional, con poderes renovados y sin control federal, los gobernadores tienden a la fragmentación política.[62] Una muestra de esta peligrosa tendencia se encuentra en que las arbitrariedades ya no son privativas de los mandatarios priístas. Los casos de Figueroa, Cervera, Ruiz o Marín son extremos pero de ninguna manera los únicos. Por el contrario, la tentación de gobernar los estados como patrimonios particulares ha atravesado ya a los partidos políticos. El PAN ha proporcionado algunos ejemplos, como el gobernador Sergio Estrada Cajigal, en Morelos, que fue constantemente criticado por utilizar recursos, instalaciones y vehículos oficiales para fines privados y personales, sin que ninguna autoridad federal y menos local lo impidiera. El segundo ejemplo es Patricio Patrón Laviada, panista que consiguiera la hazaña de alcanzar la gubernatura de Yucatán en contra del poder casi absoluto de Cervera en 2001. Patrón Laviada, empero, gobernó el estado como una empresa personal. Acusado de tráfico de influencias con familiares y amigos, emprendió obras para beneficio particular que incluso afectaron zonas protegidas del estado. El desprestigio alcanzó tales extremos que en 2007 el PRI recuperó la gubernatura en medio de una fuerte división panista.

El PRD no ha quedado al margen de estas tendencias. Si Monreal se ha convertido en un ejemplo de cómo se construye un grupo político propio para preservar su influencia en Zacatecas, fue Alfonso Sánchez Anaya, gobernador de Tlaxcala, el que intentó construir un poder familiar en el estado. Disgustado con el PRI por no postularlo a la gubernatura, al igual que sus colegas que emigraron al PRD, y líder de un fuerte apoyo en el PRI del estado, Sánchez Anaya renunció a su vieja

---

[61] Entrevistas a Genaro Borrego y Manuel Andrade.
[62] Entrevistas a César Camacho y Enrique González Pedrero.

militancia y ganó la gubernatura de Tlaxcala en 1995. Con un poder absoluto sobre la política local y convertido en líder del PRD en el estado, gracias a llevarse consigo la mayor parte de la estructura priísta, Sánchez Anaya no resistió la tentación de heredar el cargo a su esposa. Contra todas las críticas en el estado y la abierta oposición del PRD local y nacional, impuso la candidatura y promovió la campaña de su esposa desde el gobierno local. Al final, ambos llevarían al partido a una sonora derrota a manos de otro ex priísta, esta vez postulado por el PAN. Que no se trataba de respetar la carrera política independiente de su esposa sino de un proyecto personal y familiar, lo prueba el que en medio de la disputa por la candidatura Sánchez Anaya reconociera que "siempre es bueno dejar a alguien que proteja" cuando se deja la gubernatura,[63] mejor si se trata de un familiar tan cercano.

Los riesgos son muchos y aunque puede pensarse que dependen de los ajustes inevitables que derivan de la nueva democracia, pueden agravarse si no se realizan cambios institucionales que permitan la corrección legítima de los excesos. Contra lo que pudiera pensarse de acuerdo con el pasado reciente, los poderes locales no pueden fortalecerse a costa del federal ni los proyectos locales, simplemente agregados, pueden convertirse en uno nacional.[64] México no ha dejado de ser un país complejo, con grandes diferencias locales y regionales, económicas y culturales, que no pueden abandonarse en manos de gobernantes que, por definición, sólo ven su territorio y su realidad. El gobierno federal debe asumir la normatividad y distribuir los recursos y las oportunidades para conseguir los equilibrios necesarios, pero al concedérsele el poder para diseñar proyectos nacionales, deben entregársele también los recursos jurídicos y políticos que legítimamente le permitan corregir abusos y restablecer la estabilidad política en los estados. Las autonomías sin control sólo pueden llevar a la fragmentación política de los conflictos, y como en el pasado cuando el poder central se debilitó, pueden poner en peligro la propia unidad nacional.

---

[63] Entrevista con Alfonso Sánchez Anaya, *El Universal*, 13 de agosto de 2004.
[64] Entrevista a César Camacho.

NOTA METODOLÓGICA

La principal fuente de información de este estudio fueron las entrevistas realizadas a nueve ex gobernadores que, en general, desempeñaron sus cargos entre 1983 y 2006. Los entrevistados estuvieron extraordinariamente dispuestos a hablar de los temas y gracias a ello proporcionaron la materia prima de esta investigación. La idea original consideraba entrevistar a ex gobernadores del PAN y el PRD para conocer sus experiencias como mandatarios pero también para conocer su opinión de las antiguas relaciones con el PRI. La tarea fue imposible de cumplir porque todos con quienes se estableció contacto se negaron a conversar sobre el tema. Fueron los casos de Francisco Barrio, Alberto Cárdenas, Ricardo Monreal y Alfonso Sánchez Anaya que o bien no encontraron adecuado el momento para responder las preguntas, o simplemente sus agendas no tuvieron espacio disponible para la conversación. Al final, fueron solamente priístas los que aceptaron platicar sobre un sistema que ellos, sin duda alguna, construyeron e hicieron funcionar. Tan convencidos de su actividad han estado, que ninguno pidió el anonimato, lo que le da al análisis un valor adicional significativo. Las entrevistas se realizaron en la ciudad de México y en general fueron de dos horas. Las entrevistas fueron las siguientes:

* Manuel Andrade, presidente del Comité Directivo Estatal de Tabasco del PRI, presidente de la Gran Comisión de la Cámara de Diputados local, gobernador constitucional de Tabasco, 2001-2006. Entrevista realizada el 28 de enero de 2008.
* Manuel Bartlett, secretario general del PRI, secretario de Gobernación, secretario de Educación Pública, senador de la República, gobernador constitucional de Puebla, 1993-1999. Entrevista realizada el 16 de agosto de 2002.

* Genaro Borrego, presidente del Comité Ejecutivo Nacional del PRI, senador de la República, gobernador constitucional de Zacatecas, 1986-1992. Entrevista realizada el 21 de septiembre de 2005.
* César Camacho, senador de la República, gobernador sustituto del Estado de México. Entrevista realizada el 28 de julio de 2005.
* Diódoro Carrasco, secretario de Gobernación, gobernador de Oaxaca, 1992-1998. Entrevista realizada el 10 de octubre de 2003.
* Enrique González Pedrero, secretario general del Comité Ejecutivo Nacional del PRI, senador de la República, gobernador constitucional de Tabasco, 1983-1987. Entrevistas realizadas el 12 de enero y el 2 de febrero de 2006.
* Gonzalo Martínez Corbalá, diputado federal, senador de la República, embajador en Chile, gobernador interino de San Luis Potosí, 1991-1992. Entrevista realizada el 6 de diciembre de 2007.
* Dulce María Sauri, presidenta del Comité Ejecutivo Nacional del PRI, senadora de la República, gobernadora sustituta de Yucatán, 1991-1993. Entrevista realizada el 4 de agosto de 2005.
* Fernando Silva Nieto, senador de la República, gobernador constitucional de San Luis Potosí, 1997-2003. Entrevista realizada el 5 de agosto de 2005.

FUENTES CONSULTADAS

1. Hemerografía

1.1 Prensa local

Puebla
El Sol de Puebla, enero, 1998.

Tabasco
Tabasco Hoy, enero-junio, 1995.
Novedades, enero-junio, 1995.

1.2 Prensa nacional

Excélsior, enero-febrero, 1998.
El Universal, enero-junio, 1995.
  enero-mayo, 1996.
  enero-mayo, 1998.
  octubre-diciembre, 1999.
  enero-diciembre, 2000.
  enero-diciembre, 2001.
  enero-diciembre, 2002.
  mayo-octubre, 2006.
  enero-noviembre, 2007.

2. Bibliografía

Acedo, Blanca (coord.), *Solidaridad en conflicto. El funcionamiento de Pronasol en municipios gobernados por la oposición*, Nuevo Horizonte Editores, México, 1995.

Alisky, Marvin, *The Governors of Mexico*, Southwestern Studies, monografía núm. 12, The Texas Western College Press, Texas, 1965.

Almada, Carlos, *La administración estatal de México*, INAP, México, 1982.

Alvarado, Arturo, *El portesgilismo en Tamaulipas*, El Colegio de México, México, 1992.

_____, "Los gobernadores y el federalismo mexicano", *Revista mexicana de sociología*, núm. 3, julio-septiembre, 1996.

Álvarez, Griselda, *Cuesta arriba. Memorias de la primera gobernadora*, Universidad de Colima/FCE, México, 1992.

Amezcua, Adriana *et al.*, *Todos los gobernadores del presidente*, Grijalbo, México, 1997.

Anderson, Roger Ch., *The Functional Role of the Governors and their States in the Political Development of Mexico, 1940-1964*, Ph. D. Thesis, University of Wisconsin, Wisconsin, 1971.

Aranda Vollmer, Rafael, *Poliarquías: competencia electoral en las ciudades y zonas metropolitanas de México*, Miguel Ángel Porrúa/IFE, México, 2004.

Arnaut, Alberto, *La configuración histórica de la administración y los administradores de la educación básica en México, 1950-2000*, trabajo inédito, 2000.

_____, *La federalización educativa en México: historia del debate sobre la centralización y la descentralización educativa, 1889-1994*, El Colegio de México/CIDE, México, 1998.

_____, *Financiamiento y negociación salarial del sistema educativo federalizado (1992-2006)*, en prensa.

Arroyo Moreno, Jesús, "La Suprema Corte de Justicia y la política", *Anuario de derecho público*, ITAM, México, 1987.

Aspe, Pedro, *El camino mexicano de la transformación económica*, FCE, México, 1993.

Aziz Nacif, Alberto, "La construcción de la democracia electoral", en Ilán Bizberg *et al.* (comps.), *Una historia contemporánea de México*, t. 1, Océano, México, 2003.

_____, *Territorios de alternancia. El primer gobierno de oposición en Chihuahua*, Triana, México, 1996.

Bailey, John, *Governing México: The Statecraft of Crisis Management*, St. Martin's Press, Nueva York, 1988.

Benítez, Mauricio, *Los gobernadores y su partido. Un estudio sobre la influencia de los gobernadores en los procesos de selección de candidatos del PRI. El caso del estado de Morelos, 1976-1997*, tesis de licenciatura, El Colegio de México, México, 1999.

Bernstein, Tao Neil, *Fifthy Years of State Governors in Mexico: Middle Elites and Political Stability*, Ph. D. Thesis, University of Virginia, 1993.

Boehm, Brigitte (coord.), *El municipio en México*, El Colegio de Michoacán, Morelia, 1987.

Borjas Benavente, Adriana, *Partido de la Revolución Democrática: estructura, organización interna y desempeño público, 1989-2003*, Gernika, México, 2003.

Brandenburg, Frank, *The Making of Modern Mexico*, Prentice-Hall, Englewood Cliffs, 1964.

Bruhn, Kathleen, *Taking on Goliath. The Emergency of a New Cardenista Party and the Struggle for Democracy in Mexico*, Pennsylvania State University, University Park, 1996.

Cabrero, Enrique, *Innovaciones en gobiernos locales. Un panorama de experiencias municipales en México*, CIDE, México, 2002.

_____, (coord.), *Las políticas de descentralización en México, 1983-1993*, CIDE/Miguel Ángel Porrúa, México, 1998.

_____ *et al.* (comps.), *La nueva gestión municipal en México: análisis de experiencias innovadoras en gobiernos locales*, Miguel Ángel Porrúa, México, 1995.

Camp, Roderic Ai, *Los líderes políticos de México*, FCE, México, 1984.

Campuzano Montoya, Irma, *Baja California en tiempos del PAN*, La Jornada, México, 1995.

Carmagnani, Marcello (coord.), *Federalismos latinoamericanos. México, Brasil, Argentina*, El Colegio de México/FCE, México, 1993.

Carpizo, Jorge, *El presidencialismo mexicano*, Siglo XXI, México, 1978.

Casar, María Amparo, "Las bases político-institucionales del poder presidencial en México", *Política y gobierno*, núm. 1, primer semestre, 1996.

Castañeda, Jorge G., *La herencia*, Alfaguara, México, 1989.

Colmenares, David, "Retos del federalismo fiscal mexicano", *Comercio exterior*, núm. 5, mayo, 1999.

Cornelius, Wayne A., *Los inmigrantes pobres en la ciudad de México y la política*, FCE, México, 1980.

_____ *et al.* (eds.), *Subnational Politics and Democratization in Mexico*, Center for US-Mexican Studies, University of California, San Diego, 1999.

_____ *et al.* (eds.), *Transforming State Society Relations in Mexico*, Center for US-Mexican Studies, University of California, San Diego, 1994.

Corona del Rosal, Alfonso, *Mis memorias políticas*, Grijalbo, México, 1995.

Corrales Pérez, Irma Teresa, *La desaparición de poderes en los estados de Guerrero e Hidalgo en el año de 1975*, tesis de licenciatura, Facultad de Ciencias Políticas y Sociales, Universidad Nacional Autónoma de México, México, 1976.

_____, "Heterogeneidad del Estado y conflictos regionales. Desaparición de poderes en Hidalgo", *Revista mexicana de sociología*, núm. 1, enero-marzo, 1982.

Cosío Villegas, Daniel, *Historia moderna de México. La República restaurada. Vida Política*, Hermes, México, 1972.

Demmers, Jolle, *Friends and Bitter Enemies. Politics and Neoliberal Reform in Yucatan, Mexico*, Thela, Utrecht, Los Países Bajos, 1998.

Díaz Cayeros, Alberto, *Desarrollo económico e inequidad regional. Hacia un nuevo pacto federal en México*, Miguel Ángel Porrúa, México, 1995.

_____, *Federalism, Fiscal Authority and Centralization in Latin America*, Cambridge University Press, Cambridge, 2006.

Dornbusch, Rudiger, Sebastian Edwards (eds.), *The Macroeconomics of Populism in Latin America*, University of Chicago, Chicago, 1991.

Eisenstadt, T. A., *Cortejando a la democracia en México: estrategias partidarias e instituciones electorales*, El Colegio de México, México, 2004.

Espinosa Santiago, Orlando, *Perfiles políticos de caciques y hombres fuertes en Ciudad Altamirano, Guerrero, 1947-2002*, tesis de maestría, Instituto de Investigaciones Dr. José María Luis Mora, México, 2002.

Espinoza Valle, Víctor Alejandro, *Alternancia política y gestión pública. El PAN en el gobierno de Baja California*, El Colegio de la Frontera Norte, México, 1998.

_____ (comp.), *Alternancia y transición política. ¿Cómo gobierna la oposición en México?*, Plaza y Valdez/Colfron, México, 2000.

Falcón, Romana, *El agrarismo en Veracruz. La etapa radical, 1928-1935*, El Colegio de México, México, 1977.

_____, *Revolución y caciquismo. San Luis Potosí, 1910-1938*, El Colegio de México, México, 1984.

Farías, Luis M., *Así lo recuerdo. Testimonio político*, FCE, México, 1992.

Flores Tapia, Óscar, *José López Portillo y yo. Historia de una infamia política*, Grijalbo, México, 1982.

_____, *El señor gobernador*, Grijalbo, México, 1983.

Fowler Salamini, Heather, *Agrarian Radicalism in Veracruz, 1920-1938*, University of Nebraska, Lincoln, 1971.

Gil Díaz, Francisco, "Mexico's Path from Stability to Inflation", en Arnold C. Herberger (ed.), *World Economic Growth*, Institute for Contemporary Studies, San Francisco, 1984.

_____ y Wayne Thirsk, *La prolongada reforma fiscal de México*, Gaceta de Economía, suplemento núm. 9, 1998.

Gil Preciado, Juan, *Remembranzas*, edición de autor, Jalisco, 1987.

González Casanova, Pablo, *La democracia en México*, Siglo XXI, México, 1965.

González Cosío, Arturo, "Clases y estratos sociales en México", *México: 50 años de Revolución*, FCE, México, 1961.

González Navarro, Moisés, *Anatomía del poder en México, 1848-1853*, El Colegio de México, México, 1977.

González Oropeza, Manuel, *La intervención federal en la desaparición de poderes*, Universidad Nacional Autónoma de México, México, 1987.

Grupo Financiero Bancomer, *Los ingresos estatales y municipales*, Serie Propuestas, núm. 7, Grupo Financiero Bancomer, México, enero-febrero, 2000.

Guadarrama, Graciela, "Empresarios y política: Sonora y Nuevo León, 1985", *Estudios sociológicos*, núm. 13, enero-abril, 1987.

Guerra, François Xavier, *México. Del antiguo régimen a la Revolución*, FCE, México, 1988.

Guerrero Miller, Alma Yolanda, *Cuesta abajo. Declinación de tres caciques huastecos revolucionarios: Cedillo, Santos y Peláez*, Miguel Ángel Porrúa, México, 1991.

Guillén, Tonatiuh, *Baja California, 1989-1992. Alternancia política y transición democrática*, Colfron/CIIH, Universidad Nacional Autónoma de México, México, 1993.

Guzmán, Cirilo Antonio, *La élite gubernamental en Tabasco. Formación y trayectoria, 1971-2002*, tesis de maestría, Universidad Autónoma Métropolitana-Iztapalapa, México, 2003.

Hernández, Alicia, "Federalismo y gobernabilidad en México", en Marcello Carmagnani (comp.), *Federalismos latinoamericanos: México, Brasil, Argentina*, El Colegio de México/FCE, México, 1993.

_____ (comp.), *¿Hacia un nuevo federalismo?*, El Colegio de México, México, 1996.

Hernández Rodríguez, Rogelio, *Amistades, compromisos y lealtades. Líderes y grupos políticos en el Estado de México, 1942-1993*, El Colegio de México, México, 1998.

_____, "La división de la élite política mexicana", en Soledad Loaeza (comp.), *México: auge, crisis y ajuste*, FCE, México, 1992. (Lecturas del trimestre económico, núm. 73.)

_____, *La formación del político mexicano. El caso de Carlos A. Madrazo*, El Colegio de México, México, 1991.

_____, "Los hombres del presidente De la Madrid", *Foro Internacional*, núm. 109, julio-septiembre, 1987.

_____, "La reforma interna y los conflictos en el PRI", *Foro Internacional*, núm. 126, octubre-diciembre, 1991.

Hurtado, Javier, *Familias, política y parentesco. Jalisco, 1919-1991*, FCE, México, 1993.

Ibarra Salazar, Jorge *et al.*, "México: ingresos estatales y dependencia de las participaciones federales", *Comercio exterior*, núm. 5, mayo, 1999.

Instituto Nacional de Administración Pública, *La administración local en México*, 3 t., Instituto Nacional de Administración Pública, México, 1997.

_____, *Profesionalización de servidores públicos locales en México*, 3 t., 1999.

Instituto Nacional de Estadística, Geografía e Informática (INEGI), *Finanzas públicas estatales y municipales de México, 1995-2000*, INEGI, México, varias ediciones.

Iturriaga, José E., *La estructura social y cultural de México*, FCE, México, 1951.

Katz, Friedrich, *La guerra secreta en México*, Era, México, 1999.

Kirshner, Alan M., *Tomás Garrido Canabal y el movimiento de los Camisas Rojas*, núm. 267, Sepsetentas, México, 1976.

Knight, Alan, *The Mexican Revolution*, Cambridge University Press, Cambridge, 1986.

_____ y Wil Pansters, *Caciquismo in Twentieth-Century Mexico*, Institute for the Study of the Americas, University of London, Reino Unido, 2005.

Kraemer, Moritz, "Programa Nacional de Solidaridad. Poverty and Power Politics in Mexico", *Indebtedness, Economic Reforms and Poverty*, Universität Gottingen-Vervuert, Frankfurt, 1995.

Langston, Joy, *Federalismo, los gobernadores y la legislatura nacional*, ensayo inédito, mayo, 2002.

_____, *The PRI Governors*, cuaderno de trabajo, núm. 66, CIDE, México, 1997.

_____, "Why Rules Matter: Changes in Candidate Selection in Mexico's PRI, 1988-2000", *Journal of Latin American Studies*, núm. 3, agosto, 2001.

_____ y Alberto Díaz Cayeros, *False Federalism? Mexican Governors under Hegemony, 1970-1995*, ensayo inédito, mayo, 2006.

Leyva Flores, René, *La descentralización municipal de los servicios de salud en México*, cuadernos de divulgación, núm. 42, Universidad de Guadalajara, Jalisco, 1993.

Loaeza, Soledad, *Clases medias y política en México: la querella escolar, 1959-1963*, El Colegio de México, México, 1988.

_____, *El Partido Acción Nacional: la larga marcha, 1939-1994*, FCE, México, 1999.

López Portillo, José, *Mis tiempos*, t. II, Fernández Editores, México, 1988.

Loret de Mola, Carlos, *Confesiones de un gobernador*, Grijalbo, México, 1978.

_____, *Los últimos 91 días*, Grijalbo, México, 1978.

Lujambio, Alonso, *El poder compartido*, Océano, México, 2000.

_____ (coord.), *Poder legislativo. Gobiernos divididos en la federación mexicana*, Colegio Nacional de Ciencia Política y Administración Pública, México, 1996.

Mainwaring, Scott y Matthew S. Shugart (eds.), *Presidentialism and Democracy in Latin America*, Cambridge University Press, Nueva York, 1977.

Maldonado, Braulio, *Baja California. Comentarios políticos*, SEP/UABC, México, 1993.

Manzanilla Shaffer, Víctor, *Confesiones políticas*, Grijalbo, México, 1998.

Martínez Assad, Carlos, *El laboratorio de la Revolución. El Tabasco garridista*, Siglo XXI, México, 1979.

Martínez González, Víctor Hugo, *Fisiones y fusiones, divorcios y reconciliaciones: la dirigencia del Partido de la Revolución Democrática, PRD, 1989-2004*, Universidad Nacional Autónoma de México/Flacso, México, 2005.

Martínez Saldaña, Tomás et al., *Política y sociedad en México. El caso de los Altos de Jalisco*, INAH, México, 1976.

Merino, Gustavo, "Federalismo fiscal: diagnóstico y propuestas", en Arturo M. Fernández, *Una agenda para las finanzas públicas de México*, ITAM, México, 2001.

Merino, Mauricio, *Fuera del centro*, Universidad Veracruzana, Jalapa, 1992.

_____, *Gobierno local, poder nacional: la contienda por la formación del Estado mexicano*, El Colegio de México, México, 1998.

Meyer, Jean, *Estado y sociedad con Calles. Historia de la Revolución Mexicana*, vol. 11, El Colegio de México, México, 1977.

Meyer, Lorenzo, *El conflicto social y los gobiernos del maximato. Historia de la Revolución Mexicana*, vol. 13, El Colegio de México, México, 1978.

_____, *Los inicios de la institucionalización: la política del maximato. Historia de la Revolución Mexicana*, vol. 12, El Colegio de México, México, 1978.

Mizrahi, Yemile, "Democracia, eficiencia y participación: los dilemas de los gobiernos de oposición en México", *Política y gobierno*, núm. 2, segundo semestre, 1995.

_____, "Dilemmas of the Opposition in Government: Chihuahua and Baja California", *Mexican Studies/Estudios Mexicanos*, núm. 1, invierno, 1998.

_____, "La nueva oposición conservadora en México: la radicalización política de los empresarios norteños", *Foro Internacional*, núm. 130, octubre-diciembre, 1992.

Modoux, Magali, *Démocratie et fédéralisme au Mexique (1989-2000)*, Karthala, París, 2006.

Moncada, Carlos, *¡Cayeron! 67 gobernadores derrocados*, edición de autor, México, 1979.

Needler, Martin, *Mexican Politics: The Containment of Conflict*, Praeger, Nueva York, 1999.

Pacheco, Guadalupe, "La redefinición de las reglas internas de poder en el PRI, 1988-2001. De la XIV a la XVIII Asamblea Nacional", *Argumentos*, núm. 43, diciembre, 2002.

_____, "Los sectores del PRI en las elecciones de 1988", *Mexican Studies/ Estudios mexicanos*, núm. 2, verano, 1991.

_____ y Juan Reyes del Campillo, "La distribución de candidatos a diputados en el PRI", *Argumentos*, núm. 2, nov. de 1987.

_____, "La estructura sectorial del PRI y las elecciones federales de diputados 1979-1988", *Sociológica*, núm. 11, septiembre-diciembre, 1989.

Padgett, Vincent, *The Mexican Political System*, Houghton Mifflin, Boston, 1976.

Pansters, Wil, "Citizens with Dignity. Opposition and Government in San Luis Potosi, 1938-1993", en Rob Aitken *et al.* (eds.), *Dismantling the Mexican State?*, McMillan, Londres, 1996.

_____, *Política y poder en Puebla. Formación del cacicazgo avilacamachista, 1937-1987*, FCE, México, 1998.

Pardo, Ma. del Carmen (coord.), *Federalización e innovación educativa en México*, El Colegio de México, México, 1999.

Peña, Guillermo de la, "Populism, Regional Power and Political Mediation Southern Jalisco, 1900-1980", en Eric van Young (ed.), *Mexico's Regions. Comparative History and Development*, Center for US-Mexican Studies, University of California, San Diego, 1992.

Pichardo, Ignacio, *Triunfos y traiciones*, Océano, México, 2001.

Poder ejecutivo federal, *Programa para un nuevo federalismo, 1995-2000*, Poder ejecutivo federal, México, 2000.

PRI, *Documentos básicos*, PRI, México, 1996.

Prud'homme, Jean-François, *El PRD, su vida interna y sus elecciones estratégicas*, CIDE, México, 1996.

Rangel Contra, José Calixto, *La pequeña burguesía en la sociedad mexicana, 1895 a 1960*, IIS, Universidad Nacional Autónoma de México, México, 1972.

Reyes Heroles, Jesús, *El liberalismo mexicano*, t. II, FCE, México, 1974.

Reyes Nevarez, Beatriz, *Tierra adentro. Hablan catorce gobernadores*, El Día, México, 1989.

Rodríguez, Victoria, *La descentralización en México*, FCE, México, 1999.

_____, P. M. Ward (eds.), *Opposition Government in Mexico*, University of New Mexico Press, Alburquerque, 1995.

_____, *Political Change in Baja California. Democracy in the Making?*, Center for US-Mexican Studies, University of California, San Diego, 1994.

_____, *Policymaking, Politics and Urban Governance in Chihuahua*, US-Mexican Policy Report, núm. 3, LBJ School of Public Affairs, The University of Texas at Austin, Austin, 1992.

Rodríguez Kuri, Ariel *et al.*, "Un retrato actual: 1940-1991", en Jesús Flores Olague *et al., Historia mínima de Zacatecas. La fragua de una leyenda*, Noriega Editores, México, 1995.

_____, "Los años maravillosos. Adolfo Ruiz Cortines", en Wil Fowler (coord.), *Gobernantes mexicanos*, t. II, FCE, México, 2008

Roeder, Ralph, *Juárez y su México*, FCE, México, 1972.

Román Román, Salvador, *Revuelta cívica en Guerrero (1957-1960). La democracia imposible*, INEHRM, México, 2003.

Rousseau, Isabelle, *México: ¿una revolución silenciosa? Élites gubernamentales y proyecto de modernización (1970-1995)*, El Colegio de México, México, 2000.

Salinas, Carlos, discurso en la Universidad de Brown, 11 de octubre de 1989 en *El gobierno mexicano*, 1989.

_____, *Primer informe de gobierno*, diciembre de 1989.

_____, *México: un paso difícil a la modernidad*, Plaza y Janés, Barcelona, 2000.

Santos, Gonzalo N., *Memorias*, Grijalbo, México, 1984.

Scott, Robert E., *Mexican Government in Transition*, University of Illinois, Urbana, Illinois, 1964.

Secretaría de la Presidencia, *Manual de organización del gobierno federal*, Comisión de Administración Pública, 1969-1970, 1973, 1976, 1982, México, 1969.

Sempere, Jaime *et al.* (comps.), *Federalismo fiscal en México*, El Colegio de México, México, 1998.

Senado de la República, *Diario de los debates,* núm. 15, LX Legislatura, Senado de la República, México, 19 de octubre, 2006.

Székely, Miguel, *El Programa Nacional de Solidaridad en México*, cuaderno núm. 384, PREALC/OIT, México, diciembre, 1993.

Tijerina Guajardo, Alfredo, *Relaciones fiscales intergubernamentales en México*, Centro de Análisis y Difusión Económica, UANL, México, 2000.

Vanderbush, Walt, "Assessing Democracy in Puebla: the Opposition Takes Charge of Municipal Government", *Journal of Interamerican Studies and World Affairs*, issue 2, verano, 1999.

Ward, Peter M. y Victoria E. Rodríguez, "New Federalism, Intra-governmental Relations and Co-governance in Mexico", *Journal of Latin American Studies*, núm. 3, octubre, 1999.

_____, *New Federalism and State Government in Mexico: Bringing the States Back-In*, US-Mexico Policy Studies Monograph Series, núm. 10, LBJ School of Public Affairs, The University of Texas at Austin, Austin, 1999.

Wasserman, Marc A., *Capitalists, Caciques, and Revolution. The Native Elite and Foreign Enterprise in Chihuahua, Mexico, 1854-1911*, The University of North Carolina, Chapel Hill, 1984.

_____, *Persistent Oligarchs. Elites and Politics in Chihuahua, Mexico, 1910-1940*, Duke University, Londres, 1993.

Zedillo, Ernesto, *Sexto informe de gobierno*, Presidencia de la República, México, 2000.

Zepeda, Jorge, "Andrés Manuel López Obrador. El Rayo", en Jorge Zepeda (comp.), *Los suspirantes*, Planeta, México, 2005.

Ziccardi, Alicia (comp.), *La tarea de gobernar: gobiernos locales y demandas ciudadanas*, IIS, Universidad Nacional Autónoma de México/Miguel Ángel Porrúa, 1996.

El centro dividido. La nueva autonomía de los gobernadores
se terminó de imprimir en noviembre de 2008
en los talleres de Reproducciones y Materiales, S.A. de C.V.,
Presidentes 189-A, col. Portales, 03300, México, D. F.
Tipografía y formación: Logos Editores.
Portada: Irma Eugenia Alva Valencia.
La edición estuvo al ciudado de la
Dirección de Publicaciones
de El Colegio de México.